古典文獻研究輯刊

三六編

潘美月・杜潔祥 主編

第2冊

臺灣百年道家道教書目提要（下）

蕭登福 編

國家圖書館出版品預行編目資料

臺灣百年道家道教書目提要（下）／蕭登福 編 -- 初版 -- 新
北市：花木蘭文化事業有限公司，2023〔民 112〕
目 12+252 面；19×26 公分
（古典文獻研究輯刊 三六編：第 2 冊）
ISBN 978-626-344-260-3（精裝）
1.CST：道家 2.CST：道教 3.CST：目錄 4.CST：臺灣
011.08   111022047

ISBN-978-626-344-260-3

9 786263 442603

古典文獻研究輯刊
三六編 第 二 冊   ISBN：978-626-344-260-3

臺灣百年道家道教書目提要（下）

編　　者　蕭登福
主　　編　潘美月、杜潔祥
總 編 輯　杜潔祥
副總編輯　楊嘉樂
編輯主任　許郁翎
編　　輯　張雅淋、潘玟靜　美術編輯　陳逸婷
出　　版　花木蘭文化事業有限公司
發 行 人　高小娟
聯絡地址　235 新北市中和區中安街七二號十三樓
　　　　　電話：02-2923-1455／傳真：02-2923-1452
網　　址　http://www.huamulan.tw 信箱 service@huamulans.com
印　　刷　普羅文化出版廣告事業
初　　版　2023 年 3 月
定　　價　三六編 52 冊（精裝）新台幣 140,000 元　　版權所有・請勿翻印

臺灣百年道家道教書目提要(下)

蕭登福　編

目次

上　冊

自　序

臺灣百年道家道教書目提要撰寫成員名錄

上編　道家諸子書目提要 …………………………………… 1

第一章　老子經典闡釋及版本校對 ……………………… 3

　　程辟金著《老子哲學的研究和批評》 ………… 3

　　金聲著《老子哲學之研究》 …………………… 4

　　張起鈞著《老子哲學》 ………………………… 4

　　嚴靈峯編著《道家四子新編》 ………………… 5

　　朱謙之撰《老子校釋》 ………………………… 7

　　王淮著《老子探義》 …………………………… 8

　　陳鼓應註譯《老子今註今譯及評介》 ………… 9

　　鄭成海著《老子河上公斠理》 ……………… 11

　　馬敍倫原著，何經倫編校《老子校詁》 ……… 12

　　張揚明編著《老子斠證譯釋》 ……………… 13

　　余書麟著《老子教育觀》 …………………… 14

　　林裕祥著《老子「道」之研究》 …………… 16

　　袁宙宗著《老子身世及其兵學思想探賾》 … 17

　　張揚明著《老子學術思想》 ………………… 19

　　蕭天石著《道德經聖解》 …………………… 20

　　周紹賢著《老子要義》 ……………………… 21

　　吳靜宇撰述《老子義疏註》 ………………… 22

　　何鑑琮著《老子新繹》 ……………………… 23

　　溫文錫撰著《老子釋例》 …………………… 24

　　嚴靈峯輯校《老子宋注叢殘》 ……………… 25

　　蔡廷幹撰《老子索引（原名老子道德經
　　　串珠）》 …………………………………… 26

　　王邦雄著《老子的哲學》 …………………… 27

　　王光前撰《老子箋》 ………………………… 29

　　王志銘編《老子微旨例略》 ………………… 30

　　令尹耳著《道德經發微》 …………………… 31

　　白光大師著《老子別裁》 …………………… 32

　　林雄著《道德經釋義》 ……………………… 33

鄭良樹著《老子論集》…………………………33

鍾應梅著《老子新詮》…………………………35

張揚明著《老子考証》…………………………36

程南洲著《倫敦所藏敦煌老子寫本殘卷
研究》……………………………………37

周次吉著《老子考述》…………………………38

李勉著《老子詮證》……………………………39

賀榮一著《老子之樸治主義》…………………40

袁保新著《老子哲學之詮釋與重建》…………41

嚴靈峯著《《老子》研讀須知》………………42

黃釗著《帛書老子校注析》……………………43

張成秋著《老子王弼學》………………………45

譚宇權著《老子哲學評論》……………………47

王博著《老子思想的史官特色》………………48

吳怡著《老子解義》……………………………49

張揚明著《老學驗證》…………………………50

劉光弼著《老子試讀》…………………………51

魏元珪著《老子思想體系與探索》……………53

蒙文通遺著《老子徵文》………………………54

丁原植著《郭店竹簡老子釋析與研究》………55

魏啟鵬著《楚簡《老子》柬釋》………………57

南懷瑾著《老子他說續集》……………………58

郎擎霄編《老子學案》…………………………59

沈春木著《老子環境倫理思想》………………60

黃裕宜著《老子自然思想的考察》……………61

彭振利著《《老子》研究在美國》……………62

林安梧《道可道：《老子》譯評》……………63

蕭登福註譯《老子古注今譯》…………………65

蕭登福著《老子思想研究》……………………66

第二章　莊子經典闡釋及版本校對……………69

蘇甲榮著《莊子哲學》…………………………69

譚戒甫著《莊子天下篇校釋》…………………69

曹受坤撰《莊子哲學》…………………………70

吳康著《老莊哲學》……………………………72

周紹賢著《莊子要義》 ……………………… 73

陳鼓應著《莊子哲學》 ……………………… 74

吳康著《莊子衍義》 ………………………… 75

張成秋撰《莊子篇目考》 …………………… 76

劉光義著《莊子發微》 ……………………… 77

李勉著《莊子總論及分篇評注》 …………… 78

袁宙宗著《莊子學說體系闡微》 …………… 79

龔樂群著《老莊異同》 ……………………… 80

宋稚青譯《老莊思想與西方哲學》 ………… 81

陳鼓應註譯《莊子今譯今注》 ……………… 82

趙金章著《莊學管窺》 ……………………… 83

潘立夫著《莊子思想》 ……………………… 84

劉光義著《莊子內七篇類析語釋》 ………… 84

梁冰枏著《莊子內聖外王之道及其八大學說
　詮證》 …………………………………… 85

郭為著《老莊哲學與道學》 ………………… 86

黃錦鋐著《莊子及其文學》 ………………… 88

王叔岷撰《莊學管闚》 ……………………… 89

王煜著《老莊思想論集》 …………………… 91

葉程義著《莊子寓言研究》 ………………… 92

葉海煙著《莊子宇宙論試探》 ……………… 93

劉光義著《莊子處世的內外觀》 …………… 94

蕭純伯著《莊子治要》 ……………………… 94

蘇新鋈著《郭象莊學平議》 ………………… 95

鄔昆如著《莊子與古希臘哲學中的道》 …… 98

顏崑陽著《莊子藝術精神析論》 …………… 100

金嘉錫著《莊子寓字研究》 ………………… 102

鄭峰明著《莊子思想及其藝術精神之研究》　102

陳知青編著《老莊思想粹講》 ……………… 104

莊漢宗著《逆境中的老莊思想》 …………… 105

葉海煙著《莊子的生命哲學》 ……………… 107

陳品卿著《莊學新探》 ……………………… 108

揚帆著《莊子的人生哲學》 ………………… 109

董小蕙著《莊子思想之美學意義》 ………… 110

封思毅著《莊子詮言》……………………… 112

姜聲調著《蘇軾的莊子學》………………… 113

李開濟著《莊子的幽默禪》………………… 114

劉榮賢著《莊子外雜篇研究》……………… 115

黃漢青著《莊子思想的現代詮釋》………… 116

陳靜美著《莊子「氣」概念思維（上、下）》
……………………………………………… 119

林翠雲著《莊子「技進於道」美學意義之
探究》…………………………………… 120

第三章　文子、列子及其他道家……………… 123

丁原植著《文子新論》……………………… 123

丁原植著《《文子》資料探索》…………… 124

余若昭撰《列子語法探究》………………… 125

蕭登福著《列子探微》……………………… 126

蕭登福注譯《列子古注今譯》……………… 127

嚴靈峯著《列子辯誣及其中心思想》……… 129

應涵編著《虛靜人生──列子》…………… 130

東方橋著《走進列子理想的大世界》……… 131

黃素嬌著《《列子》與《莊子》論夢之比較
研究》…………………………………… 132

顧實著《楊朱哲學》………………………… 133

藍秀隆著《揚子法言研究》………………… 134

蕭登福著《鬼谷子研究》…………………… 135

蕭登福著《鬼谷子》………………………… 136

丁原植著《《淮南子》與《文子》考辨》… 137

劉德漢著《淮南子與老子參証》…………… 138

第四章　道家哲理思想………………………… 141

黃公偉著《道家哲學系統探微》…………… 141

楊汝舟著《道家思想與西方哲學》………… 142

張起鈞著《道家智慧與現代文明》………… 143

甘易逢著，李宇之譯《道家與道教》……… 144

鍾來因著《蘇軾與道家道教》……………… 145

陳鼓應主編《道家文化研究》……………… 147

陳鼓應著《道家易學建構》………………… 148

陳德和著《道家思想的哲學詮釋》············ 150

張易編著《道家的智慧：自然無為輕物重生》
·· 151

林明照《先秦道家的禮樂觀》 ············ 152

薛明生《先秦兩漢道家思維與實踐》········ 155

賴錫三著《當代新道家──多音複調與
　視域融合》 ····························· 159

鍾振宇著《道家與海德格》 ··············· 161

江右瑜著《朱熹對道家評論之研究》········ 162

下　冊

下編　道教書目提要 ····················· 165

第一章　道教宗派與經典 ················· 167

　第一節　上清 ························· 167

　蕭登福著《六朝道教上清派研究》··········· 167

　蕭登福註譯《《上清大洞真經》今註今譯》·· 169

　劉連朋、顧寶田注譯《新譯黃庭經・陰符經》
　·· 170

　第二節　靈寶 ························· 172

　林麗雪著《抱朴子內外篇思想析論》········· 172

　蕭登福著《靈寶無量度人上品妙經今註
　　今譯》 ································ 174

　蕭登福著《六朝道教靈寶派研究》········· 175

　謝世維著《天界之文：魏晉南北朝靈寶經典
　　研究》 ································ 176

　謝世維編著《《太上洞玄靈寶空洞靈章經》
　　校箋》 ································ 179

　第三節　正一及其他道經··············· 181

　莊宏誼著《明代道教正一派》 ············ 181

　蕭登福著《黃帝陰符經今註今譯》 ········· 182

　蕭登福註譯《南北斗經今註今譯》········· 183

　蕭登福註譯《《玉皇經》今註今譯》········· 185

　蕭登福註譯《清靜經今註今譯》········· 186

　蕭登福注釋《太上老君說常清靜妙經通解》· 187

蕭登福著《太歲元辰與南北斗星神信仰》 ⋯ 188

王見川、高萬桑主編《近代張天師史料彙編》

⋯⋯⋯⋯⋯⋯⋯⋯⋯⋯⋯⋯⋯⋯⋯⋯⋯ 189

第四節　全真 ⋯⋯⋯⋯⋯⋯⋯⋯⋯⋯⋯⋯⋯ 190

陳志濱著《全真仙脈源流》 ⋯⋯⋯⋯⋯⋯⋯ 190

鄭素春著《全真教與大蒙古國帝室》 ⋯⋯⋯ 192

第二章　道教科儀及丹道養生 ⋯⋯⋯⋯⋯⋯⋯ 195

第一節　道教科儀 ⋯⋯⋯⋯⋯⋯⋯⋯⋯⋯⋯ 195

曹本冶、蒲亨強合著《武當山道教音樂研究》

⋯⋯⋯⋯⋯⋯⋯⋯⋯⋯⋯⋯⋯⋯⋯⋯⋯ 195

蒲亨強著《道教與中國傳統音樂》 ⋯⋯⋯⋯ 196

閔志亭著《道教全真科儀》 ⋯⋯⋯⋯⋯⋯⋯ 199

曹本冶、徐宏圖合著《杭州抱朴道院道教
　　音樂》 ⋯⋯⋯⋯⋯⋯⋯⋯⋯⋯⋯⋯⋯⋯ 200

甘紹成主編《青城山道教音樂研究》 ⋯⋯⋯ 201

曹本冶、徐宏圖合著《溫州平陽東嶽觀道教
　　音樂研究》 ⋯⋯⋯⋯⋯⋯⋯⋯⋯⋯⋯⋯ 203

朱建明、談敬德、陳正生合著《上海郊區
　　道教及其音樂研究》 ⋯⋯⋯⋯⋯⋯⋯⋯ 204

羅明輝等著《雲南劍川白族道教科儀音樂
　　研究》 ⋯⋯⋯⋯⋯⋯⋯⋯⋯⋯⋯⋯⋯⋯ 205

鄭素春著《道教信仰、神仙與儀式》 ⋯⋯⋯ 207

周西波著《杜光庭道教儀範之研究》 ⋯⋯⋯ 209

張澤洪著《道教神仙信仰與祭祀儀式》 ⋯⋯ 211

蕭登福注釋《三元賜福寶懺》 ⋯⋯⋯⋯⋯⋯ 213

蕭登福注釋《玉皇宥罪錫福寶懺》 ⋯⋯⋯⋯ 214

蕭登福注釋《正陽仁風寶懺》 ⋯⋯⋯⋯⋯⋯ 215

蕭登福注釋《武聖保安法懺》 ⋯⋯⋯⋯⋯⋯ 217

蕭登福注釋《玄門朝科》 ⋯⋯⋯⋯⋯⋯⋯⋯ 218

第二節　丹道養生 ⋯⋯⋯⋯⋯⋯⋯⋯⋯⋯⋯ 219

蕭天石著《道家養生學概要》 ⋯⋯⋯⋯⋯⋯ 219

蕭天石著《道家養生祕旨導論》 ⋯⋯⋯⋯⋯ 221

蕭天石著《道海玄微》 ⋯⋯⋯⋯⋯⋯⋯⋯⋯ 223

黃公偉著《道教與修道秘義指要》 ⋯⋯⋯⋯ 224

陳志濱註釋《伍柳仙宗白話譯》⋯⋯⋯⋯⋯ 226
武術學會編著《道家秘傳回春功》⋯⋯⋯⋯ 227
黃兆漢編《道教丹藥異名索引》⋯⋯⋯⋯⋯ 228
早島正雄著《道家氣功術》⋯⋯⋯⋯⋯⋯⋯ 230
詹石窗著《道教風水學》⋯⋯⋯⋯⋯⋯⋯⋯ 231
胡衛國、宋天彬著《道教與中醫》⋯⋯⋯⋯ 234
馬濟人著《道教與煉丹》⋯⋯⋯⋯⋯⋯⋯⋯ 235
馬濟人著《道教與氣功》⋯⋯⋯⋯⋯⋯⋯⋯ 237
郝勤著《道教與武術》⋯⋯⋯⋯⋯⋯⋯⋯⋯ 238
賴宗賢統籌，詹石窗主編《道韻》⋯⋯⋯⋯ 240
蓋建民著《道教醫學導論》⋯⋯⋯⋯⋯⋯⋯ 242
鍾來因著《龍虎集》⋯⋯⋯⋯⋯⋯⋯⋯⋯⋯ 243
廖芮茵著《唐代服食養生研究》⋯⋯⋯⋯⋯ 244
林安梧著《新道家與治療學》⋯⋯⋯⋯⋯⋯ 246
王婉甄著《李道純道教思想研究》⋯⋯⋯⋯ 247
李似珍著《靜心之教與養生之道》⋯⋯⋯⋯ 248
郭啟傳著《陸西星的道教思想》⋯⋯⋯⋯⋯ 250
鄭志明、簡一女合著《道教符咒法術養生學：
　　以《道法會元》為核心》⋯⋯⋯⋯⋯⋯ 251
賴慧玲著《二十世紀仙學大師——陳攖寧
　　仙道養生思想研究》⋯⋯⋯⋯⋯⋯⋯⋯ 252
第三章　道教類書及工具辭書⋯⋯⋯⋯⋯⋯⋯ 255
　蕭天石編《道藏精華》⋯⋯⋯⋯⋯⋯⋯⋯ 255
　李叔還、史貽輝編撰《道教典故集》⋯⋯⋯ 257
　莊陳登雲守傳，蘇海涵輯編《莊林續道藏》· 258
　李叔還編纂《道教大辭典》⋯⋯⋯⋯⋯⋯⋯ 259
　楊逢時編《中國正統道教大辭典》⋯⋯⋯⋯ 261
　李剛、黃海德合著《中華道教寶典》⋯⋯⋯ 262
　卿希泰、詹石窗主編《道教文化新典》⋯⋯ 264
　陳廖安主編《中華續道藏》⋯⋯⋯⋯⋯⋯⋯ 266
　蕭登福著《正統道藏總目提要》⋯⋯⋯⋯⋯ 267
第四章　道教哲學與文學藝術⋯⋯⋯⋯⋯⋯⋯ 269
　第一節　道教哲學⋯⋯⋯⋯⋯⋯⋯⋯⋯⋯⋯ 269
　　趙家焯編撰《道學重溫》⋯⋯⋯⋯⋯⋯⋯ 269

孫克寬著《寒原道論》 …………………… 270

趙家焯講述《道教講傳錄》 ……………… 272

黃兆漢著《道教研究論文集》 …………… 273

龔鵬程著《道教新論》 …………………… 274

張憲生著《唐代道教重玄派研究》 ……… 276

第二節　文學藝術 ………………………… 277

李豐楙著《六朝隋唐仙道類小說研究》 …… 277

黃兆漢著《道教與文學》 ………………… 279

羅宗強著《道家道教古文論談片》 ……… 280

李豐楙著《憂與遊：六朝隋唐遊仙詩論集》· 281

李豐楙著《誤入與謫降：六朝隋唐道教文學
論集》 …………………………………… 283

王宜娥著《道教與藝術》 ………………… 284

張鈞莉著《六朝遊仙詩研究》 …………… 285

周西波著《道教文獻中孝道文學研究》 …… 287

第五章　宗教神學 ………………………… 289

趙家焯著《道教通詮》 …………………… 289

周紹賢著《道家與神仙》 ………………… 290

蕭登福著《漢魏六朝佛道兩教之天堂地獄
說》 …………………………………… 292

韓秉方著《道教與民俗》 ………………… 293

楊光文主編《道教寶鑑》 ………………… 294

游子安著《勸化金箴：清代善書研究》 …… 295

四川大學宗教研究所編《道教神仙信仰
研究》 …………………………………… 297

吳洲著《中國宗教學概論》 ……………… 299

蕭登福著《道教與民俗》 ………………… 300

黎志添主編《道教研究與中國宗教文化》 … 303

游子安著《善與人同：明清以來的慈善與
教化》 …………………………………… 305

鄭志明著《道教生死學》 ………………… 306

孫亦平著《道教的信仰與思想》 ………… 307

周西波著《道教靈驗記考探：經法驗證與
宣揚》 …………………………………… 309

游子安著《善書與中國宗教》 …………………… 310

鄭志明著《道教生死學》第二卷 ………………… 312

第六章　道教史、文物考古及綜論 …………… 315

趙家焯著《道學與道教》 ………………………… 315

李叔還著《道教要義問答大全》 ………………… 317

金師圃著《道家道教》 …………………………… 319

南懷瑾《中國道教發展史略述》 ………………… 320

丁煌總編輯《道教學探索》 ……………………… 322

蕭登福著《先秦兩漢冥界及神仙思想探原》· 323

劉精誠著《中國道教史》 ………………………… 324

劉鋒著《道教的起源與形成》 …………………… 326

卿希泰、唐大潮編《中華道教簡史》 ……… 327

詹石窗主編《中華大道》 ………………………… 328

蕭登福著《周秦兩漢早期道教》 ………………… 330

賴宗賢著《臺灣道教源流》 ……………………… 331

余美霞著《東漢畫像石與道教發展──兼論
　　敦煌壁畫中的道教圖像》 ………………… 332

邱福海著《道教發展史》 ………………………… 334

莊萬壽《道家史論》 ……………………………… 335

蕭登福著《讖緯與道教》 ………………………… 337

黎志添主編《香港及華南道教研究》 ………… 338

吳銳著《神守傳統與道教起源》 ………………… 340

郭正宜著《道家道教環境論述新探》 ………… 341

丁煌著《漢唐道教論集》 ………………………… 342

鄭燦山著《東晉唐初道教道德經學：關於
　　道德經與重玄思想暨太玄部之討論》 …… 344

曾維加著《道教的社會傳播研究》 …………… 345

黎志添等《香港道教：歷史源流及其現代
　　轉型》 ……………………………………… 347

張美櫻著《道教生命文化析論》 ………………… 348

鄭燦山著《六朝隋唐道教文獻研究》 ………… 349

第七章　道儒釋三教會通 ……………………… 353

孫廣德著《晉南北朝隋唐俗佛道爭論中之
　　政治課題》 ………………………………… 353

吳耀玉著《三教蠡測》·················· 354

褚柏思著《三教新論》·················· 355

李克莊著《中國經緯——孔子運鈞與莊子
神治思想》···················· 356

杜而未著《儒佛道之信仰研究》········· 357

蕭登福著《道教星斗符印與佛教密宗》····· 358

蕭登福著《道教與密宗》··············· 360

蕭登福著《道教術儀與密教典籍》··· 361

蕭登福著《道教與佛教》··············· 362

蕭登福著《道佛十王地獄說》·········· 363

李養正著《佛道交涉史論要》·········· 364

孔令宏著《儒道關係視野中的朱熹哲學》··· 366

蕭登福著《道家道教與中土佛教初期經義
發展》······················· 367

蕭登福著《道家道教影響下的佛教經籍》··· 368

劉滌凡著《道教入世轉向與儒學世俗神學化
的關係》····················· 370

賴賢宗著《道家禪宗、海德格與當代藝術》· 371

第八章　道教神祇及民俗田調·········· 373

五術叢書編輯委員會編《道教眾仙傳》····· 373

蔡相煇著《臺灣的王爺與媽祖》········· 374

王志宇著《臺灣的恩主公信仰：儒宗神教與
飛鸞勸化》···················· 375

李豐楙著《許遜與薩守堅：鄧志謨道教小說
研究》······················· 377

鄭志明主編《西王母信仰》············· 379

鄭志明著《神明的由來（中國篇）》······· 380

鄭志明等著《北港朝天宮的神明會》······ 381

鄭志明主編《道教文化的精華：第二屆海峽
兩岸道教學術研討會論文集（一）》····· 381

鄭志明主編《道教文化的傳播：第二屆海峽
兩岸道教學術研討會論文集（二）》····· 382

鄭志明主編《道教的歷史與文學：第二屆
海峽兩岸道教學術研討會論文集（三）》·· 383

鄭志明著《以人體為媒介的道教》…………384

鄭志明等著《打貓大士——民雄大士爺祭典
　科儀探討》………………………………385

鄭志明著《台灣神明的由來》……………385

張珣著《文化媽祖：臺灣媽祖信仰研究論文
　集》………………………………………388

鄭志明著《台灣傳統信仰的鬼神崇拜》……389

王見川、車錫倫等編《明清民間宗教經卷
　文獻續編》………………………………391

林美容著《媽祖信仰與臺灣社會》…………392

陳仕賢著《臺灣的媽祖廟》…………………393

蕭登福著《道教地獄教主——太乙救苦
　天尊》……………………………………394

謝宗榮著《臺灣的王爺廟》…………………396

蕭登福著《東方長樂世界——太乙救苦天尊
　與道教之地獄救贖》……………………397

蕭登福主編《玄天上帝典籍錄編》…………398

蕭登福著《扶桑太帝東王公信仰研究》……399

鄭志明著《民間信仰與儀式》………………402

謝貴文著《保生大帝信仰研究》……………404

吳明勳等著《臺南王爺信仰與儀式》………406

洪瑩發、林長正著《臺南傳統道壇研究》…407

蕭登福著《西王母信仰研究》………………408

蕭登福著《玄天上帝信仰研究》……………411

謝聰輝著《新天帝之命：玉皇、梓潼與飛鸞》
　……………………………………………412

戴瑋志等合著《臺南傳統法派及其儀式》…414

蕭登福著《后土地母信仰研究》……………415

下編　道教書目提要

第一章　道教宗派與經典

第一節　上清

蕭登福著《六朝道教上清派研究》

　　《六朝道教上清派研究》，蕭登福著，文津出版社 2005 年 11 月出版，平裝，741 頁。

　　蕭登福（1950～），臺灣省屏東縣人，1976 年畢業於政治大學中國文學研究所碩士班，並任教於臺中商業專科學校（後於 1999 年改制為臺中技術學院，2011 年 12 月升格為臺中科技大學）。主要研究領域為道教、佛教、先秦諸子、敦煌學等，歷年著有《公孫龍子與名家》、《敦煌俗文學論叢》、《漢魏六朝佛道兩教之天堂地獄說》、《道教與佛教》、《六朝道教上清派研究》、《六朝道教靈寶派研究》、《道教地獄教主──太乙救苦天尊》、《太歲元辰與南北斗星辰信仰》、《西王母信仰研究》、《玄天上帝信仰研究》、《后土地母信仰研究》等專書近六十種，另撰有學術論文二百餘篇。曾於 1976、1977 年獲國科會乙種研究獎勵，1988、1989、1990、1991、1992、1993、1995、1997、1999 等九年則獲得國科會甲種研究獎勵，並多次受邀前往中國大陸、香港、馬來西亞、新加坡，參加學術交流及講學。

　　《六朝道教上清派研究》全書共十三篇，第一篇〈東晉上清派源起試論〉，先稽考上清派的源流，再推定《上清經》三十一卷的撰作年代，進而介紹上清派的主要傳承人物，討論古正一道對六朝上清派的影響面向，並說明上清派主

要經卷及其擴增之情況；第二篇〈六朝楊許上清派三十一卷之存佚及其所衍生的相關經典〉，先考證南嶽夫人魏華存（251～334）降真所傳三十一卷《上清經》的存佚情況，並介紹《上清大洞真經》、《洞真高上玉帝大洞雌一至檢五老寶經》、《洞真太上素靈洞玄大有妙經》等「道之三奇」，進而說明《上清經》的特色與修行次第，最後則言及在三十一卷《上清經》之外，陸續增入的上清諸經；第三篇〈上清派首經《上清大洞真經》探述〉，先列舉《正統道藏》所收各種《上清大洞真經》之版本，並說明該經三十九章各章守炁神名諱與修煉方式，進而介紹該經對川、滇《洞經》會的影響；第四篇〈試論道教內神名諱源起——兼論東晉上清經派存思修煉法門〉，先稽考道教身神思想的形成與衍化，並對上清派重要身神名諱及守「三一」、「雄一」、「雌一」、「帝一」之法門；第五篇〈道教上清經身內諸神名諱及修行時所常觀想之神祇〉，先臚列道經所載身神之姓氏名諱，再敘述「三景二十四神圖」與六朝道經的「三丹田」（泥丸、絳宮、命門）、腦部九宮圖，列出《上清大洞真經》宣說各章經文的三十九位道君、守炁尊神之名諱，進而歸納《上清經》常見之神祇與各種名相；第六篇〈道教及上清派「守一」修持法門之源起及其演變〉，先稽考先秦典籍所載的「守一」，為道教「守一」修煉法門溯源，並對兩漢經籍所見的「守一」與魏晉道典之「守一」、「雄一」、「雌一」、「帝一」加以敘述，進而討論唐宋以後內丹學的「守一」觀，以及《雲笈七籤》「三一」之意義，並對其來源加以說解；第七篇〈周秦至六朝道經及上清派道經中所見的尸解仙〉，依次臚列戰國、漢代、魏晉、六朝史料及道典所載的尸解仙，並介紹魏晉六朝對尸解敘述較詳盡之道典，進而說明尸解者之職司與酆都六宮冥官之階位；第八篇〈周秦至六朝道教及上清派之辟穀食氣說——兼論其對佛教之影響〉，先考述周秦至漢代典籍所載之導引、辟穀、食氣法，再對漢末六朝道典所載的辟穀、食氣法門加以說解，並分析辟穀食氣與三尸之關係，進而列舉《大藏經》與敦煌文獻受道教辟穀食氣法門影響之佛經；第九篇〈六朝道教上清、靈寶二派經書的傳播與管理〉，旨在說明道教對於講述煉藥、修仙之重要經籍的傳播與管理方式；第十篇〈陶弘景與上清派之關係及《真誥》降真中之房中偶景說〉，先介紹陶弘景（456～536）與上清派、上清茅山宗之關係，並就陶氏《真誥》分析上清派的成立與書中所載的人神戀、房中法；第十一篇〈陶弘景《真誥》中所見修真治病藥方及塚訟鬼注說〉，分析《真誥》所載之修真、治病藥方與鬼注、塚訟之現象；第十二篇〈試論胡適〈陶弘景的真誥考〉〉，說明胡適（1891～1962）

貴佛賤道之心態，並就胡氏提出《真誥》襲奪《四十二章經》之論點加以辨正；
第十三篇〈陶弘景《養性延命錄》與六朝道教養生說試論〉，先就《養性延命
錄》所載養生方法加以說明，再列舉六朝道教養生典籍及養生觀點。

　　透過《六朝道教上清派研究》，吾人當可對其宗派溯源與傳播過程、經卷
成書始末、宗派思想淵源與修煉法門進次、修煉工夫對後世道教法門及佛教經
卷之影響、重要典籍之前有所承等面向，有較詳實而深入的瞭解，在道教宗派
研究史上，具有極重要的學術價值。（李建德撰）

蕭登福註譯《《上清大洞真經》今註今譯》

　　《《上清大洞真經》今註今譯》，蕭登福註譯，香港道教學院 2006 年 7 月
出版，平裝 32 開，為香港道教學院叢書第十二種，上、下二冊，共 1060 頁。

　　蕭登福簡介，見李建德撰〈《六朝道教上清派研究》〉。

　　六朝上清派以尊奉楊羲（330～386）、二許（許謐〔305～376〕、許翽〔341
～370〕）所得魏華存（251～334）降授之上清諸經三十一卷而得名，上清經中，
以《上清大洞真經》為首，並與《洞真高上玉帝大洞雌一至檢五老寶經》、《洞
真太上素靈洞玄大有妙經》合稱「道之三奇」。從東晉到南宋，《上清大洞真章》
三十九章，原僅魏華存至蔣宗瑛（？～1281）等歷代三十八位茅山上清派宗師，
方可得到傳授而加以修煉，後因懼其佚失，始由蔣宗瑛的嗣法弟子程公端在宋
度宗咸淳八年（1272）加以刊行。蕭教授指出，上清派崇尚「身神」存思內煉
法門，較為重要者，有存思位處腦中九宮的雌一（位居玉帝、天庭、極真、太
皇等四宮）、雄一（位居明堂、洞房、丹田、玄丹、流珠等五宮）、位處人身三
丹田之三一（位居上丹田泥丸宮、中丹田絳宮、下丹田命門丹田宮）以及帝一
等項，《上清大洞真經》即為修煉「帝一」法門之經典，三十九章經文依次敘
述位居身中三十九處部位的神祇及其修煉法門，透過依經逐章存思身神修煉，
而可迴風混合、成為帝一道體。

　　蕭教授在《《上清大洞真經》今註今譯》採用的底本為《正統道藏》洞真
部本文類荒字號所收《上清大洞真經》六卷符像本，對斠本為《正統道藏》所
收之《雲笈七籤》卷四二〈存思‧存《大洞真經》三十九真法〉、陳景元《上
清大洞真經玉訣音義》、《太上无極總真文昌大洞仙經》五卷、《大洞玉經》二
卷、衛琪注《玉清無極總真文昌大洞仙經註》十卷等五種，並指出《道藏輯要》
所收《元始大洞玉經》三卷與《藏外道書》所收《文昌大洞仙經全卷》二十四

章、《太上玉清無極總真文昌大洞仙經》六冊等三種，但宋代以後《上清大洞真經》所保留之《大洞玉經》，已析為《上清大洞真經》與《文昌大洞仙經》兩系統，《文昌大洞仙經》系統之偈語為五言體，而《上清大洞真經》系統之偈語，則間有四言、五言體。在採用的古注方面，蕭教授則揀選了前揭四種對斠本與《雲笈七籤》卷八〈釋三十九章經〉，另間採《道藏輯要》所收《元始大洞玉經疏要十二義》之部分內容。

《《上清大洞真經》今註今譯》依《正統道藏》所收六卷本為次序，除卷首朱自英（976～1029）〈序〉與卷末程公端、張宇初（1359～1410）的兩篇〈後序〉僅加標點不另注譯外，其餘三十九章經文、存思法、咒語、法訣，皆有詳盡的注解與白話語譯。至於全書最具特色亦最能俾益學界與教內同道的部分，則為附錄〈道教上清經身內諸神名諱及修行時所常觀想之神祇〉。由於蕭教授曾撰有《六朝道教上清派研究》（文津出版社，2005年11月），對於上清派道典所載諸多身神與存思神祇，有極縝密的考證，故將之收入本書附錄，使學界與教內同道在撰述研究成果或作日用工夫之前置程序時，皆得以按圖索驥，釐清各部位身神及存思神祇之名諱、鎮守位置、出處依據，具有極高的價值。（李建德撰）

劉連朋、顧寶田注譯《新譯黃庭經‧陰符經》

《新譯黃庭經‧陰符經》，劉連朋，顧寶田注譯。三民書局2008年1月初版，古籍今注新譯叢書，菊16開本，平裝，175頁。

劉連朋，天津南開大學哲學系博士，吉林大學哲學社會學院高校教師，著有《在佛學與哲學之間：熊十力與牟宗三哲學方法論研究》等論文。

顧寶田，東北人民大學歷史系（後改為吉林大學）畢業，吉林大學哲學系中國哲學教研室退休教授，著有《先秦哲學要輯選譯》、《新譯穀梁傳》、《爾雅注疏爾雅正義》等作品。

本書合刊注釋《黃庭內景經》、《黃庭外景經》、《陰符經》，這屬道教的典籍，主要闡述道教內丹理論與內丹修煉等理論。《黃庭經》與道教上清經派有密切關係，探討宗教思想與醫學養生的內容。一般而言，《黃庭經》包括《黃庭內景經》、《黃庭外景經》和《黃庭中景經》，但因為《黃庭中景經》晚出，因此不與前兩種並列。《黃庭經》最早著錄於東晉葛洪（283～343）《抱朴子‧內篇‧遐覽》，晉代之後流傳漸廣，不少高道在著作裡提及此經，如陶弘景（456

～536)《真誥》以及杜光庭（850～933)《道教靈驗記》。關於《黃庭經》的作者，歷代有不同的說法，如錄圖子、玉晨君、老子等神人，但這些說法不被專家採信。根據王明（1911～1992）考證，《黃庭內景經》是由上清派祖師魏華存（252～324）依民間秘本或道士口授，編撰而成。《黃庭外景經》則在魏華存逝後出世，然而也有不同學者提出此經早於《黃庭內景經》，但不減兩篇同源的特色。《陰符經》亦名《黃帝陰符經》，舊題稱黃帝所撰，另一說則是北魏寇謙之（365～448）或唐代李筌（712？～741？）所著。後來經王明考證認為《陰符經》成書在北朝，但明確作者不詳。關於該經的注疏有上百種，僅次《道德經》、《南華經》，成為道士必讀經書之一。

　　《黃庭內景經》，又名《黃庭內景玉經》，亦稱《太上琴心文》。行文採七言韻語，共一百九十八行，不分章，分上中下三部，全書內容有三十六章。根據上述內容，黃庭指的是人體修煉的中空景象，亦即人體的腦、心、脾與外在天、人、地相應；內景則是心的景象。因此，此經是教人保持身體虛靜，以存思內外景象，藉此修仙成道。在〈治生章第二十三〉說明人是集萬神於一身的概念，這當中包含著名「三丹田」之說的起源。

　　《黃庭外景經》分成〈上部經〉一～八章、〈中部經〉九～十六章、〈下部經〉十七～二十四章。內容以七言詩體寫成，上部六十五行，中部六十四行，下部六十九行，共一百九十八行。此經比《內景經》短，內容也相似，主要趨向通俗說法，也是強調修仙長生，存思人身體各部之神，固精保身。其次敘述虛靜守一，說明人體內陰陽二氣依天地之道循環，更進一步提出內丹的重要性。特別是存思肝肺心脾胃等部位，對養生煉氣有關鍵性影響。

　　《陰符經》，歷代注本將此書分為上篇、中篇、下篇。《陰符經》有兩種傳本，一種約三百餘字，另一種四百餘字，本書注者採第二種版本注釋。《陰符經》思想主要承續先秦道家與陰陽五行的學說，闡釋道家的天道自然與人應當效法天道的觀念。上篇開頭即曰：「觀天之道，執天之行，盡矣。」認為順天應時，便可知人事之道。自然天道是人道的本源，也是人修煉身心的準則。中篇內容提出宇宙的運行是遵照相生相剋原理，如此形成和諧關係。中篇曰：「天生天殺，道之理也。天地，萬物之盜；萬物，人之盜；人，萬物之盜。三盜既宜，三才既安。」展現宇宙根本規律。下篇內容進而強調事物之間存在利害關係，如：「生者死之根，死者生之根。恩生於害，害生於恩。」這是自古以來，天地間始終不變的道理與規則。同樣地人也是如此，在追求養生的當下，

忘卻因其養而損生，適得其反。於是人如何學習掌握天地變化之機，是《陰符經》的中心思想。

　　總括而言，《新譯黃庭經・陰符經》是一部注疏清晰，以現代觀點詮釋古代經典的作品。注疏者在版本考證方面著力甚深，分析不同朝代的版本流通情形，提出書中主要的核心概念，進行深入探討。除了經文考訂以外，更附各章題解、名詞注釋與白話語譯，方便讀者以全面性角度瞭解經典，與古人對話。（熊品華撰）

第二節　靈寶

林麗雪著《抱朴子內外篇思想析論》

　　《抱朴子內外篇思想析論》，林麗雪著，臺灣學生書局 1980 年 5 月初版，菊 16 開本，精裝，192 頁。

　　林麗雪，臺灣大學中文系學士、碩士，美國南卡羅來納大學圖書館與資訊科學碩士。碩士論文《漢代天人合一思想研究》由戴君仁（1901～1990）先生指導，為臺灣早期研究漢代天人思想之學術論文。根據網路資料顯示，林麗雪曾任教於臺灣大學中文系、美國科羅拉多大學東方語文學系、南卡羅來納大學延長教育中心，現任職於南卡州哥倫比亞市公立圖書館，旅美期間推動多元文化交流，著有《董仲舒》、《王充》等學術作品，其中《王充》一書榮獲 1992 年僑委會海外學術論著獎。然而她在大眾文學方面也有不凡表現，曾撰有《文壇頑童：馬克・吐溫》等書，深受大眾好評。

　　《抱朴子內外篇思想析論》內容共分為三章，第一章「抱朴子內外篇的形成」，論述葛洪生平與內外篇的著成，以及內外篇思想淵源、背景，考證內外篇篇卷的多寡與存佚。第二章「抱朴子內篇思想析論」，包括有神論、神仙與道、神仙養生說的實踐、內篇在道教發展史上的意義、內篇立論方法的特色。第三章「抱朴子外篇思想析論」，分別以「窮達」、「君道臣節」、「審舉」、「譏俗救生」闡釋外篇思想的精神，內容包括葛洪與漢代諸子，內外篇思想的關係。本書附有「前言」、「結論」與「參考書目」，是一部觀點清晰，論述完整的專著。

　　葛洪（283～343）是中國歷史上著名的高道，生於東晉，家學淵源，從祖為三國時期葛玄（164～244），又號葛仙公，擅長仙道術數，是道教靈寶派祖

師。葛洪年少時閱讀經書及寫作詩賦雜文，博學強記，受學於葛玄弟子鄭隱（？
～302）習得神仙之道，成為鄭隱入室弟子，又向南海太守鮑靚學道術。葛洪
自二十餘歲開始《抱朴子》的寫作，從草創子書至定稿，前後約十餘年之久，
在《抱朴子內篇・自敘》云內篇二十卷，屬道家，外篇五十卷，屬儒家，充分
表現儒道特色。作者林麗雪認為葛洪創作內篇有兩個主要動機，第一是葛洪見
仙道的效驗，且他所承受之師絕無妄言，雖然世代貧困以及紛亂不安，無法實
踐仙道，但葛洪仍不願放棄修道，撰述此書以傳同道；第二是葛洪有感不少道
書的隱約其詞和流俗道士的妄言，使得有志學道之人無所適從，於是葛洪著錄
求仙之法，解釋其中困惑。

　　林麗雪進一步整理葛洪一生的經歷，約分四個時期。第一期大約在二十歲
之前，葛洪一方面學儒讀經，另一方面習道求仙，然而卻不專精，彼此互相干
擾，造成內心的矛盾，激發他想要自省與探求。第二期則從二十歲起，至三十
五歲止，葛洪廣尋異書並向鮑靚學道，調和儒道二家精神，成就抱朴子內外篇。
第三期自三十五歲起，至五十歲止，因為時勢所限，屢受薦舉，對於社會教化
相當關心。第四期自五十歲進入羅浮山煉丹，直到尸解成仙，這段時間葛洪著
述不倦，致力於仙道的實驗。作者強調雖然葛洪一生篤信道家神仙之學，不過
其涉世思想主要承襲儒家，因為葛洪遵守儒家的傳統禮法，對漢末以來敗壞的
社會風俗不滿，故他在外篇抨擊那些棄禮忘義、寡廉鮮恥之人提出批評。因此
葛洪在抱朴子外篇言人間得失，世事臧否，談論儒家、墨家、道家、法家等諸
家之言，葛洪在書中針對同一件事往往兼採兩家之言以成其說。作者分析葛洪
對於世俗的行為和觀念多有不滿的原因，來自當時魏晉玄風和漢末清議的流
行，兩者所造成的流弊，以及一般人貴古賤今的觀念偏差。於是葛洪主張禮法
省煩以改禮學家繁瑣，遵奉禮數，以改玄學家的放誕。總而言之，自漢末以迄
魏晉時期，社會風俗的敗壞，禮教的衰頹，到了嚴重的程度，葛洪多有「世道
多變，儒教淪喪」的感慨。

　　綜觀《抱朴子內外篇思想析論》的研究，作者認為葛洪深處亂世，竟能承
襲漢儒所遺留的學術傳統，以儒學立論，對抗當時流行的玄學，其精神是令人
感佩，力挽狂瀾而不頹，護衛儒學，這是葛洪巨大的貢獻。同時他調和儒道，
讓後世學者對魏晉思想有新的關照，並非全然以玄學概之。這表現在抱朴子內
外篇的關係，如內篇以鬼神說來勸善戒惡，強調忠孝和順仁信的道德觀，這與
外篇說明的儒家禮教思想有異曲同工，兩者並非互斥關係，而是呈現互補的連

結。最後林麗雪在結論分析葛洪內道外儒的性格，分別有兩方面，一方面是源自葛氏的家學與師承，另一方面則是受時代背景及學術思潮影響，這些體現在葛洪的著作上。

這本詮釋的葛洪抱朴子內外篇的論著，刊行時間已逾三十年，這期間國內外關於葛洪的研究，多達數十種，國際學者也注意到葛洪在中國思想史或中國宗教史的地位，是不可忽視的研究對象，分別出版翻譯與研究成果。本書作者林麗雪在八零年代，在當時各項研究資料闕如的時空環境下，她懂得善用古籍、日人文獻、歐文資料，寫出學術嚴謹、結構完整的論著，補充中國思想史研究的空缺，足見其深厚的研究能力，是吾輩學者所需效法的典範。（熊品華撰）

蕭登福著《靈寶無量度人上品妙經今註今譯》

《靈寶無量度人上品妙經今註今譯》，蕭登福著。臺北：文津出版社，2008年5月。

《靈寶無量度人上品妙經》，六朝時原書名《太上洞玄靈寶无量度人上品妙經》，後世簡稱作《度人經》。它是東晉葛巢甫所授的靈寶經，也是東晉靈寶道派的主要經典之一。此書是經中之經，天真皇人述《太上洞玄靈寶諸天內音自然玉字》，在解釋此經之〈元始靈書中篇〉；《雲篆度人妙經》一卷，是此經之雲篆體；《太上諸天靈書度命妙經》一卷，為此經相關經典。齊時嚴東開始為此經做注，其後歷代注疏不絕。唐穆宗長慶2年（822），敕令士民入道籍者，須能精熟《老子經》及《度人經》，特別凸顯出此經的重要性。至北宋末，道統漸尊此經為三洞三十六部尊經之首經；明英宗正統年間編修的《正統道藏》，即以此經為冠攝道藏諸經之第一經，為洞真部本文類天字第一號經典。

歷史上靈寶派的發展可分為三期，每期各有代表性的經典。漢代早期古靈寶，以《太上靈寶五符序》為首經；東晉南北朝新靈寶道派，以《元始五老赤書玉篇真文天書經》為第一經；北宋末晚期靈寶，以《靈寶無量度人上品妙經》為冠攝《道藏》群經的天字第一號經典。以上三經代表了靈寶道派的三大階段，漢代與東晉的靈寶道派，重視五篇符籙及五篇真文；唐宋後轉而注重以誦念經文為功德的《靈寶無量度人上品妙經》，因而整個靈寶派顯然是以此三經為發展主軸。

　　據作者研究指出，六朝道經約可分二種：一是重視齋壇法會，及強調誦經功德者，如靈寶派《元始五老赤書玉篇真文天書經》；一是清靜隱祕，強調獨修內斂者，如上清派《上清大洞真經》。而《靈寶無量度人上品妙經》認為藉由誦經可以證真入聖，直接把誦經當成修仙法門的捷徑，簡化了道教原來繁瑣的修仙方式，後來取代了《元始五老赤書玉篇真文天書經》的地位。

　　作者指出，東晉靈寶派倡導行善度人，守戒持齋，以壇場科儀為貴，以誦經詠讚為功，以之自度度人，度生度死，這是東晉靈寶派的特色。這些特色，大都可以在《度人經》中看出來。《度人經》的修行儀式，在天真皇人撰集《靈寶無量度人上經大法》及南宋王契真纂《上清靈寶大法》中，都詳細載述誦經觀想等修行法門。但自南宋陳椿榮、蕭應叟以下，以《度人經》來行修煉者，逐漸偏向內丹說。並由北宋末、南宋始，在靈寶大法中，度亡科儀開始與《度人經》相結合，如甯全真授、王契真纂《上清靈寶大法》、《靈寶玉鑑》等，常用此書之經法科儀來度亡。

　　本書以《度人經》一卷原本為主，全部保留了齊・嚴東、唐代成英玄、薛幽棲、李少微等四家古註，其他諸家則取中允者。全書旨在闡明《度人經》經文原義，以方便學者研究東晉靈寶派。（林翠鳳撰）

蕭登福著《六朝道教靈寶派研究》

　　《六朝道教靈寶派研究》，蕭登福著，新文豐出版公司 2008 年 5 月出版，分上、下二冊，硬皮精裝，共 1286 頁。

　　蕭登福簡介，見李建德撰〈《六朝道教上清派研究》〉。

　　《六朝道教靈寶派研究》全書共分四編、十章。上冊第一編〈東晉靈寶道派的創立及葛巢甫傳經〉分為第一章〈緒論〉、第二章〈東晉靈寶派源起及葛巢甫所傳二十九種靈寶經之存佚〉，旨在論述六朝靈寶道派之創立經過，並透過《正統道藏》、敦煌寫卷文獻，分析葛巢甫所傳三十五卷《靈寶經》之撰作年代，以及陸修靜（406～477）當時已出之二十九種《靈寶經》與九種未出《靈寶經》之存佚情形。第二編〈東晉靈寶派齋壇、修行法門、天地架構說，及其與佛教的關係〉分為第三章〈東晉靈寶派的齋壇形製與修行法門特色〉、第四章〈東晉上清、靈寶及其它道典所見宇宙萬物生化及諸天世界形成說〉、第五章〈東晉靈寶道經與佛教——兼論道、佛二教之相互影響〉，分別論述東晉靈寶道派齋壇之形製、齋期、齋戒儀法、戶外大型三籙（金、玉、黃籙）齋儀、

觀治室內壇場儀法、講經壇儀、修行法門,周秦至六朝之各種宇宙生成衍化觀點,以及六朝靈寶派齋戒日期、講經壇儀、壇場儀式對當時佛教的影響,並討論葛巢甫所傳二十九種《靈寶經》、梁陳年間新出九種《靈寶經》受佛教名相影響之情形,兼涉東晉靈寶、上清等道教宗派受佛教影響之現象與二教名相之異同。下冊第三編〈漢晉至宋,三種靈寶第一經〉分為第六章〈漢代古靈寶第一經《太上靈寶五符序》之撰成年代及其修持法門〉、第七章〈東晉靈寶道派第一經《元始五老赤書玉篇真文天書經》〉、第八章〈南宋後冠攝《道藏》群經的天字第一號《靈寶無量度人上品妙經》〉,分別論述自漢至南宋的三種靈寶派第一經——漢代古靈寶派第一經《太上靈寶五符序》、東晉靈寶派第一經《元始五老赤書玉篇真文天書經》、南宋後靈寶派第一經《靈寶無量度人上品妙經》之內容及其流變、修行法門等。第四編〈東晉靈寶道派對後世的影響〉分為第九章〈東晉六朝以下靈寶派道書的衍增與流變〉、第十章〈東晉靈寶科儀對南宋的影響與發展——南宋以靈寶科儀及《度人經》為主,綜匯其它道派科併術法而成的靈寶大法〉,分別討論六朝靈寶派道典的擴增與《正統道藏》、《中華道藏》所收靈寶派之道典,以及南宋以降奉《度人經》為主幹並涵蓋三洞群經修煉法門而成的靈寶大法,進而討論宋代甯全真、金允中兩種《上清靈寶大法》所收濟生、度死法門,以及宋代靈寶法與今日民間道壇之關涉。

透過蕭教授《六朝道教靈寶派研究》一書的充實論證,吾人當可對靈寶派之溯源與傳播過程、經卷成書始末、宗派思想淵源與修煉法門進次、齋戒與壇儀對佛教之影響、重要典籍之前有所承、歷時性演變之濟生度死法門等面向,有較詳實而深入的瞭解。由是,當可得知,本書在道教宗派研究史上,具有極重要的學術價值。(李建德撰)

謝世維著《天界之文:魏晉南北朝靈寶經典研究》

《天界之文:魏晉南北朝靈寶經典研究》,謝世維著,臺灣商務印書館 2010年 11 月初版,菊 16 開本,平裝,333 頁。

謝世維,美國印第安那大學(Indiana University)東亞語言文化研究所博士。現職政治大學宗教研究所專任教授,並擔任政治大學華人宗教研究中心主任,美國加州柏克萊大學訪問教授。研究領域包括道教經典、佛道交涉、道教藝術、華人民間宗教。專書方面有《天界之文:魏晉南北朝靈寶經典研究》、《大梵彌羅:中古時期道教經典中的佛教》、《綢繆繾綣:古中國房中養生與春

宮藝術》，編有《宗教與藝術的對話》，另有期刊論文與會議論文共四十餘篇。可看出其研究能力深厚，是臺灣中生代重量級道教學者。

本書以「神聖經典」觀念為核心，整合不同學科研究方法，主要以中古時期的靈寶經的經典概念為探討對象，關注靈寶經典所呈現的「天文」觀念。該書研究材料是五世紀的古靈寶經，作者探討道教經典的「天文」觀念、道教經典的「翻譯」、道教經典的敘事框架、道教經典的傳授系譜、道教經典的音誦、天文物質化等，藉此建構中古時期中國人的聖典觀。

書中收錄六篇論文，以及兩位當前重要道教學者的序言，分別是美國亞利桑納州立大學（Arizona State University）宗教研究系柏夷（Stephen R. Bokenkamp）教授，以及臺灣中央研究院中國文哲研究所研究員李豐楙教授，這兩位學者對於本書皆給予高度肯定。柏夷教授認為在世界各大宗教傳統之中，唯有猶太教與道教對書寫文字有著神聖的崇拜與強調，然而在這方面欠缺學術性的研究，該書的出版補足了這種學術上的失衡。李豐楙教授則是讚許本書從不同觀點探討靈寶經的聖典觀，為「道教學」之力作，多少解決了靈寶經派史、道教史的一些難題，同時也開啟了一些有待深化的新議題。

作者在「導論」提出經典的概念，傳統宗教學研究之中，神聖經典是研究的重點之一，可惜過去相關研究集中在西方傳統，現今東方宗教傳統，在佛典與儒典方面已有部分成果，但在道教領域則是相當的稀少。作者引用路易斯（Mark Edward Lewis）對中國經典的考察，歸納經典的功能，將有助於我們理解經典在特定文化中扮演的角色與意義。中國的書寫傳統起源甚早，從西元前的使用竹片或竹簡書寫文字，到後來紙的出現，中國人對書或文字有一定的崇敬觀念。乃至佛、道興起，宗教經典成為重要的論述。東晉末年在江南形成的古靈寶經群正是在整合當時不同的宗教傳統，在教義與教法的進行融合。古靈寶經所建構的宇宙觀、神學系統、神譜在道教史上極具意義，成為後來許多道教經典的基本範型，產生深遠的影響力。關於早期靈寶經研究在歐美、日本已累積成果，近年來中國大陸、臺灣等地的學者也投入研究，開展六朝道教儀式研究的新領域。作者在註腳方面羅列國內外相關研究，相當完整，可提供讀者多角度的學術視野。

第一章「天文與出世：道教經典建構模式」，首先探討宗教學理論在近十年來的轉變，以信仰者或實踐者的角度考察信仰者如何瞭解宗教。並且審視中國宗教的研究趨勢，包含佛教、道教的經典。作者提醒我們當學者以經典作為

研究對象時可能會誤入幾項盲點之中，而導致扭曲歷史現象，應該必須注意宗教論述與施為者的相互創造過程，回歸「經典」本身。接著作者以六朝道教經典為例，說明天文的觀念在靈寶經中佔有核心地位，由天文或真文構成，進而闡釋道教經典的神聖建構，以五項道教經典建構方法為論證原則，這對當前道教研究是創新的嘗試。

第二章「聖典與傳譯：道教經典中的翻譯」，則是說明道教的天書觀與聖典傳譯概念，此觀念複合不同傳統，包含漢代以來藉由符瑞與天授文書的天命觀以及佛教譯經傳統。作者認為佛典翻譯不只是單純的異國文字轉譯，而是牽涉神聖語言傳譯為世俗語言的轉化問題。反觀道教經典的出世，源自天界的文字，經過漫長時間由諸神仙真轉寫才得以轉為世俗文字，因此道教經典擁有一個根源性的神聖基礎，一切經典都由此輾轉翻譯而來。

第三章「傳授與敘事：天真皇人的淵源與流變」，討論天皇真人形象的轉變及其敘事結構，解釋道教經典神聖性的建構。作者以《抱朴子・地真篇》、《太上太一真一之經》為例，追索天真皇人的神話來源，進一步探問靈寶經的天真皇人形象，研究天真皇人的本生譚與傳記。在這些經典顯示出天真皇人作為一位中介者的角色，透過問答方式（黃帝問道於天真皇人，元始天尊與天真皇人）將經典呈現成世俗語言，對比道經的獨特性。

第四章「系譜與融合：太極五真人頌」，探討古靈寶經所述及經典的傳承過程，作者注重系譜本身作為一種解釋的媒介所產生的功能，以及系譜在歷史過程中所發生的轉變。傳承系譜並非固定的文本，會依照撰述者的因應宗教情境與經典合法性的需要而加以調整。作者透過〈五真人頌〉探討靈寶經中五真人傳授模式的建構，對於太極真人概念之建立、葛仙公地位之確定，三真人之來源等都有做出深入的研究，進而思考靈寶經派與其他經派和佛教的關連性。

第五章「音誦與救度：太上洞玄靈寶空洞靈章」，則是探析《太上洞玄靈寶空洞靈章經》之經名、殘存情形、經典結構與文體形式、宇宙天界觀、與其他經典的關係、核心思想、音誦特性等方面。這部經被學界視為是古靈寶經的「元始舊經」，主要依據敦煌本「靈寶經目錄」而認定，大約是東晉南朝的作品。作者認為該經核心思想為救度，救度之法是透過經典轉誦，以其轉誦力量使在地獄的苦魂可以拔度而出，升至天界福堂，是屬於大乘的救度之道。該經已在 2013 年由臺灣道教研究會成員完成校箋經由政大出版社出版，提供學界對《太上洞玄靈寶空洞靈章經》有全面的認識。

第六章「天書與聖物：道教儀式中天書之物質化」，作者論述天文的神聖物件化，探討「八威神策」與「元始神杖」之淵源與相關經典、八威神策之形制、元始神杖之形制，以及《太上洞玄靈寶授度儀》當中「度策文」及「封杖法」的安插及其意義。作者從這些儀式可以看到透過神聖天文將物件轉化為神聖法器的過程，這乃是聖化或賦予靈力的階段，再將神聖法器傳授給弟子，使弟子經過配戴之後晉升為靈寶道士。這些內容收錄在陸修靜編纂《太上洞玄靈寶授度儀》，某種程度代表宗教法位與權威，也是師徒之間傳承的媒介，值得學界重視。

　　整體而言，謝氏這本《天界之文：魏晉南北朝靈寶經典研究》集結作者自博士畢業後的研究成果，誠如柏夷教授所言，這本書並非是謝氏的博士論文中譯，而是一部對道教有深化瞭解的著作。雖然柏夷教授對於靈寶經研究已深耕近三十年，但閱讀本書仍然獲益匪淺，很高興有這位「青出於藍」的高足。然而這也是學術能夠不斷發展延續、傳承創新的來源，在前人基礎上求新求變，尤其是對於「道教學」的建構，更顯重要。因此本書是近年來道教學研究的新秀，從宗教經典的概念探討經典的神聖性來源，以及與其他宗教的交涉過程。作者運用跨學科研究方法、大量的中外研究成果分析道教聖典觀之形成，從中釐清道教傳統的「道、經、師」體系的建立。綜上所述，作者為「道教學」研究立下一個里程碑，從多角度的面向審視道教經典傳播、形成的可能性，提供學界新的研究方向。（熊品華撰）

謝世維編著《《太上洞玄靈寶空洞靈章經》校箋》

　　《《太上洞玄靈寶空洞靈章經》校箋》，政大出版社 2013 年 1 月初版，菊 16 開本，平裝，163 頁。謝世維編著，謝世維、張超然、鄭燦山、謝聰輝、陳敏祥、汪淑麗、賴思好著。

　　謝世維，美國印第安那大學博士，政治大學宗教研究所教授，美國加州柏克萊大學訪問教授，著有《綢繆繾綣：古中國房中養生與春宮藝術》等及論文數篇。

　　張超然，政治大學中文系博士，輔仁大學宗教學系副教授，著有博士論文〈系譜、教法及其整合：東晉南朝道教上清經派的基礎研究〉及多篇論文。

　　鄭燦山，臺灣師範大學國文研究所博士，臺灣師範大學國文學系教授，韓國外國語大學客座教授，著有《六朝隋唐道教文獻研究》專書及數篇論文。

謝聰輝，臺灣師範大學國文研究所博士，臺灣師範大學國文學系教授，著有《新天帝之命：玉皇、梓潼與飛鸞》專書及多篇論文。

陳敏祥，高雄師範大學國文研究所博士，著有博士論文〈陳顯微《周易參同契解》研究〉及多篇論文，醒吾科技大學兼任助理教授。

汪淑麗，輔仁大學宗教所碩士，著有碩士論文〈《莊子》的神祕主義向度〉，輔仁大學哲學系博士生。

賴思妤，暨南國際大學中文所碩士，著有碩士論文〈《仙媛紀事》研究－從溯源到成書〉，日本東京大學博士生。

《太上洞玄靈寶空洞靈章經》為古靈寶經之一，編者認為大約是東晉至南朝時期的作品，明編《正統道藏》並未收入。該校箋以《中華道藏》為底本，同時參校敦煌抄本、《無上秘要》、《靈寶領教濟度金書》多方比對而成。《太上洞玄靈寶空洞靈章經》一書分三十二個部分。

編者在書中撰寫一篇詳細完整的導論，從經目、文獻、經典結構與文體、宇宙觀、經典關係、救度思想及音誦特質進行分析。《太上洞玄靈寶空洞靈章經》是對三十二天帝的讚頌，這與《度人經》、《諸天內音自然玉字》有密切關係，有不少內容重複，足見經典的流變。《太上洞玄靈寶空洞靈章經》的核心思想以救度為主，救度對象從七祖乃至所有在九幽之府受苦的生靈，救度方法是透過經典轉誦，使讓在地獄的苦魂得解脫，進入天堂。編者認為這是古靈寶經典的傳統，在其他經典，如《度人經》等提倡的大乘救度之道，也與該經類似。《太上洞玄靈寶空洞靈章經》屬文學式的讚頌文體，整體內容概分為兩類，一類是經典前後部的神話敘述，以對話體呈現；第二類為三十二天帝之讚頌，採頌讚體，然而體例並未一致，長短不一，主要是四言、五言的形式，充滿了道教與佛教的色彩。該經所描述的三十二天的天界是以四方各八面的平面分布，這是《度人經》以降的空間敘事方式，經典的場景設定在西那玉國鬱察山浮羅之嶽，此為太上道君的道場，又稱「長樂福舍」、「大福堂國長樂舍」，這是一個沒有苦樂，福樂充滿之境。經典裡蘊含天帝運度劫期的觀念，主要尊崇「五篇靈文」做為宇宙世界的本源所在。此外由於該經是屬於讚頌的文學體，包含音樂與歌詞，是天界的神聖樂音，同時具有宇宙生成論與氣化論思想，從而救度在地獄受苦之生靈，這在歌詞當中有十分明顯的表現。編者以為這樣的唱誦功德影響了後來的宋代道教科儀，特別是針對亡靈所做的水火煉度，可看出該經在救度儀式中的重要性。

　　《《太上洞玄靈寶空洞靈章經》校箋》是近年來少數針對單一道經所進行的校箋作品，這是當前道教研究中所缺少的基礎工作，值得學界借鏡、仿效。編者在書末附有〈後記〉說明校箋源由，參與者以臺灣道教研究會成員為主，透過讀書會方式整理道經，培養不少對道教有興趣的青年學者，承續學術研究的精神。書中不僅對經典有清楚的標點，更有完整的注釋，徵引其他經典內容，豐富《太上洞玄靈寶空洞靈章經》一書的完整。編者精心附上將近二十頁的參考書目，提供有志之士對道教研究有更深入的理解，體現這是一部學術嚴謹的經典校箋。（熊品華撰）

第三節　正一及其他道經

莊宏誼著《明代道教正一派》

　　《明代道教正一派》，莊宏誼著，臺北市：臺灣學生書局，1986 年 11 月初版，32 開本，精裝／平裝，220 頁。

　　莊宏誼，1956 年生於台灣台中，政治大學歷史系學士、歷史研究所碩士，法國高等社會科學研究院歷史與文化博士。現任輔仁大學宗教系副教授，此外，亦曾擔任中華道家世界文化學會顧問、保生民間宗教學院院長、財團法人臺北保安宮常務董事等多種民間團體的職務。研究領域包括道教史、道教養生學、道教丹道學、道教神譜學等範圍。其著作除本書外，尚有：〈道教煉養禁誠的信仰與科學——以飲食與房中術為例〉、〈宋代道教醫療——以《夷堅志》為主之研究〉、〈道教環保觀在現代社會的體現〉、〈唐代道士吳筠的仙道思想〉、〈立志為帝王師寇謙之的宗教理想與實踐〉、〈《幼真先生服內元炁訣》練氣法之研究〉、〈道教四聖的來源與信仰演變〉、〈道教丹道的時間觀〉四十多篇論文發表，所執行的研究計劃有「宋代道教的養生與醫療」、「宋元時期道教法術之發展——以張繼先天師為主之研究」、「唐代道教內丹學——以吳筠為主之研究」、「宋代道教正一派——以三十代天師張繼先為主之研究」、「道家道教典籍研讀會」等多項。

　　本書乃作者就其碩士論文《明代道教正一派之研究》整理出版，正一道自張陵創教以來，迄今已一千八百餘年，歷史久遠，傳承明確，而資料分佈亦繁廣，鑑於作者初研道教，因此內容僅偏重正一派與帝王關係之探討，共為五章：第一章緒論，除說明研究動機、範圍之外，亦簡略敘述正一派名稱的由來及演

變。第二章道教正一派之天師，首先討論「天師」原義及演變，其次論述天師之封號、行誼、傳承及受帝王禮遇之情形。其中自《漢天師世家》、《龍虎山志》、《明憲宗實錄》等典籍中，列表整理出共五十二代張天師以血緣為主，親疏分明，長幼有序的傳承概況，有助於研究者對正一派歷代張天師血緣親疏的認識。第三章道教正一派之宮觀與道士，主要討論明代正一派宮觀的修建、經費、組織，以及道士的活動等。歷代張天師多受朝廷禮遇，有明一代更受封為大真人，掌領天下道教事，秩正二品，是以張天師所行道教事宜，亦屬國家宗教行政的一環。然其宮觀分佈及道士籍貫仍多以江南地區居多，說其發展仍以江南為中心。第四章道教正一派之符籙齋醮，本章討論了符籙與齋醮的目的、演變及明代天師的符籙齋醮活動。正一派向以符籙齋醮見長，目的在於「福國裕民，寧家保己」，明代正一派所使用的符，用途、種類、數量已不可勝計，而籙之可考者至少有〈太上玄天真武無上將軍籙〉、〈高上大洞文昌司籙紫陽寶籙〉、〈太上北極伏魔神咒殺鬼籙〉、〈太上正一延生保命籙〉、〈太上正一解五音咒詛祕籙〉等五籙，由籙文可略知正一弟子受籙情形。此外，並整理統計明代自太祖以迄思宗 277 年之間，由帝王命天師齋醮的次數共有 84 次，間有靈驗，是為天師終明之世受優遇的原因之一。第五章結論，明帝禮遇天師，原因有二：一者，太祖招聘天師有攏絡招攬之意；二者，其後諸帝寵遇天師，乃因符籙齋醮可滿足祈福長生的心理。遂使正一派成為道教的正統，確定天師的道教領袖地位。（陳昭吟撰）

蕭登福著《黃帝陰符經今註今譯》

《黃帝陰符經今註今譯》，蕭登福著。臺北：文津出版社，1996 年 12 月初版，約 15 萬字左右，平裝直排 25 開本，242 頁。本書最前有〈自序〉及〈凡例〉，正文分為上下兩編，〈上編、《黃帝陰符經》考證及探義〉有三章，分別為：〈第一章、《黃帝陰符經》考證〉、〈第二章、《黃帝陰符經》要義析探〉、〈第三章、《鬼谷子本經陰符》與道教《黃帝陰符經》〉；而〈下編、《黃帝陰符經》今註今譯〉則分為上、中、下三篇，篇目為：〈上篇、（神仙抱一演道章）譯註〉、〈中篇、（富國安民演法章）譯註〉、〈下篇（強兵戰勝演術章）譯註〉；之後則有三篇附錄：〈附錄一：《天機經》〉、〈附錄二：《黃帝陰符經》歷代諸家序跋〉、〈附錄三：參考資料及歷代名家對《陰符經》之評價〉；最後還列〈參考書目〉。

　　著者蕭登福，1950 年生，臺灣屏東東港鎮人，國立政治大學中文研究所碩士，國立臺中科技大學應用中文系專任教授退休，現仍在該校兼課。其著作除本書外，依序還有《嵇康研究》、《公孫龍子與名家》、《鬼谷子研究》、《鬼谷子》、《敦煌俗文學論叢》、《漢魏六朝佛道兩教之天堂地獄說》、《列子探微》、《列子古注今譯》、《先秦兩漢冥界及神仙思想探原》、《道教星斗符印與佛教密宗》、《道教與密宗》、《道教術儀與密教典籍》、《道教與佛教》、《道佛十王地獄說》、《周秦兩漢早期道教》、《南北斗經今註今譯》、《讖緯與道教》、《新編論衡》、《中論譯注》、《易經新譯》、《玉皇經今註今譯》、《道教與民俗》、《道家道教與中土佛教初期經義發展》、《清靜經今註今譯》、《道家道教影響下的佛教經籍》、《六朝道教上清派研究》、《上清大洞真經今註今譯》、《道教地獄教主——太乙救苦天尊》、《六朝道教靈寶派研究》、《東方長樂世界太乙救苦天尊與道教之地獄救贖》、《靈寶無量度人上品妙經今註今譯》等已超過五十種以上，以及學術論文二百多篇，是臺灣道教研究目前著作量最多，也是最有影響力的學者之一。

　　本書內容包含幾項重點，上編為《黃帝陰符經》一書之考證及探義，旨在探討經書玄義；下編係今註今譯及校讎，有助於初學者閱讀理解原典章句；至於歷代學者對此書的評價及可參考之史料，則載述於附錄。作者認為此經就其所述之哲理而言，可與《易經》、《老子》並列為三，均為探討天道與人世間相互關係的重要著作。但也由於道教甚為推崇此經，因而世人誤以為此書所述為道教神仙思想，把它當作純粹道教聖典來看，反而泯沒了它具有先秦子書銳於觀察、敢於言事的特色。《黃帝陰符經今註今譯》一書是民國以來臺灣學者第一本、也是目前唯一一本《黃帝陰符經》之今註今譯及專篇研究之結集，故是了解《黃帝陰符經》必讀之專書。（賴慧玲撰）

蕭登福註譯《南北斗經今註今譯》

　　《南北斗經今註今譯》，蕭登福註譯。臺北行天宮文教基金會，1999 年 5 月。

　　作者指出，星辰主宰人命之說，早在中國先秦時期已經出現。漢末三國時期，已有祭星壇法的存在。南斗注生，北斗落死；南斗陶魂，北斗鑄魄，世人生死壽命，掌握在南斗六星、北斗七政中。這種觀念由晉代干寶《搜神記》卷

三所載顏超向南北斗星神祈求延壽，可以看出在彼時已經深入民間，為人民所深信。且由干寶所記，可以看出南北斗星神，自古以來給予世人的感覺為：北斗嚴峻，南斗和善。雖然南北斗並稱，事實上不論在道徒或民間，大都重北斗而輕南斗。此中因由除了北斗落死掌人死籍外，也和北斗星座為天上重要星座，在天空的位置極為明顯有關。南斗則是二十八宿之一，由六星組成，在道經中認為由北斗所轄。後世道經更以為五斗全都在北斗星中，足見對北斗的重視。

南斗與北斗、東斗、西斗、中斗，合稱五斗，皆是出自張道陵三張父子。五斗經各自經文中，都有文字說明太上老君降臨授經之時日及地點，而此經更有張道陵二大弟子王長、趙昇為之撰序，敘說傳經事宜，史料彌足珍貴。

本書談到，在五斗經所述消災延壽壇儀中，以《南斗經》和《西斗經》所載較詳，此二經分別談到了燈和幡的使用。幡燈的出現在祭儀中，可追溯到周秦的祭儀。道教沿承其法，其後佛教受道教星斗崇拜影響，又用幡燈於祭星祀典中，以求續命延生。再者，佛教除祈祭星神以治病延生外，又出現了向藥師佛、普賢、金剛薩埵等佛菩薩祈求消災延命者，其中以普賢為最。東密所載普賢延命法，為佛教延命大法，其科儀幾與北斗星祭齊量。

南斗六星君與北斗七星君，後來都成為紫微斗數中用以斷人命吉凶的主要星神，這是因為祂們都是司掌人命生死壽夭的主要星神。

由於原經文中多道教名相，讀經者每為名相所苦，而難明其義。本書因合《太上說南斗六司延壽度人妙經》（南斗經）與《太上玄靈北斗本命延生真經》（北斗經）二經之註譯為一。每部有上編「導讀」，下編「今註今譯」，將經文加以白話註釋，將相關問題於書前導讀中說明。後附錄寶誥、禮讚文、啟請文、科儀、題辭若干不一。

作者指出，《正統道藏》中北斗經典數十種，南斗者則寥寥可數。《南斗經》寫成年代稍後於《北斗經》。《北斗經》經文雖短，卻影響後世極大。此經倡言北斗主宰人命，並依照世人出生年所值不同干支，配屬於北斗七星君所管轄。由於北斗七元君能治病延生，能消災度厄，於是設七燈，向北斗本命星君祈求禳災添壽，便成為歷來常見科儀。道士禹步仿北斗七星，道經戒人向北唾涕便溺等，都說明北斗七星為天界大神，深受敬重。《北斗經》不僅影響道教，也深深影響佛教和流行於日本的東密教。（林翠鳳撰）

蕭登福註譯《《玉皇經》今註今譯》

《《玉皇經》今註今譯》，蕭登福註譯，行天宮文教基金會 2001 年 4 月出版，為《行天宮叢書・經典系列》第二冊，平裝，421 頁。

蕭登福簡介，見李建德撰〈《六朝道教上清派研究》〉。

《《玉皇經》今註今譯》由〈《玉皇心印妙經》今註今譯〉、〈《玉皇上帝消劫真經》今註今譯〉、〈《玉皇上帝洪慈救劫寶經》今註今譯〉與〈《玄靈玉皇寶經》今註今譯〉四部分組成。在四經正文之前，各有一篇〈導讀〉，正文則由原文、校註、語譯三橛構成。蕭教授所作校註，多以秦、漢經籍諸子與歷代道典之語為之，而經前導讀則能具備承先啟後之用途，茲分述於次。

〈《玉皇心印妙經》導讀〉列舉現存《正統道藏》、《道藏輯要》所收《玉皇心印妙經》之四種原文本與十種註解本、六篇今人撰著之《玉皇心印妙經》論文，並分析其撰作年代應為唐五代至北宋之間，其後由《心印經》侈言之精、氣、神三寶之故，遂臚列先秦、兩漢經籍中的「精、氣、神」諸說，並拈出《玉皇心印妙經》所述之內丹修煉心法。

〈《玉皇上帝消劫真經》導讀〉先論述三清道祖與玉皇上帝之關係，再考證《玉皇上帝消劫真經》之撰作年代與成書方式，將之繫於清光緒二十二年（1896），並揭示該經呈現的重孝、戒淫思想，並以民間約定俗成之敬惜字紙風尚作結。

〈《玉皇上帝洪慈救劫寶經》導讀〉先說明扶鸞降真的歷史，並以「信以傳信，疑以傳疑」的審慎態度，推估此書可能為「關公當玉皇」的產物，再歸納此經各節之內涵。然而，「奸徒奸勝曹瞞」之行文，常見於晚清以後各地「恩主公崇拜叢」之乩壇、鸞堂文獻，而這些乩壇、鸞堂未必全然接受民間新興秘密教派提出「關公當玉皇」之說，似無法作為經典神系認同之判準。

〈《玄靈玉皇寶經》導讀——兼論關聖帝君繼任玉皇大帝〉先拈出「人道八德」之重要性，再對此經之撰作年代與民間乩壇產生之「關公當玉皇」傳說加以辨正，進而臚列明代以來關帝降乩著造之鸞書文獻，並就《忠義經》、《明聖經》、《覺世經》等對關帝信仰者較具影響力之經籍，撰寫較大篇幅之介紹，最後，再介紹關帝對東亞各國的影響與歷代封號，以明其影響力。

本書分就上揭四種經典之本文進行校註、語譯，使學界、道門中人、鸞堂信徒對玉皇、關帝經典之認識，具有相當大的貢獻；然而，上揭經典首尾之開經、完經科儀，則僅錄其原貌，未加著墨，難以使鸞堂信徒明瞭其中意旨，是

較可惜之處。總的來說,《《玉皇經》今註今譯》可使吾人理解道教歷代對玉皇上帝的崇拜、流變,以及晚清以降民間新興秘密教派「關公當玉皇」傳說之形成與辨正,實應給予高度的肯定。(李建德撰)

蕭登福註譯《清靜經今註今譯》

《清靜經今註今譯》,蕭登福註譯,臺灣高雄九陽道善堂 2004 年 4 月發行第一版,同年 8 月發行第二版,作者增補小部分史料,並改正文字訛誤。

本書寫作淵源於作者受台灣高雄九陽道善堂、高雄藏應宏道基金會董事長郭國賢先生力邀,歷時二月餘而完成譯述工作。在《太上老君說常清靜妙經》原文部分,採用《正統道藏・洞神部・本文類・傷字號》所收經文。並以道藏所收諸家註文中所見經文作校對。《清靜經》在歷代古註中,以唐・杜光庭者較佳,而圖示則以王道淵及水精子二人最佳。

《清靜經》為《太上老君說常清靜妙經》之簡稱,又稱《常清靜經》。經文雖僅三百九十一字,卻涵攝道教的深奧哲理及修持法門,是《老》、《莊》以後重要的哲理性道經。作者推崇為經中之經,其重要性,可直追《老子》、《陰符經》等重要道典。

本書作者認為《清靜經》包括理論與修持。在哲理上,沿承了道家「道」生「物」,「無」生「有」的宇宙本體論之說。在修道上,此經主張由「清」、「靜」入手。為道教哲理方面的重要經典,也是全真教的日課誦本,道教徒及一貫道信徒,都極重視此經,為教眾必讀之經。諸家每以修道之書來看待此書:或以為此經所講為內丹修煉法門;或以為此經論述儒家理學經世修身之術;或用《易經》先天後天卦象說經;或用佛教遣空有、去三毒來說經;或視之為守丹田滅三尸之修煉法門。諸家註雖能各圓其說,但皆偏向於以「術」解經,本書作者則另闢新徑,側重此經在「學」上的貢獻,以補不足。並基於護持中土文化的理念,企盼藉此引起更多人士關心本土宗教。

作者研究認為《清靜經》基本上是先秦道家思想的延續。經中沿承道家道體之說,並承繼了道家對清濁、動靜、陰陽等彼此間關係之說明。世人或以為《清靜經》受佛教影響,有關佛教般若空義雜糅道教道體論之說,作者於本書〈導論〉及其《道家道教與佛教經義發展》一書(上海:古籍出版社,2003 年9 月),均作了詳細論述。謂:《清靜經》與佛教相近者,雖有「三毒」與「空」等名相,但所言之空實出自道教心齋坐忘之思想,而三毒如是指好財、好味、

好淫的三尸而非指貪、瞋、癡，是則亦與佛教無關。只是此經可能作於六朝或唐初，彼時佛教已盛行，撰經者有可能採其名相以入經，也有可能出於後人改篡。但不管名相是否與佛教有關，《清靜經》之哲理實出自《老》、《莊》書而非出自佛教，則可確定。因而關於歷代注家中，或以佛教說來譯經者，作者則以為《清靜經》既是道經，即宜以道家哲理來釋經，不宜由佛理來說經。（林翠鳳撰）

蕭登福注釋《太上老君說常清靜妙經通解》

《太上老君說常清靜妙經通解》，蕭登福注釋。北京市宗教文化出版社，2011 年 1 月。

儒、釋、道號稱「三教」，是影響中國文化習俗最深遠的三大主流思潮。作者從宗教角度而言，認為應只有道、釋二教。其中的道教，是綜匯中土哲學、術數、科儀等所形成的本土宗教，在中土扎根最深，影響中土民俗信仰最廣。魯迅在 1918 年寫給許壽裳的信中曾說：「中國根柢全在道教」。今日臺灣地區，從遍布在各鄉鎮的宮廟中，依舊可以看出它的影響力。

但隨著時移勢變，道教逐漸衰落。當今應去蕪存菁，重整道教。以整理道教經義，闡經說理為首要。作者認為《道德經》、《清靜經》、《感應篇》三者，是道教最重要、最基本的經典。此三經皆標榜太上老君所說或所作，可以名為「太上三經」。這三經中《道德經》為道家道教的根本大典，有人事、有天道，可以談哲學，可以論宗教。《感應篇》以積善去惡為說，有宋儒「存誠主敬」的為人處事態度，而較偏向於「存神主敬」，其說類似佛教的說「有」。《清靜經》論述動靜一體，善惡相對待，有無同出一源，以「無為清淨」為宗，則類似佛教的談「空」。「清靜」「無為」「自然」，都是道家常見常用的名相。

《清靜經》以「清靜」二字為全經之主軸。清靜與濁動相反，清靜道，濁動應物；清屬陽，卻由靜而生；靜屬陰，卻以濁為根。本書認為此經包括理論與修持。在哲理上，是承《老子》、《文子》、《莊子》等道家「道生物」、「無生有」說的宇宙本體論之說。道為本體，物為現象；本體永常不變；現象有相有用，而有生滅終始。經中說明現象間物之陰陽、清濁、動靜等關係，以及入如何由物而返道的修煉方式。

在修道上，此經主張由「清、靜」入手。作者分析謂「清」是澄澈潔淨，則有外塵不染、玄鑒圓明之意。「靜」為寂然止息，則有萬緣不起、濁念不生

之意。為人心靜而後神清，所以主「靜」之功在於遣欲澄心。而遣欲澄心，須先能由心內自我觀照與省察。自我修證的功夫，在於能了悟萬物由道而生，因氣、形、質以成，皆是一「氣」之轉，以不同「形」相禪代，並無真正之生死可言。如此外囿可除，心不為形役，身不為物囿，自然逍遙於物外。由忘外物，進而忘身、忘心，即是與《老子》為道日損，損之又損，以及《莊子》心齋坐忘，忘物、忘我、忘智相同的。

《清靜經》全文雖僅 391 字，卻是匯聚道家思想精髓而成的經典，解釋宇宙萬象的由來生化，以及變化的原理原則，是《老》、《莊》以後重要的哲理，是中土思想精華的所在。（林翠鳳撰）

蕭登福著《太歲元辰與南北斗星神信仰》

《太歲元辰與南北斗星神信仰》，蕭登福著。香港黃大仙嗇色園，2011 年 8 月。內容撰述的神祇，計別為北斗、南斗、六十甲子元辰、六十太歲、紫微大帝、斗姆等章節來論述。

本書寫作淵源於作者受香港嗇色園之邀而撰寫。嗇色園元辰殿甫興建完成，神像華麗莊嚴，手執武器及手印各不同，皆生動而自然，作者親歷參訪，推許為各地元辰殿中最能結合宗教與藝術氣息，且能集傳統與創新為一體者。

星神信仰是中華民族的特色，也是道教的特色。華人社會普遍認為天上諸星，是諸神所化，代表諸神。同時諸神也有帝王將相等階位之分，各司其職，主掌宇宙萬物的生化，以及世人功過罪福的考核。在天上的諸星宿中，自古以來，最受到重視的，就是北極、北斗、日、月、五星、四靈二十八宿。其中的五星是指：金星（太白）、木星（歲星）、水星（辰星）、火星（熒惑）、土星（鎮星）。

作者從文獻記載所見指出，在所有天上的星座中最早受到矚目的，是北斗及四靈二十八宿信仰。早在仰韶時期的墓穴，及春秋鄐侯乙的墓繪中，就已發現它們的存在。自周世以下的認知裡，北極星象徵天帝，而北斗為天帝主司天地的運轉，生化萬民，有「帝車」之稱。在古籍及道經中，北斗的地位更在日、月、五星及二十八宿之上。《北斗經》及《南斗經》說由南斗、北斗兩者主司水火，共同陶鈞萬物，鑄魂陶魄，司掌人命。據《史記‧封禪書》所載，秦始皇時，已將南北斗列入國家祀典中。

作者研究指出，由於星神司掌人命，所以很自然的由南北斗信仰，擴充到其他星神。古人認為人們出生時所值遇的干支，和出生時所值的星神，對人們一生之中年命的壽夭，祿命的貴賤，都會有深遠影響。在出生時日上，形成了本命年、本命日、生辰等和吾人出生時辰相關的重要日子，而出生時所值遇及感應的星神，則有本命星（本命星君，北斗七星）、本命宿（二十八宿）、本命曜（九曜）、本命宮（十二宮）、本命元辰（六十甲子）、本命太歲（六十太歲），以及北斗九皇之母的斗姆。這些神祇，是人們出生時候所值遇或感應的神祇，也是主司人命的神祇。

今日廟宇太歲元辰殿中，一般供祀著斗姆元君、太陽星君（日）、太陰星君（月）、北斗星君、南斗星君、六十太歲，這些神祇大都和星神信仰有關。作者對照古代本命元辰信仰，認為一般似乎忽略了六十甲子神王文卿等神祇，因此主張有必要在元辰殿中加入本命元辰王文卿等六十甲子神，畢竟這些神是六十太歲形成前，人們所供奉的元辰神。此外，星神既主人命，那麼眾星之主的紫微大帝，雖不在元辰殿內，也於本書中加以述及。（林翠鳳撰）

王見川、高萬桑主編《近代張天師史料彙編》

《近代張天師史料彙編》，王見川、高萬桑主編，吳亞魁協編，博揚文化事業有限公司 2013 年 1 月出版，平裝，316 頁。

王見川（1966～），1990 年畢業於清華大學歷史研究所，取得碩士學位，2003 年畢業於中正大學歷史研究所，取得博士學位，現為南臺科技大學通識中心助理教授，研究領域包括近代道教、當代佛教、民間信俗等，著有《漢人宗教民間信仰與預言書的探索：王見川自選集》（博揚文化，2008 年 10 月），合著《臺灣媽祖廟閱覽》（博揚文化，2000 年 8 月）、《臺灣的寺廟與齋堂》（博揚文化，2004 年 2 月）等書，編有《近代中國民間宗教經卷文獻》（新文豐出版公司，2015 年 9 月）等書。

高萬桑（VincentGoossaert，1969～），法籍，1997 年畢業於法國高等研究實踐學院（EPHE,Paris），獲宗教學博士學位，1998 年起，任法國國家科學院（CNRS）研究員，2004 年起，任法國社會宗教政教關係研究所（GSRL, Paris）副所長，2012 年任法國高等研究實驗學院宗教學系道教史教授，研究領域為近代中國宗教社會史，著有《1800～1949 的北京道士，一部城市道士的社會史》（哈佛大學亞洲中心，2007 年）等書。

吳亞魁（1963～），浙江省嘉興市人，1986 年畢業於北京大學哲學系，1989 年畢業於上海社會科學院宗教研究所，獲哲學碩士學位，並留所任職至 2001 年，2004 年畢業於香港中文大學宗教系，獲哲學博士學位。主要著作有《江南全真道教》（香港中華書局，2006 年 11 月；上海古籍出版社，2012 年 10 月）、《生命的追求——陳攖寧與近現代中國道教》（上海辭書出版社，2005 年 9 月）等書。

《近代張天師史料彙編》之內容包括〈張天師研究序說：成果回顧與相關史料辨正〉、〈張天師宗譜資料〉、〈從檔案資料看清代張天師〉、〈科儀及受籙史料〉、〈地方志、廟觀志〉、〈清代筆記（選）〉、〈其它〉及〈關於近來的張天師之爭——代跋〉。茲就其中數部分加以簡介，〈張天師研究序說：成果回顧與相關史料辨正〉原登載於《臺灣宗教研究通訊》5 期（2003 年 3 月），頁 165～206，對近代中外學者的張天師研究成果進行分類、評析，進而對現存歷代張天師文獻、史料展開說明與論證；〈張天師宗譜資料〉收錄六十一代天師張仁晸於光緒十六年（1890）所編《重修留侯天師世家張氏宗譜》以及 2001 年新修版本（登載六十二代天師張元旭〔五十二世〕至 2001 年所有的天師子孫〔五十九世〕）；〈地方志、廟觀志〉以江蘇、上海、浙江、江西、廣東、雲南、臺灣之方志以及《廣福廟志》、《吳山城隍廟志》、《昆山縣城隍廟續志》、《蘇州玄妙觀志》、《穹窿山志》、《洞霄宮志》、《武林元妙觀志》、《委羽洞天邱祖龍門宗譜》等廟志、宗派志資料；〈清代筆記〉則由 62 種清代文人筆記揀出 149 條與張天師、龍虎山萬法宗壇有關之軼事。

綜觀《近代張天師史料彙編》全書，透過譜牒、法籙、職牒、序跋、志書、文人筆記、碑刻、文集、遊記、詩詞、日記、經卷、學人手札等文獻，對清代以來的張天師世家及天師世家與時局之關係，有深入而詳實的記載，有助於學界及教內各宗派同道對張天師世家的認識，具有極高的學術價值。（李建德撰）

第四節　全真

陳志濱著《全真仙脈源流》

《全真仙脈源流》，陳志濱著，全真教出版社 1974 年 2 月出版，平裝，143 頁，〈自序〉及卷首皆作「全真仙脈源流」，而版權頁則載為「全真仙派源流」。

　　據蕭進銘教授〈全真道龍門派伍柳法脈在臺傳承的調查研究——以陳敦甫一系為核心〉所載，陳志濱（1913～1990），黑龍江省哈爾濱人，號道來子，早年投身軍旅，畢業於南京空軍官校，曾參與抗戰。1949 年隨軍隊來臺，定居臺北，後以上校官階退役。其後，禮四川省江津縣（今重慶市江津區）人陳敦甫（1896～1993）為師，成為全真道龍門派的第三十一代「世」字輩法嗣。1974 年起，受其師陳敦甫及同門陳墩超（1924～1981）支持，於全真教出版社主編《全真月刊》24 期，除本書之外，尚著有《伍柳仙宗白話譯》、《莊子內篇正註真釋：龍門心法》、《靈源大道歌白話譯》等專書，其餘單篇文章，則散見於《全真月刊》各期之中。

　　透過此書〈自序〉，可知《全真仙脈源流》係陳志濱應同門陳墩超邀請所撰。而本書之全貌，則由〈何謂全真〉、〈全真教探源〉、〈元始天尊太上老君和老子的三位一體〉、〈東華帝君〉、〈道家四聖〉、〈南宗五祖〉、〈北宗七真（附重陽別傳三弟子）〉、〈全真嫡傳〉、〈龍門正宗〉、〈結語〉等十篇構成，具有告知自身宗派門弟子授受源流之性質。綜觀全書，可得知具有數概特色，茲列於次：其一，將元始天尊、太上老君、老子視為「三位一體」，而略去三清之中的靈寶天尊；其二，善於運用全真列祖、師真之詩文別集，並參酌各地志書加以撰作，同時也對宋代以來的文人筆記提出反駁；其三，在〈北宗七真〉中，抨擊後世全真道門人將長春丘祖推為七真之首，因而忽略教內文獻丘祖在重陽祖師羽化後，得到丹陽馬祖指導大道、丹訣，且譚、劉、丘三祖皆視馬祖如師、如叔一般的記載，認為全真門下雖有七真傳承之別，但仍應推尊馬祖；其四，在〈龍門正宗〉的譜系中，於丘祖及尹清和（尹志平）、李真常（李志常）、張誠明（張志敬）三真人之下，續之以張靜虛、李真元、曹常化、伍守陽、柳華陽等五人，此是伍柳派之傳承，但卻未能正視王崑陽（常月）真人公開傳戒、中興龍門之貢獻，只以「王志坦、張玄逸之後，負責玄門者，盡利祿之徒，宮觀成為惰民謀食之所，大道源流，至此中涸。明太祖起，復視道流如優倡，非老邁無用之人，不能進入全真之門。至此，天人清淨無為之大道，絕跡於玄門宮觀之中矣。」帶過，明顯失於偏頗，且也過度貶抑其他地域的龍門傳承，較有商榷之處；其五，於〈結語〉處，試圖合會南、北二道脈對東華帝君身分之異說，稱「東華帝君之前身名王玄甫，附尸而起之後身名李亞」，但卻忽略了東華帝君在早期全真道的重陽、丹陽、玉陽諸祖文獻中，皆未有王玄甫的記載，

係至丘祖高弟宋披雲（德方）時，始將東華帝君之身分由青童君定名為王玄甫，作者未能注意到此線索，較為可惜。

綜觀《全真仙脈源流》全書，雖非一部體例嚴謹的道教學術研究著作，但作者在撰作該書的時空環境下，能夠善於運用全真各祖、師真的詩文別集、道經丹訣及各地方志，也是值得肯定之處。且此書撰作之前，對於全真道傳承的研究，臺灣僅見陳援庵（即陳垣〔1880～1971〕，戒嚴時空背景下，臺灣對身處中國大陸之學者著作，通常採易名出版）的《南宋初河北新道教考》一書，因此，本書對於全真道之宣揚、傳播方面，仍具有一定程度之貢獻，不宜因內容之小眚而加以忽視。（李建德撰）

鄭素春著《全真教與大蒙古國帝室》

《全真教與大蒙古國帝室》，鄭素春著，臺北市：臺灣學生書局，1987 年 6 月初版，32 開本，精裝，226 頁。

鄭素春，1961 年生於台灣台北，國立政治大學邊政研究所碩士，法國高等社會科學研究院歷史與文化博士，現任教於私立真理大學宗教學系，教授中國大陸道教史、道教概論、宗教人類學等課程。除本書外尚有：《元朝統治下的全真道派 L'ecole taoitste Quanzhen sous la dynastie des Yuan 1260～1368》（1995），以及〈杜光庭〉、〈元代全真教主與朝廷的關係〉、〈十三、四世紀蒙古宗王與全真道士的關係〉、〈元代南方丹道學之發展初探—以李道純的傳教活動為例〉等著作多篇。

本書乃作者就其碩士論文《全真教與元代帝室之關係》整理出版，內容以忽必烈建立元朝前的全真教與大蒙古國帝室關係探討為主題範圍，來觀察全真教的盛衰。文約十餘萬言，共分五章：第一章緒論，說明研究主旨、範圍及史料運用方式，第二章全真教的初期發展，論述祖師王重陽創教的動機和經過，全真七子在金代宣教及其與金王朝的關係，第三章成吉思汗時代：全真教地位的奠立，討論成吉思汗的宗教態度，及丘處機受其禮遇、教團地位奠立的原因。第四章窩闊台、貴由至蒙哥可汗：全真教地位的轉變，由全真教與汗廷、朝臣的往來，觀察教團在汗廷地位變遷的原因。第五章後論：忽必烈以後的全真教，入元之後，二者的關係取決於統治者忽必烈的態度和措施，然作為普遍於民間的宗教信仰，全真教傳之久遠的根本，仍在於信眾的奉持。

　　本書最大的特色，在於由《甘水仙源錄》、《祖庭內傳》、《金蓮正宗記》、《金蓮正宗仙源像傳》、《七真年譜》、《長春真人西遊記》等記載全真教之相關典籍，間或參考其他資料，如：《常山貞石志》、《秋澗先生大全集》、《中州名賢文表》、《宮觀碑誌》、《雲山集》、《草堂集》等書籍中，勾稽整理出十三份圖與表，或插入內文與論述並陳，或列入書後成為附錄，以作為書中論見之佐證，最是清晰明瞭。圖表條列如下：表一，全真道士與金王朝往來事蹟一覽表；表二，全真道士職掌表（1228～1256）；表三，全真教為蒙古汗廷齋醮祀香一覽表（1232～1259）；表四，蒙古官員延請全真道士齋醮治病事蹟表；表五，蒙古官員疏請全真道士住持宮觀事蹟表；表六，全真教宮觀一覽表（1167～1254）；表七，全真教宮觀分佈地區統計表；又，圖一，全真教宮觀增加曲線圖。透過這些圖表的呈現，讀者對於全真教與金王朝及蒙古朝廷的往來情況，可謂一目瞭然。而全真教宮觀增加曲線圖，則可知全真教在元代的地位消長。至於表八至十二，則列出馬鈺、劉處玄、王處一、郝大通、丘處機等真人弟子之事略，作為附錄列於書末，以知全真教在七子之後的活動。惟全真七子各有其支派，其附錄未列譚處端、孫不二，亦未說明未列原因，未免遺憾。（陳昭吟撰）

第二章　道教科儀及丹道養生

第一節　道教科儀

曹本冶、蒲亨強合著《武當山道教音樂研究》

　　《武當山道教音樂研究》，曹本冶、蒲亨強合著，臺灣商務印書館 1993 年 12 月出版，平裝，422 頁。

　　曹本冶（1946～），原籍上海，1962 年移居香港，1968 年僑居加拿大，並就讀卑詩大學（University of British Columbia）及研究院碩士班，美國匹茲堡大學民族音樂學博士，1976～1980 年，任教於加拿大卑詩省屋根拿肯大學（Okanagan College），並擔任音樂系主任；1982 年起，任教於香港中文大學音樂系；2005 年起，受聘為上海音樂學院音樂學系教授。主要研究領域包括中國漢族和少數民族傳統民間信仰體系儀式音樂、道教科儀音樂、中國說唱音樂、民族音樂學（ethnomusicology）、理論方法學。

　　蒲亨強（1952～），四川省重慶市人，1987 年獲武漢音樂學院文學碩士學位，1997 年獲中央音樂學院文學博士學位，長期在音樂學院和高等師範學院從事中國音樂教學研究工作，先後在西南師範大學音樂系、華中師範大學音樂系、四川音樂學院任教，現為南京師範大學音樂學院特聘教授、音樂教育研究所副所長，並為四川大學宗教研究所兼職教授。主要研究領域包括中國道教音樂研究、中國民歌研究、音樂文化學研究。

　　《武當山道教音樂研究》係作者就 1986～1990 年間五次前往武當山進行田野調查與深度訪談所得資料撰寫而成。全書共分八章，第一章〈概述〉，說

明武當山與道教各宗派的關係、武當各宮觀的宗派歸趨、當時健在之道士生平及其學習道樂之簡歷,並敘述武當道樂的發展史略與流傳範圍;第二章〈武當道教科儀類型及其音樂特徵〉,先追溯道教課誦科儀的沿革與現況,並以 1987 年的調查成果,說明武當山自 1980 年起恢復早晚功課後的程序、韻腔與特色,再選出實例加以分析,說明這些課誦套曲的結構體制,其次考述道教齋醮科儀與音樂的關係,說明現今武當山正一派賑濟科儀與全真道施食科儀的程序、一應物品與音樂實例,進而就早晚課誦、賑濟、施食科儀的音樂展開比較,再者,說明各種重要日期運用的經典與音樂,並進一步討論武當道樂使用的法器與樂器及其功能、象徵意義;第三章〈音樂分類研究〉,先就傳統音樂、道樂的術語加以界定,再對韻腔的音樂形態進行分類,討論武當道樂 20 種主腔與分類的整體關係,以及這些主腔在曲調中的運用情形,並分析各類韻腔典型的曲目,再進一步討論器樂曲牌的音樂分類與其基本特色所在;第四章〈曲式及結構規律研究〉,論述武當道樂的結構形態、規律與發展手法,並分析道曲與經詞的配合方式;第五章〈武當道樂的「超地域」風格之研究〉,論述武當道樂具備江南音樂、江西民間音樂、陝西道教鼓樂與川西宗教音樂的色彩,屬於「超地域」性的風格,進而以明代武當道士原焚修、棲居處與鄉貫的統計資料,歸結這種風格的成因;第六章〈武當道樂的流派分野研究——「在觀派」與「在家派」風格之比較〉,就音樂形態、風格、文化背景等項展開比較,分析武當山宮觀道士與火居道士在音樂體裁、曲式結構、旋律材料、唱法、韻腔曲調、社會地位、音樂傳習方式、演出範圍與目的、對象等面向的異同;第七章〈曲目攷源〉,透過經文主旨、科儀節目、道曲首句等三面向,對武當道樂的曲目來源進行考證;第八章〈武當道教音樂的構成與淵源〉,先論述道樂與宮廷音樂的關係,再討論道樂、佛樂之間的交涉,並就武當道樂與陝西鼓樂、蘇南吹打樂、戲曲音樂、湖北民歌、川西道樂、全真十方韻作比較。

　　透過《武當山道教音樂研究》一書,吾人當可對於道教在武當山的歷時性演變與高道、宮觀發展,有一清晰的理解,而書中記載的各首道樂曲譜,更是從事道教齋醮科儀音樂研究的寶貴資糧,應給予高度肯定。(李建德撰)

蒲亨強著《道教與中國傳統音樂》

　　《道教與中國傳統音樂》,臺北文津出版社 1993 版,凡十二章,平裝 25 開本,433 頁。該書為台北文津出版社的道教叢書之一。

　　蒲亨強，現任西南大學音樂學院教授，音樂學系主任。中國傳統音樂學會常務理事、新加坡道教學院榮譽教授等職。長期從事中國傳統音樂的教學研究，專長領域有中國道教音樂研究、中國民歌研究、音樂文化學研究。著有本書、《神聖禮樂─正統道教科儀》等書。近年有兩項專題研究分別為《道典存見音樂資料輯研》及《中國道教音樂之現狀》。

　　《道教與中國傳統音樂》為國內外首部道樂研究專著，詳細論述道樂的基本面貌、特點，並討論道樂與傳統音樂的關聯。分二個主要主軸作論述，一是系統簡要的說明道教音樂的歷史、基本特點、科儀音樂類型與重要作品；二是揭示道教與中國傳統音樂的內在關係。共十二章，第一至第四章專論第一主軸，第五至十一章則論第二主軸，最末一章具結語性質，主論道教音樂在中國音樂史上的地位與作用。第一章中國道教音樂的歷史與現狀；本章主在建構道教音樂的淵源與發展的歷史，作者認為道教音樂具有融攝力，發展過程中不斷的吸收各種音樂，以建築自己的音樂體系，逐朝敘述道樂狀況。較重要的有魏晉南北朝的陸修靜強調儀式中該有相應的音樂，使〈步虛〉吟唱有不同的程式。宋徽宗時期編纂第一部道教法事歌曲集《玉音法事》，為道樂盛事。明代皇室重視道樂，而有專門誦樂的「樂舞生」。至清道教因失去官方的支持，使道樂加速與民間俗樂融合，此時因龍門派盛使道樂得以保存與流傳。第二章道教音樂的基本特點及功能；此章論述道教音樂的四項特點與二項功能。特點之一住觀道與居家道因社會地位與生活方式的差異，住觀道較居家道有專業性訓練，演樂目的與對象也不同。特點之二空間上的超地域性，以武當山的道教音樂為案例，說明道教音樂融合外地音樂包羅而成，不僅只具地方色彩。特點之三時間上的古老性，道教音樂保有古代巫覡歌舞傳統與古典音樂風格如笛笙簫等樂器、工尺譜的痕跡。特點之四音樂形式的特質，有屬於歌、舞、樂一體的表演形式，有以經詞文體念唱吟唱抒詠性唱腔的曲調，與單曲套曲結構規律等曲體形式。功能面，有二，一為增加神性光彩，二為引發強烈情感，因此通神娛神、娛人宣導、製造氣氛、養生怡性、遣欲通仙則為道教音樂所彰顯的功能。第三章道教科儀音樂的基本類型及特徵；本章主要討論道教科儀裡的音樂，從認識何謂科儀著手，再進入科儀音樂的討論主題，分述課誦音樂、齋醮音樂與紀念法事音樂三類。其中齋醮科儀種類繁多，各種齋醮所運用的道樂皆異，作者以祭亡魂的施食科儀為例作說明。第四章道曲析要；作者整理從北京白雲觀與湖北武當山兩處所收集的道教樂曲，觀察出流派不同、體裁不同樂曲因而有

所異，並以標題性曲目、源於科儀程序的曲目、取自經文首句的曲目、沿用古代音樂之曲目與借用民間音樂的曲目，五類型曲目擇其要作剖析論述。

第五章道教與宮廷音樂；主論歷代帝王對於齋醮科儀感興趣，道樂因而進入宮廷，以此來討論各朝齋醮大事與其宮廷使用道樂的狀況，並以唐明皇《降真召仙之曲》等曲、宋徽宗編纂道樂《玉音法事》與明皇室奉道教成祖訓的角度作深度的討論，道樂於宮廷的發展狀況。第六章道教與中國佛教音樂；佛道兩教皆重視藉音樂宣教，因此兩教音樂的交流為自然之事，依此本章先從道教初期藉用佛教儀軌制度完成齋醮儀式、吸收佛經梵唄讚頌的譯經文體改成道樂歌詞、使用佛經裡劫與甘露等詞彙融入科儀歌詞裡的三主題，觀察論述道樂吸取佛教文化的情況。再討論兩教音樂相互交融的關係與特點，作者認為兩教音樂互相吸收、交融，皆與中國傳統音樂有密關係。第七章道教與文人音樂；此章討論道教對文人音樂的影響，從《老子》、〈步虛詞〉破題，觀察道教對文人音樂的影響，並以宋代著名詞人與音樂家姜夔為案例，就其十七首自注工尺旁譜的詞作進一步的討論，論證文人音樂與道樂有著深厚密實的關係。第八章道教與傳統戲曲音樂；在傳統戲曲方面，作者從劇本的情節題材與科範作剖析，傳統戲曲有許多劇目以道教為題材，唐後雜劇更有趨向於「神仙道化」的現象。諸如劇中經常安排群仙場面科範，而群仙所唱音樂則由齋醮道樂改編而成。第九章道教與中國古譜「聲曲折」；宋徽宗的《玉音法事》為漢代「聲曲折」的實物形態，以此為源探索「聲曲折」由古文逐漸發展成符文樂曲的過程，與從唐「歌樓格」、「霓裳譜」與宋「曲線譜」探索「聲曲折」在唐宋時代的流變。第十章道教與傳統器樂藝術；此章專論器樂，先論科儀裡所使用的器樂，再以《二泉映月》樂曲討論曲中的陰陽觀、「十番鑼鼓」討論易象的數列結構，並將西安鼓樂的《大曲》與道派的《坐樂》作比較，以完整說明道教與民間合奏樂的融合關係。第十一章道教與民歌；此章討論道樂與民歌實則為相互影響與交融的關係。有四個面向，一是以湖北《上告玉皇鬧五帝民歌》論述民歌中具有仙道風。二是以荊楚地區喪歌型式的《孝歌》為例，說明此類民歌裡包含了道教儀式。三是探論為武當山叢林區域的湖北均縣，其民歌隱含道樂元素的成因。四是從湖北收集監利縣的道歌，討論當地道士利用民歌曲調配合法事與經詞。

第十二章道教在中國音樂史上的地位和作用；作為結論章旨述道教音樂的地位與定位。關於此作者給了五項肯定，一是促進多種傳統音樂發展，二是

民族音樂的集中者，三為傳授者，四為民間音樂提高者，五是古代音樂文化的保存者。

　　本書為第一部道教音樂的專著，有系統的闡述中國道教的音樂歷史沿革，討論道教音樂的功能，與齋醮裡的道樂外，還從宮廷音樂、佛教音樂、文人音樂、傳統戲曲、器樂、民歌諸面向討論道教音樂的內在關係，涉及層面的廣與博，實為一部道教音樂的百科全書。書中除文字的論述外，還以音樂的專長剖析與解讀道樂的樂譜詞曲，讓道教音樂得以系統化的呈現，為可貴之處。此外作者因自 1984 年考察武當山道教音樂以來，參訪各地道教名山宮觀，搜集相關的道樂樂譜與實況，皆能適切的置入本書，作為有力證據的說明，為本書珍貴之處。故研究中國道教音樂者，可從此書獲得理論與實作的雙關收穫，而本書也可譽為研究道教音樂的重要代表著作。（蕭百芳撰）

閔志亭著《道教全真科儀》

　　《道教全真科儀》，閔志亭著，文津出版社 1998 年 2 月出版，平裝，為《道教文化叢刊》系列，236 頁。

　　閔志亭，即閔智亭（1924～2004）道長，俗名閔廣銓，河南省南召縣人，1941 年出家，拜華山劉禮仙道長為度師，法名智亭，號玉溪道人，為全真道華山派第十九代「智」字輩玄裔弟子，並於 1943 至 1956 年先後在西安八仙宮、武漢長春觀、杭州福星觀、上海白雲觀等十方叢林掛褡、任職。1985 年受中國道教協會邀請，赴北京主持「道教知識專修班」教學課程，翌年當選為中國道教協會常務理事兼副秘書長；1989 年北京白雲觀開壇傳戒，任傳戒大師。1992 年起，任中國道教協會第五屆副會長、中國道教學院副院長、道教文化研究所所長，1998 至 2004 年，任中國道教協會第七屆會長、中國道教學院院長。2004 年 1 月閔道長羽化登真，遵照遺願，其靈骨分置於西安八仙宮、華山玉泉院、重陽宮、臨潼明聖宮等地，各地宮觀亦多有迎請閔道長靈骨造塔、立祠供奉之舉。閔道長極為重視道教文化的永續發展，其主要著作包括《道教儀範》、《全真正韻譜輯》、《五祖七真金元高道傳》、《玄門日誦早晚功課經注》（合注）等書，是愛國愛教的當代全真高道。

　　《道教全真科儀》分為〈敘論〉、〈宮觀常行科儀〉、〈諸真聖班〉、〈齋醮道場科儀〉、〈諸真疏文〉、〈諸符類〉等結構。〈敘論〉內容為界定齋醮科儀之意涵、道教齋醮源流、現行齋醮舉隅；〈宮觀常行科儀〉收錄早晚壇功課、祝壽

科、慶賀科、接駕科，並詳載玉皇、三清、三元、九皇、真武等重要神聖、仙真之專屬朝科及未具專屬朝科之諸真通用朝科；〈諸真聖班〉收錄九天聖母、五祖七真八仙、太陽太陰、南極壽星、藥王、龍王、關帝、東嶽、禮斗等科儀之聖班；〈齋醮道場科儀〉收錄開壇、蕩穢等吉、幽兼具科儀，三元午朝、攝召、施食、破五方獄、亡魂沐浴、亡魂朝真、度橋、十王轉案、放河燈等齋儀，請水、祀灶、揚旛、請聖、送神、上大表、大回向、禮斗、解厄順星、供天等醮儀，以及諸真聖號、所治宮闕名稱；〈諸真疏文〉收錄臘月廿五日迎鑾接駕疏、接駕大表、三壇大戒拜《皇懺》疏、月斗疏、朔望祝將疏、朔望天地疏、名山進香疏、太嶽修醮疏、度亡榜、護表關等文檢；〈諸符類〉則收錄開壇符、捲簾符、開天符、寶籙符等四種齋醮常用符命。

《道教全真科儀》收錄之齋醮內容，多為全真道「高功密旨」範疇，記載科儀流程應搭配之文檢、存思法諱、掐按法訣、步罡順序、韻腔曲牌，使學界得以窺見全真道師弟相傳的奧秘。唯道教向有「傳非其人，恐遭禍患」之傳統，故書中部分內容之行文，仍須經過拜師、過經、撥職等教內重要程序，方能理解其意旨與義法所在，未經傳度的道教信徒或教外人士，不宜獨自依記載而行法，否則，將流於「剽學」、「沒傳承」，行之無驗矣。而本書之印行，亦開全真道推廣齋醮科儀之先河，其後則有任宗權道長推動「高功學」、出版《道教儀範概覽》，彭理福道長印行《道教科範——全真派齋醮科儀縱覽》，不僅為全真法脈陸續傳薪，亦使學界更加瞭解全真道的齋醮科儀，而任、彭二位道長之前揭著作，亦多受閔道長啟發，足見閔道長《道教全真科儀》之影響。（李建德撰）

曹本冶、徐宏圖合著《杭州抱朴道院道教音樂》

《杭州抱朴道院道教音樂》，曹本冶、徐宏圖合著，新文豐出版公司 1999年 2 月出版，分硬皮精裝及平裝兩種，為《中國傳統儀式音樂研究計畫》系列叢書第十四冊，493 頁。

曹本冶簡介，見李建德撰〈《武當山道教音樂研究》提要〉。

徐宏圖（1945～），浙江省溫州市人，先後任職於浙江省藝術研究所、浙江藝術職業學院，現為浙江省非物質文化遺產專家委員會研究員，1990 年起，多次受臺灣清華大學邀請前往講學，主要研究領域包括中國戲曲史、宗教儀式、崑曲、浙江地方戲曲等。

　　《杭州抱朴道院道教音樂》，全書共分八章，第一章至第五章由徐先生撰寫，第六章至第八章由曹先生撰寫。第一章〈杭州道教概況〉，對歷史上杭州地區的年中祭祀、迎神賽會、進香、喪葬習俗、道場音樂以及歷代高道在杭州傳播道教的情況、重要宮觀的發展及其宗派歸趨等面向，進行有條不紊的敘述；第二章〈杭州抱朴道院〉，專就抱朴道院在歷代的發展與宗派認同、宮觀道士、宮觀建築、奉祀神祇與仙真等面向加以介紹；第三章〈抱朴道院的法事儀式〉，記載抱朴道院保存的重要經懺科儀，並說明為何四月十四日呂祖寶誕在抱朴道院特別重要的原因；第四章〈一九九六年《呂祖聖誕祈福迎祥道場》科儀實錄〉，記錄抱朴道院慶賀呂祖 1200 歲寶誕所舉行的一連串齋醮科儀，齋醮科儀使用的文檢、壇場配置、道士司職；第五章〈《呂祖聖誕祈福迎祥道場》科儀程式實錄〉，記錄 1996 年此次慶賀道場——早課、鬧臺、跑五方、開壇、拜《玉皇懺》、供飯（即午供科儀）、上大表、放焰口的詳目與運用之道樂韵腔，並對上述各項科儀之流程進行敘述；第六章〈《呂祖聖誕祈福迎祥道場》科儀音樂曲譜記錄〉，先將道教科儀音樂分類，再詳列各科儀運用之韵腔與曲譜；第七章〈《呂祖聖誕祈福迎祥道場》科儀音樂形態之分析〉，對一連串科儀使用的 144 首道曲（105 首韵曲、39 首器樂曲）之調式、節奏形態與結構形態、曲調特點進行分析，並討論法器、器樂音樂所具備的功能；第八章〈抱朴道院《呂祖聖誕祈福迎祥道場》科儀音樂的地域性和跨地域性特點〉，摘錄參與此次齋醮科儀的神職人員的受訪記錄與運用的道教音樂源流，並以道樂與民歌進行比較，分析抱朴道院道樂體現的地域文化特性，以及比較各地全真道宮觀「十方韵」與抱朴道院使用的韵腔異同所在。

　　透過《杭州抱朴道院道教音樂》一書，吾人當可對於道教在杭州地區的歷時性演變與高道、宮觀發展，有一清晰的理解，而書中記載的各首道樂曲譜，更是從事道教齋醮科儀音樂研究的寶貴資糧，實應給予高度肯定。（李建德撰）

甘紹成主編《青城山道教音樂研究》

　　《青城山道教音樂研究》，甘紹成主編，新文豐出版公司 2000 年 11 月出版，分硬皮精裝、平裝兩種，為《中國傳統儀式音樂研究計畫》系列叢書第十八冊，526 頁。

　　甘紹成（1957～），四川省崇州市人，1977 年考入四川音樂學院民族音樂系，1982 年赴上海音樂學院進修民族音樂理論，後返校任教，現為四川音樂學院音樂學系主任，研究領域為道教音樂、中國民族民間音樂等。

　　《青城山道教音樂研究》，全書除〈概述〉外，另分十二章。〈概述：青城山的道教文化背景〉，敘述歷代道教各宗派在青城山的發展；第一章〈青城山道教音樂的歷史與現狀〉，說明古今高道對青城山齋醮與道樂發展所作的貢獻；第二章〈青城山道教音樂的主要流派〉，界定靜壇派、行壇派的宗派認同分別為全真道龍門派碧洞宗以及正一道火居道士（包括碧洞宗陳復慧〔1734～1803〕開出的蘭臺派「廣成壇」），並介紹兩派重要道士的簡歷、擅長道樂項目與活動時間、方式、範圍等項；第三章〈青城山道教音樂演禮的空間〉，介紹各種壇場的佈置與供品、一應用具、文檢的意涵；第四章〈青城山道教音樂演禮的行具〉，介紹青城山兩系統道士的法服、法器、經懺科書；第五章〈青城山道教音樂的樂器、樂隊與樂譜〉，介紹青城山兩系統道士在齋醮科儀所運用的樂器種類、團體編制與工尺譜、鐺鈸譜、鑼鼓譜的記譜方式；第六章〈青城山道教音樂的參演者及其表演形式〉，說明青城山兩系統道士的代稱、職司分工，再指出道眾應遵守的各種規定與齋醮、道樂的展演、演奏形式；第七章〈青城山道教音樂的類型與特徵〉，舉例說明青城山兩系統道士在齋醮科儀所使用的韻曲、吟誦曲、朗誦曲等聲樂曲，並歸納笛、嗩吶、鐺鈸、法器、鑼鼓等器樂曲牌；第八章〈青城山道教音樂在科儀中的運用〉，分別就 1995 年 8 月 8～10 日採錄的《早壇功課》、《晚壇功課》、《鐵罐斛食》、《靜斗燃燈》等四項科儀，介紹其音樂類型、表演形式、施行時間、儀式功能與各首曲目；第九章〈青城山道教韻曲的主腔類型及其音樂分析〉，說明青城山兩系統道士在齋醮科儀所運用的韻曲，具有「同名同詞同曲」（〈祝香咒〉等 24 首）、「同名異詞同曲」（〈小贊〉等 12 首）、「異名異詞同曲」（在曲調部分，又細分為 9 種相同與 6 種相似）等三種不同的主腔類型，並逐一舉例論證；第十章〈青城山道教音樂與地方音樂的關係〉，旨在比較廣成韻道樂與本地戲曲、民間曲藝、佛教音樂、歌舞音樂、民間歌曲、器樂曲牌間的關係，認為「民俗活動、道士多重身份、宗教宣傳與民眾信仰、地理環境與語言、特定歷史文化背景」等因素，造成道樂與上揭樂種的相互影響；第十一章〈青城山道教音樂與外地道教音樂的關係〉，說明青城山道樂與湖北、湖南、陝西、北京、雲南道樂的關係，認為全真道的傳教、傳戒、訪道，造成此現象

的產生；第十二章〈青城山道教音樂演禮者的傳承與訓練〉，說明青城山以師徒、家庭、教團為傳承與訓練的方式。

透過《青城山道教音樂研究》一書，吾人當可對於川西地區的道教宗派傳承與碧洞宗、廣成壇的道樂風格，有一清晰的理解，而書中收錄的道樂曲譜，更是從事道教齋醮科儀音樂研究的寶貴資糧，實應給予高度肯定。（李建德撰）

曹本冶、徐宏圖合著《溫州平陽東嶽觀道教音樂研究》

《溫州平陽東嶽觀道教音樂研究》，曹本冶、徐宏圖合著，新文豐出版公司 2000 年 8 月出版，分硬皮精裝及平裝兩種，為《中國傳統儀式音樂研究計畫》系列叢書第十六冊，667 頁。

曹本冶簡介，見李建德撰〈《武當山道教音樂研究》提要〉。

徐宏圖簡介，見李建德撰〈《杭州抱朴道院道教音樂》提要〉。

《溫州平陽東嶽觀道教音樂研究》，全書共分八章，第一章至第五章由徐先生撰寫，第六章至第八章由曹先生撰寫。第一章〈平陽縣道教概況〉，對平陽縣的地理位置、人口結構、音韻特性、歷史發展、年中祭祀、迎神賽會以及歷代高道在平陽地區弘道的情況、重要宮觀的發展及其宗派歸趨等面向，進行有條不紊的敘述；第二章〈平陽東嶽觀〉，專就東嶽觀在歷代的發展與宗派認同、重要高道、宮觀屬性與常住道士、宮觀建築、奉祀神祇與仙真等面向加以介紹；第三章〈東嶽觀的法事儀式〉，記載平陽東嶽觀保存的重要經懺科儀，並引據歷代文獻，說明中元普度科儀的重要性，進而介紹東嶽觀現行《薩祖鐵罐焰口》的節次與重要環節；第四章〈一九九六年中元普度科儀實錄〉，先說明 1996 年 6 月 27 日提前舉行中元普度科儀，係為了追悼抗日戰爭無辜殞命亡魂，使其早日受度生天的緣故，並記錄平陽東嶽觀於 1996 年舉行中元普度科儀使用的文檢、壇場配置、道士司職；第五章〈中元普度科儀程式實錄〉，記錄 1996 年此次一連串科儀──發奏、開五方（迎請五方聖眾臨壇）、進表、五師供（以十項物品虔誠供養三界神聖、仙真）、諸真朝（應用於無專屬「朝科」的一切神祇、仙真之上）、焰口（即判放《薩祖鐵罐焰口》）的詳目與運用之道樂韻腔，並對上述各項科儀之流程進行敘述；第六章〈中元普度科儀音樂曲譜記錄〉，先將道教科儀音樂分類，再詳列各科儀運用之韻腔與曲譜；第七章〈中元普度科儀音樂形態之分析〉，對此次一連串科儀及《早晚功課經》的

調查成果中，選錄 134 首道曲（117 首韵曲、17 首器樂曲）之調式、節奏形態與結構形態、曲調特點進行分析，並討論法器、器樂音樂所具備的功能；第八章〈東嶽觀中元普度科儀音樂的地域性和跨地域性特點〉，摘錄參與此次齋醮科儀的神職人員的受訪記錄與運用的道教音樂源流，指出當地的「子孫板」具有地方戲曲音樂的特性，並以道樂與當地民歌進行比較，分析平陽東嶽觀道樂體現的地域文化特性，以及比較各地全真道宮觀「十方韻」與東嶽觀使用的韻腔異同所在。

透過《溫州平陽東嶽觀道教音樂研究》一書，吾人當可對於道教在溫州平陽地區的歷時性演變與高道、宮觀發展，有一清晰的理解。其次，由於從 1979 年以來，平陽東嶽觀的「十方板」流傳到其他地區，並多次應邀到華人世界各國展演，在現當代道教音樂傳播的層面，有著舉足輕重的地位，因此，書中記載的各首道樂曲譜，更是從事道教齋醮科儀音樂研究的寶貴資糧，實應給予高度肯定。（李建德撰）

朱建明、談敬德、陳正生合著《上海郊區道教及其音樂研究》

《上海郊區道教及其音樂研究》，朱建明、談敬德、陳正生合著，新文豐出版公司 2001 年 9 月出版，分硬皮精裝、平裝兩種，為《中國傳統儀式音樂研究計畫》系列叢書第二十一冊，819 頁。

朱建明（1944～2000），江蘇省無錫市人，生於上海。1981 年任職於上海藝術研究所，後任副研究員。曾參與編撰《中國劇種大辭典》、《中國戲曲志·上海卷》、《上海藝術史圖志》，並擔任洪惟助教授主編《崑曲辭典》、《崑曲研究資料索引》主要撰人和編輯。1984 年，任《上海崑劇志》主編，此後，深入中國民俗與宗教、戲曲關係等研究領域，曾多次受邀赴臺灣、香港等大學講學及交流。

談敬德（1942～），上海市浦東人，1964 年開始學習民間曲藝「鑼鼓書」，1979 年創作《桃梨爭春》鑼鼓書，獲得上海「群眾文藝匯演」大獎，受邀加入上海民間音樂創作組。中年任職南匯縣文化館副館長，在保存地方曲藝方面，戮力甚深。向晚，則成為鑼鼓書「非遺」的主要傳承人，並編寫教材，在地方上培訓後學。

陳正生（1937～），江蘇省南京市人，早年因喜好民間音樂而向藝人學習吹笛方法，1959 年考入上海音樂學院民族音樂系，先後得到各名家指導。退

休前，曾任上海藝術研究所研究部副主任、《中國戲曲音樂集成・上海卷》編輯部主任，研究領域包括音律學、音樂聲學、音樂史學、簫笛製作等面向。

　　《上海郊區道教及其音樂研究》，全書分上、下兩編，上編〈嘉定道教及《五・七》道場音樂〉一至五章，介紹、分析以嘉定縣為代表的浦西道樂；下編〈川沙道院及《拜觀音》法事音樂〉一至五章，介紹、分析川沙縣為代表的浦東道樂，〈餘論〉則對浦東、浦西道樂進行比較。上編第一章〈嘉定道教概況〉，敘述宋至清代嘉定地區的道教宮觀、著名道士與近代火居道院、「堂名」樂班發展；第二章〈嘉定鋤經道院《五・七》道場記實〉，記錄 1995 年 10 月石季通（1923～，鼎通）為齋主作「五七」度亡道場的文檢、壇場配置、道眾簡歷、儀式流程等面向；第三章〈嘉定鋤經道院《五・七》道場曲譜〉，收錄該道場十八項儀節所使用的曲目與經詞；第四章〈韻曲分析〉，就各儀節曲目調式、節拍、速度、伴奏樂種、結構、句式、樂器種類、旋律型態、運用特點加以分析；第五章〈音樂分析〉，分別討論韻曲與器樂曲，點出此地道樂具有蘇南吹打樂的特色。下編第一章〈川沙的民俗活動與道教〉，敘述唐至清代川沙地區的道教宮觀、著名道士、宮觀興建原因；第二章〈川沙龍王廟《拜觀音》法事記實〉，臚列當地祭拜觀音的民俗活動、1995 年農曆六月十九日觀音成道的醮典實錄、參與道眾簡歷、運用經卷文檢、儀節流程；第三章〈川沙龍王廟《拜觀音》法事曲譜〉，記錄該醮典五項儀式的一應曲譜與經詞；第四章〈韻曲分析〉，切入點比照上編第四章處理；第五章〈音樂研究〉，則比較當地道樂與江南絲竹樂的異同之處。

　　透過《上海郊區道教及其音樂研究》一書，吾人當可對於上海郊區以全真、正一為主而吸納民間戲曲、曲藝、絲竹樂、江南民歌、鑼鼓曲等面向的道樂風格，有一清晰的理解，而書中收錄的道樂曲譜，更是從事道教齋醮科儀音樂研究的寶貴資糧，實應給予高度肯定。（李建德撰）

羅明輝等著《雲南劍川白族道教科儀音樂研究》

　　《雲南劍川白族道教科儀音樂研究》，羅明輝等著，新文豐出版公司 2001 年 8 月出版，分硬皮精裝及平裝兩種，為《中國傳統儀式音樂研究計畫》系列叢書第二十冊，376 頁。

　　羅明輝，雲南藝術學院文學士，1993 年畢業於中央音樂學院，取得「音樂史學」專業之文學碩士學位，1994 年考入香港中文大學音樂系，由曹本冶

教授指導，並參與其「中國傳統儀式音樂研究計畫」，於 1995、1996 年三度前往雲南省劍川縣進行田野調查，並以「雲南劍川白族道教科儀音樂研究」為題，於 1998 年取得哲學博士學位，該論文亦於 2000 年獲得香港中文大學青年學者博士論文獎。曾任雲南藝術學院助教、香港中文大學音樂系博士後研究員、中央音樂學院研究生部主任及音樂學系副教授、香港城市大學中國文化中心一級導師，並任教於香港演藝學院、香港音樂專科學校，現為北京中國文化促進會中國古典音樂研究中心顧問、香港中樂發展基金會顧問。

　　《雲南劍川白族道教科儀音樂研究》係由學位論文增補而成，全書共分六章，第一章〈概述〉，介紹道教在大理地區的傳播、白族發展概說及其道教信仰與民間「本主」祭祀活動；第二章〈劍川白族道教儀式及其音樂的地理環境與人文背景〉，運用文獻資料與田野調查的二元方式，對劍川縣的歷史發展、道教傳播概況、現有道教組織與常見齋醮法事進行說明；第三章〈劍川白族道教儀式及其音樂的生態環境〉，介紹作者進行田野調查時，接受採錄的十位白族道教正一派「火居」神職人員簡歷、舉行「公齋」、「私齋」的壇場空間配置與神像畫軸、懸掛「飛聯」；第四章〈劍川白族道教儀式實例──超度儀式〉，記錄劍川地區在金華山舉行的三日「公齋」及前往齋主家中辦理的一日半「私齋」兩種不同超度儀式流程，並對其中使用的音樂、韻腔，選出七十六種譜例；第五章〈劍川白族道教儀式音樂分析〉，對田野調查所得之音樂類別與形式、使用樂器與編制、曲式結構、韻腔與曲調等方面進行分析；第六章〈劍川白族道教儀式音樂相關問題探討〉，討論這些道教音樂與劍川當地民間音樂、洞經音經及龍虎山音樂之間的關係。此外，作者另於書末附有田野調查所得之罡訣數種。

　　透過《雲南劍川白族道教科儀音樂研究》的採錄，吾人可以得知作為「民族宗教」的道教，在各宗派傳播、發展的過程中，其實也對不同地域的其他民族產生一定程度的影響力；此書採訪的數位神職人員所受法籙為「正一盟威經籙」，但有法名的三人卻是「復」、「本」二輩，如張茂廷（復鼎）係拜其叔父張來盛為師，其哲嗣為張運華（本澤），亦可窺見全真龍門派在西南地區「火居」化、與正一道混合的現象。不過，作者在採錄過程當中，倘能將部分讚偈的韻文與《道藏》所收讚偈加以比勘、校讎，當可為這些科儀勾勒出宗派認同與時代繫年，應更能嘉惠後學，亦有功於區域道教研究。（李建德撰）

鄭素春著《道教信仰、神仙與儀式》

　　《道教信仰、神仙與儀式》，台北商務印書館 2002 版，凡十二章，平裝 25 開本，352 頁。

　　鄭素春，法國高等社會科學研究院歷史與文化學博士，曾任真理大學宗教學系、輔仁大學宗教學系兼任副教授，現任東南科技大學觀光學系副教授。蒙元歷史、道教史、宗教人類學、中國文化史、宗教田野調查為其專長與研究領域。著作有《全真教與大蒙古國帝室》、《元朝統治下的全真道派 1260～1368》與《元朝統治下的茅山道士》，期刊論文有〈杜光庭〉、〈元代全真教主與朝廷的關係〉、〈十三、四世紀蒙古宗王與全真道士的關係〉等多篇論文。

　　《道教信仰、神仙與儀式》，本書從各種歷史文獻資料，建構出道教信仰本質、神仙的由來，以及探索齋醮儀式的內涵，從而分成上、中、下三篇共十二章。依作者對本書的整理各篇討論與論述的重點為：上篇信仰，為道教基礎概念的建構，內容有研究道的本質與修道思想、道教原始意義與教團形成、道教與宗教、道派的概念、道教與儒釋的關係；中篇神仙，討論神仙的由來與成仙之道；下篇科儀，以考證道教科儀、齋醮儀式的起源、科儀的分類與內容為其論述內容。

　　上篇信仰，共五章，為本書的第一章到第五章。第一章緒論；旨在論述全書的研究方法與目的，並以「什麼是道教」作開端，援引各國學者如卿希泰、酒井忠夫、馬伯樂等學者的研究，來說明道教涵蓋了民間信仰與生活禮俗，是構成中國古代社會的文化底層，並源自原始的巫術信仰、神仙思想、黃老學說、陰陽五行等，有源遠流長的歷史發展。第二章道的本質與修道思想；從《老子》、《易經》與《道原》討論道的本質，再從《老子》、《黃帝內經》、《淮南子》、《太平經》、《老子想爾注》論述早期道教的修道思想，以證道教的修道為回歸自然的本性，以達清靜寡欲。第三章道教的原始意義及其淵源；如章名分成兩部分，道教原始意義的討論，是以《易經》的聖人以神道設教、《禮記》的天道至教、《墨子》的儒者以為道教、《中庸》的修道之謂教，來論證道教的理論與教團成立。信仰淵源的探討，以原始信仰發展的階段與概況作立論之基，從中剖析祖先崇拜、自然崇拜、上帝信仰，皆為道教所承襲。第四章道教、宗教與道派；作者認為道教的宗教概念等同於宗派，故於本章先討論道教、宗教與宗派的意義，以此觀察道教如何看待其他宗教與宗派，再從五斗米道、太平道到天師道、上清派、靈寶派與全真道，作一系列的宗派介紹。第五章道家、道

教與儒、佛;從三個方向討論道教與道家和儒、佛的關係,其一從《道德經》
到《老子想爾注》,可見由道德與行善積德的觀念。其二透過葛洪、寇謙之與
陶弘景對儒家的觀點討論儒與道關係。其三佛教傳入中國,所衍伸出「老子化
胡」、「夷夏論」等的爭議探究。

　　中篇神仙,共四章,從第六章到第九章。第六章神仙的意義由來與仙境;
針對道教的神仙,先探討古代有關於神、神人與仙、及仙真的意義,再由黃
帝、周穆王、秦始皇、漢武帝的尋仙,以及崑崙山、蓬萊、方丈、瀛洲諸仙
境傳說記載來討論道教神仙的發展。第七章魏晉南北朝道教神仙觀;以此時
三位重要道教人物討論神仙觀,首先是葛洪《抱朴子》將仙分成天仙、地仙
與尸解仙,人透修鍊可長生與成仙。其次為寇謙之,將歷史上的隱修者納為
神仙,擴大道教神仙的來源,並將道教養生結合佛教輪迴,提出新天師道成
仙之路。其三陶弘景撰著的《洞玄靈寶真靈位業圖》,則將道教神仙譜系以七
個等級排定,每一階級又分為左位與右位,確立神仙位階。第八章唐、宋的
仙道思想;從介紹孫思邈、陳少微等著名道士的丹經,再以講修仙法門的《天
隱子》、氣神和會說的《崔公入藥鏡》、五等仙的《鍾呂傳道集》與講性命之
學的《悟真篇》討論唐宋的仙道觀與神仙思想的轉變。第九章金元之際全真
道的成仙理念;旨在採用全真創始者王重陽與之後的全真宗師們的仙學觀,
論述改善宋代崇尚法術弊端的全真教,於金元之際全真道士如何承襲傳統的
道教仙學作變革。

　　下篇科儀,共三章,第十章到第十二章。第十章科儀的由來與初期形式;
主分兩部份一是探究古書中的齋戒,以《禮記》〈祭儀〉、〈曲禮〉討論禮與齋
的意涵,原是儒家祭祀前潔淨心靈與沐浴身體的行為,後為道教齋醮儀式所
用。另一則關注五斗米道的齋戒受籙的情況,從《老子想爾注》守一到《正
一法文太上外籙儀》的三、五、八戒,道民需經其師受戒,才能進行由凡入
聖的受籙儀式。第十一章齋醮科儀的分類與內容;繼第十章的齋醮形式,本
章討論科儀發展與內容,經作者由時間觀察與整理,科儀的發展依序為齋戒、
科戒經籙、齋儀、醮儀。至於科儀的內容以陸修靜《洞玄靈寶五感文》為據,
說明齋戒分成洞真上清之齋與洞玄靈寶之齋。第十二章結論;作者認為藉本
書,道教研究可朝三方向發展,一是研究道教儀式與生活禮俗的關聯,二是
對道的體認,以增進對身、心的瞭解,三是道教有關於科學的層面,應加以
重新詮釋。

　　本書如書名，討論道教的信仰、神仙與儀式三個面向，三面向的探究，大致上先作溯源的探尋，再以時間為縱軸說明其發展的過程，並以經典、文獻作內容的說明，旁及衍生的相關論述。由此，本書除可透徹的了解道教的信仰、神仙與儀式三個主題外，因歷史的脈絡論述清晰，讀此書也能輕易了解道教於各朝的發展。又援引經典作各項說明，讀者也能藉此書掌握道教的文獻資料。（蕭百芳撰）

周西波著《杜光庭道教儀範之研究》

　　《杜光庭道教儀範之研究》，周西波著，臺北：新文豐出版公司，2003年3月初版，32開本，精／平裝，512頁，附有圖表。本書初印於2001年，博士論文平裝，16開本，307頁，國立中正大學中國文學系出版，修改後由新文豐出版公司出版，即目前所見之版本。

　　周西波，1967年9月生於台灣澎湖，為中國文化大學中國文學研究所碩士，國立中正大學中國文學研究所博士，師承鄭阿財教授從事敦煌學與道教文獻與文學方面的研究，現任國立嘉義大學中國文學系副教授。已出版《杜光庭道教儀範之研究》，台北：新文豐出版公司，2003年3月初版；《道教靈驗記考探－經法驗證與宣揚》，台北：文津出版社，2009年6月初版；並有〈敦煌寫卷P.2354與唐代道教投龍活動〉、〈論杜光庭青詞作品之文學價值〉、〈《白澤圖》研究〉、〈敦煌寫本《靈寶自然齋儀》考論〉、〈敦煌寫卷BD.1219之道教俗講內容試探〉、〈從火精到雷部之神－略論宋無忌傳說與信仰〉、〈中村不折舊藏敦煌道經考述〉等論文十餘篇。

　　本書為作者之博士論文整理出版，全書共分七章，第一章〈緒論〉，說明研究動機、目的、選材與研究方法。又以年譜的方式簡介杜光庭，在生卒年的部份，採納生於唐宣宗大中四年（850），卒於後唐莊宗長興四年（933），享年八十四歲的說法；在著作部份，則整理出杜光庭著述共八類八十種，疑偽作品三種等。同時也對道教齋醮略作敘述，除比對齋與醮的區別外，也對六朝至唐代的齋、醮類別做了整理。第二章〈杜光庭整理之金籙與黃籙齋儀〉，分析杜光庭所整理修訂的金籙與黃籙齋儀，見存於《道藏》者，有《金籙齋啟壇儀》一卷、《金籙懺方儀》一卷，及《太上黃籙齋儀》一卷。其中將「投龍璧儀」置於黃籙中討論，認為此一儀式應是由東漢五斗米道的「三官手書」演變而來，原本是道士授籙程序及求仙的手段之一，到了唐代，由於帝王的

崇道，投龍活動也擴及宮廷，並與國家祭祀嶽瀆相結合，成為國家固定的儀典。此一觀點在兩岸對於投龍儀式的研究中，可說是較早提出的見解。第三章〈杜光庭整理之明真、三皇與神咒齋儀〉，杜光庭所整理之明真齋儀式，今仍見存於《道藏》者，有《太上靈寶玉匱明真齋懺方儀》、《太上靈寶玉匱明真大齋懺方儀》、《太上靈寶玉匱明真大齋言功儀》共三卷，明真齋中的「九幽神燈禮咒」儀軌所禮謝九方的空間，乃以九幽獄結合九天、八卦方位，此一定位表現出天地人三界的分野觀，並與王契真《上清靈寶大法》卷五八「明九幽」所述相同，可見出唐宋時期九幽獄說與八卦九宮觀念的結合。三皇齋儀則編有《洞神三皇七十二君齋方懺儀》及《太上洞神太元河圖三元仰謝儀》一卷，此處對於道教諸天結構中的方位、天數、層次、諸天名諱等皆有所整理與探討，而在《太上洞神太元河圖三元仰謝儀》的分析中，則認為此一儀式之所以要禮謝三十二天，乃緣於道教三界說與佛教三業思想的結合，可見知佛教的影響。在洞淵神咒齋儀部份，杜光庭所整理的齋儀現存有《太上洞淵三昧神咒齋懺謝儀》、《太上洞淵三昧神咒齋十方懺儀》、《太上洞淵三昧神咒齋清旦行道儀》，此三卷為今《道藏》僅存以「神咒齋」為名的作品，主要用於驅瘟蕩邪。分析中使用日人大淵忍爾擬題為「洞淵神咒齋儀」的敦煌陽字 83 寫卷相為比對，以見儀式之詳略，文末並附寫卷圖式。第四章〈杜光庭整理之閱籙儀與傳授道德經籙儀〉，本章整理了敦煌道教遺書中的法籙與閱籙材料，包括法籙 S.203、閱籙 P.2457、P.2394、S.1020 等，並將寫卷 P.2394、S.1020 與杜光庭之《太上正一閱籙儀》製表比對，以見出齋儀承襲的脈絡，文末亦附寫卷圖式。最後則整理分析了《太上三洞傳授道德經紫虛籙拜表儀》，由於《道藏》中未見以有其他專記傳授道德經之拜表儀者，故杜光庭的記載，可為後人提供唐代授受道德經的儀式內容與發展的依據。第五章〈杜光庭儀範中韻文作品之考察〉，分析儀範中之韻文包括〈三皈依頌〉、〈唱導讚〉等頌讚類作品三十種；整理其《太上黃籙齋儀》中的步虛詞二十二首；以及儀範中的咒語，包括出戶咒、入戶咒、發爐咒、復爐咒、命魔密咒、三簡咒、上香咒、轉經咒、禮燈咒、滅燈咒、真文咒、遣鬼咒、十一方咒（擬）、衛靈咒等。第六章〈杜光庭儀範中散筆作品之考察〉，包括啟、表、青詞、懺文、發願文等各類文體的形式、內容，以及在儀式中的功能與作用的分析。第七章〈結論〉，總結本書成果如下：（一）可突顯杜光庭儀範所具稀有文獻之價值。（二）可藉杜光庭儀範以校補、認定敦煌道教寫卷之文字與性質。

（三）可訂正杜光庭儀範中部份文學作品時代認定之錯誤。（四）可考察六朝至唐代道教齋儀之消長情形。（五）可確定杜光庭促使黃籙齋儀普及與興盛之貢獻。（六）可歸納杜光庭儀範中規格化、程式化之現象。（七）可呈現杜光庭道教儀範中典雅化、文學化之傾向。（陳昭吟撰）

張澤洪著《道教神仙信仰與祭祀儀式》

《道教神仙信仰與祭祀儀式》，台北文津出版社 2003 年版，凡四章，平裝25 開本，471 頁。

張澤洪，四川大學哲學博士，現任四川大學道教與宗教文化研究所教授，為中國國家「985 工程」四川大學宗教哲學與社會研究創新基地學術帶頭人，《宗教學研究》常務副主編。西南少數民族宗教、道教為主要研究領域。學術專著有《文化傳播與儀式象徵——中國西南少數民族宗教與道教祭祀儀式比較研究》、《道教齋醮符咒儀式》、《道教禮儀學》等書，國內外發表學術論文 268篇。獲四川省人民政府哲學社會科學優秀成果壹等獎，獲教育部第 6 屆高等學校科學研究優秀成果獎（人文社會科學）二等獎，主持多項計畫，在宗教學、民族學研究領域中具有影響力的學者。

《道教神仙信仰與祭祀儀式》，分為四章，從齋醮科儀的知識建立，壇儀格式的論述、日常齋醮儀式的介紹，到思想及功能的剖析，為道教祭祀儀式全面性探討的專論。第一章道教齋醮儀式的源流及其影響；本章主為道教齋醮儀式知識的建立，有四：一溯及淵源，確認西周時期，即已建置具有宇宙天圓地方觀的祭壇。二從《禮記·祭統》釋析「齋法」與「醮儀」，並說明齋醮為正一道張道陵所創，經杜光庭制定先齋後醮之法，齋醮的儀式程序成為定律。三討論齋醮經典的編撰歷程，是由陸修靜建立靈寶齋儀奠定道教齋法的主導地位，經唐張萬福整理修訂醮儀舉行程式，後由杜光庭修訂編撰成為唐後的範本。四分述唐宋元明齋醮盛況，唐帝室盛行齋醮，以茅山宗師為主導，至各名山洞府投龍簡。宋於真宗時由王欽若主持編修《羅天大醮》，奠定後世道教以三籙齋作大型齋醮之基。元時由全真宗師主持齋醮法事，至明代因正一道受諸帝重視，多由龍虎山張天師主持齋醮儀。

第二章道教齋醮科儀的壇儀格式；討論有三：一齋醮科儀祭壇空間的討論，從張道陵的「會真壇三十」論起，剖析歷朝有祭壇的記載，進而剖析一個祭壇的設立要依其規則建置，並論及相應而生的壇儀、舉行齋醮法事的相關人

員、象徵五行的供品、儀式使用的法器等。二討論步罡踏斗、掐訣叩齒與存想
通神三種科儀格式,並詳論有關於召請神靈的步罡踏斗,到罡訣、罡咒與存想
完其法術的過程與細項,以及分類分層作細述行法術時搭配掐訣、叩齒與最後
需透存想之術以通神的過程。三齋醮的符咒文書,因發願、讚頌、唱偈與念咒
為齋醮儀式不可少的內容,因採分項說明祝、頌、偈、咒、神符、青詞、表文
的內容與特質。

　　第三章道教常行齋醮儀式舉要;本章主要以五種常用的齋醮科儀作為討
論的案例,其一是最為普遍的濟生度死的黃籙齋,從其齋儀的認識、相關經書、
儀節的論述,到具有救拔功能的討論,作者認為此項功能使該齋儀成為度人之
上品。其二濟度亡靈的施食煉度,從產生、到內容說明,以及最盛行可登仙的
水火煉度的介紹,並以北京白雲觀的施食煉度,說明流傳至今當代施食煉度的
實際狀況。其三投龍簡儀,從盛於唐宋的金龍玉簡,投龍的歷史,到凡建黃籙
齋就要投天地水三簡的儀式程式的內容逐一剖析與介紹。其四禮燈科儀,論述
於甯全真的《上清靈寶大法》中已成為齋功之首,並分別對分燈、黃籙、金籙、
破血湖燈儀作說明。其五授籙傳戒儀,從正一道的授籙儀與全真道的傳戒儀式
作內容的說明與介紹。

　　第四章齋醮的道教思想與宗教功能;作者認為道教齋教儀式,形式上是道
教的祀神活動,但本質上卻為道教思想的反映,故思想面討論齋醮儀式裡設置
的神位,反映對神仙崇拜與不問生前功罪,超度亡魂、普渡眾生的濟度思想。
功能面,探究祈禳科儀的形成與法事,以杜光庭《廣成集》中的齋醮詞,討論
道教解決人生際遇各種問題的相應科儀。最末論齋醮在民俗信仰裡的角色與
地位,認為道教齋醮的祈禳濟度,能滿足民眾的社會需求,成為近現代民間祭
祀習俗的重要內容。

　　本書為一全面性討論道教齋醮儀式的專書,從淵源、齋與醮的釋析、道壇
祭祀空間、齋醮儀式的舉要、到思想與信仰的討論,細膩的把道教齋醮科儀的
各面向作了剖析,呈現道教的齋醮科儀一個全面性的完整概念。此外,每一範
圍的探討,又鉅細靡遺的細分許多子題,透過每一子題的論述,可以完整的認
識該項科儀,如討論法壇的祭祀空間,從法壇的祭壇樣式、到建壇的壇儀,主
導法事的高功人員,以五供象徵五行到使用的法器幡幢等,完整的將舉行齋醮
儀式的壇場相關人、事、物論述清楚,故讀此書既可容易認識齋醮科儀,又能
獲得深度的齋醮科儀的內涵,為本書的特質與貢獻。(蕭百芳撰)

蕭登福注釋《三元賜福寶懺》

　　《三元賜福寶懺》，蕭登福注釋，青松出版社 2013 年 12 月出版，為《青松觀藏科儀經書注》第 15 種，平裝 32 開，303 頁。

　　蕭登福簡介，見李建德撰〈《六朝道教上清派研究》〉。

　　《三元賜福寶懺》由〈《三元賜福寶懺》自序〉、〈《三元賜福寶懺》題注〉、〈《三元賜福寶懺》卷上〉、〈《三元賜福寶懺》卷中〉、〈《三元賜福寶懺》卷下〉及侯寶垣（1914～1999）道長於道曆四六七三年（1976）所撰〈重刊《三元懺本》跋〉、蕭教授〈道教燈儀溯源及其對佛教的影響〉組成。《三元賜福寶懺》共三卷，各卷首均題作《三元賜福寶懺》，卷末則題為《元始天尊說三官消災滅罪懺》，係侯道長於 1950 至 1960 年代請自廣州三元宮之懺法，而三元宮藏本又與羅浮山酥醪觀同樣傳自北京白雲觀，可知其宗派屬性為全真道龍門派。

　　青松觀使用之《三元賜福寶懺》白文為三卷本，各卷皆由〈三元懺〉、〈吊掛〉、〈大讚〉、〈朝禮三元懺法〉及懺文構成，前揭四項即禮懺前的啟請儀，而三卷懺文之底本，則為《正統道藏》洞玄部威儀類被字號所收《太上靈寶上元天官消愆滅罪懺》、《太上靈寶中元地官消愆滅罪懺》與《太上靈寶下元水官消愆滅罪懺》，但仍有部分內容差異之處。不過，在《三元賜福寶懺》各卷啟請儀行文中，並未出現「南宗北派」、「五祖七真」、「龍門正宗」等可資標識全真道或龍門派之語句。

　　蕭教授在注解、語譯《三元賜福寶懺》時，係先列出懺法白文，而後詳加注解，並以淺近語句翻譯，其注解多兼採《道藏》所收典籍、歷代文獻及今人著作，若青松觀刊本與《道藏》本彼此出入，則加案語標注。如注解卷上「太皇黃曾天尊」等天尊聖號時，即引《靈寶无量度人上品妙經》及《漢魏六朝佛道兩教之天堂地獄說》、《靈寶無量度人上品妙經今註今譯》為之，載明各天尊所治天界位置、炁屬、名諱、職司、其境天人壽算等項。

　　〈道教燈儀溯源及其對佛教的影響〉一文，係就《太歲與南北斗星神信仰》第三章第四節〈南北斗經之延生治病說與後世之幡燈續命法〉損益而成，內容先稽考道教燃燈科儀之起源，並列舉漢魏六朝道經出現的禳災、延壽、度亡等用途之燈儀，進而論述道教禮斗禳星壇儀與「旛燈續命」觀念對佛教與東密的影響。透過此篇論文，吾人當可瞭解漢傳佛教、東密受到道教星斗信仰的影響程度。

綜觀《三元賜福寶懺》全書，蕭教授以其研究道、佛二《藏》典籍多年之文獻考證工夫，透過深入淺出的行文，使學界與教內同道得以瞭解華南地區——特別是廣州、香港採用的《三元懺》之內容與其中之意蘊，對於學界與教內的對話，具有一定的貢獻。

然而，吾人如果能在蕭教授此書的成果之上，再增添不同地域或不同宗派的《三元懺》本（例如北臺灣源自詔安、南靖的正一派道法二門，南臺灣源自泉、漳二州的靈寶世業道壇，以及福州傳入的斗堂等宗派，均有同內容但啟請儀有所區別之懺法；且道教亦隨漢民族傳播至澳門、新加坡、馬來西亞等地，則這些國家或地區，可能亦有此懺法之流傳）加以參校、比對，或許能產生共時性的比較成果。（李建德撰）

蕭登福注釋《玉皇宥罪錫福寶懺》

《玉皇宥罪錫福寶懺》，蕭登福注釋，青松出版社 2013 年 12 月出版，為《青松觀藏科儀經書注》第 16 種，平裝 32 開，396 頁。

蕭登福簡介，見李建德撰〈《六朝道教上清派研究》〉。

《玉皇宥罪錫福寶懺》由〈《玉皇宥罪錫福寶懺》自序〉、〈《玉皇宥罪錫福寶懺》題注〉、〈《玉皇宥罪錫福寶懺》朝禮儀文〉、〈《玉皇宥罪錫福寶懺》正文十章〉及侯寶垣（1914～1999）道長於道曆四六七三年（1976）所撰〈《玉皇宥罪錫福寶懺》及《本行集經》重刊跋〉組成。本懺法即《正統道藏》洞真部威儀類結字號之《玉皇宥罪錫福寶懺》，青松觀刊本之底本，為武林（今浙江省杭州市）雲道堂弟子樂悌智抄寫、周養坦校正，並由該堂蓼花仙館刊刻印行，保存書版於昭慶寺慧空經房的版本。透過侯道長的跋語，吾人可以得知，此懺法係侯道長於 1957 年秋季在香港當地書肆尋得，其來源則為中國大陸的名山宮觀，但並未載明係由何宮觀流通出來。

蕭教授在〈《玉皇宥罪錫福寶懺》自序〉中，對於玉皇上帝與東王公之關係，三清與玉皇之位階，《正統道藏》所收《高上玉皇本行集經》、《玉皇宥罪錫福寶懺》、《高上玉皇本行經集註》、《高上玉皇滿願寶懺》等重要玉皇道典，有詳細而深入的介紹。〈《玉皇宥罪錫福寶懺》題注〉則對於《正統道藏》、青松觀刊本之《玉皇宥罪錫福寶懺》內容，加以介紹、考證。〈《玉皇宥罪錫福寶懺》朝禮儀文〉先宣說入懺事由，再一一禮請三清、帝父、帝母、玉帝、四真人、高虛清明天主、五老上帝、玉虛上帝、昊天上帝、天真皇人、夜光玉女、

四眾八部大乘菩薩、妙行真人、護經聖眾、歷代祖師等 20 篇寶誥，進而重新宣說禮懺事由並禮拜〈玉皇誥〉。《《玉皇宥罪錫福寶懺》正文十章》係就啟懺、讚歎、除罪、斷障、消災、集福、滿願、成真、結意、回向等章懺法結構加以讚頌，每章各擷《高上玉皇本行集經》之語句而繫以玉皇上帝聖號，透過禮拜此聖號，希冀獲致上揭應驗，卷末則為臨壇降筆著造此懺法的雷部辛、鄧、張三天君之聖號，以及辛天君之寶誥，並載明刊刻者之相關資料。

　　蕭教授在注解、語譯《玉皇宥罪錫福寶懺》時，係先列出懺文白文，而後詳加注解，並以淺近語句翻譯，其注解多兼採《道藏》所收典籍、歷代文獻及今人著作，如注解五老上帝寶誥時，即引用《无上秘要》、《雲笈七籤》所載五老上帝之聖紀及《高上玉皇本行集經》等道典文獻，使學界與教內同道對道教的五老上帝，能有更明確的瞭解，而非受清初小說《歷代神仙演義》及晚近《天堂遊記》等新出鸞書之影響，將五老上帝視為木公、金母、赤精、水精、黃老之合稱。

　　綜觀《玉皇宥罪錫福寶懺》全書，蕭教授以其研究道、佛二《藏》典籍多年之文獻考證工夫，透過深入淺出的行文，使學界與教內同道得以瞭解華南地區——特別是廣州、香港採用的《皇懺》之內容與其中之意蘊，對於學界與教內的對話，具有一定的貢獻。（李建德撰）

蕭登福注釋《正陽仁風寶懺》

　　《正陽仁風寶懺》，蕭登福注釋，青松出版社 2014 年 3 月出版，為《青松觀藏科儀經書注》第 17 種，平裝 32 開，348 頁。

　　蕭登福簡介，見李建德撰〈《六朝道教上清派研究》〉。

　　《正陽仁風寶懺》由〈《正陽仁風寶懺》自序〉、〈《正陽仁風寶懺》題注〉、〈《正陽仁風寶懺寶懺》禮讚及啟請文注釋〉、〈《正陽仁風寶懺》開經偈及懺文注釋〉及〈正陽真人鍾離權傳記及史料〉、〈全真教祖東華帝君探源〉等兩篇附錄組成。本懺法之白文內容並未清楚點出著造者與成書年代，但在其啟請聖班中，已載明「北宗始祖重陽祖師」、「南宗始祖海蟾祖師」、「龍門主教長春祖師」，可見其宗派認同之立場，當為全真道龍門派；而聖班又載「運元威顯普濟勸善赤松黃大仙師」，則可知這部懺法應與香港盛行的黃大仙信仰，具有一定程度的關聯，遂在懺法當中出現地域性質的仙真。

　　蕭教授在注解、語譯《正陽仁風寶懺》時，係先列出懺法白文，而後詳加注解，並以淺近語句翻譯，其注解多兼採《道藏》所收典籍、歷代文獻及今人著作。如注解正陽帝君寶誥時，即運用《歷世真仙體道通鑑》、《金蓮正宗記》、《金蓮正宗仙源像傳》及《漢魏六朝佛道兩教之天堂地獄說》等書以佐證。

　　在注解啟請聖班時，《正陽仁風寶懺》載有太和仙君、太微仙君、太清真人、太白真君等仙真聖號，蕭教授引用《正統道藏》文獻，認為這四位仙真，分別是第十二代天師張恆、太微天帝君、嗣師張衡、金星之神。然而，倘若吾人考量到這部懺法成書的可能性——乩壇降筆之作，而切換不同的視角，透過明清兩代《藏》外文獻以觀之，如《張三丰先生全集》卷一所收寶誥，即稱經常在各地乩壇、鸞堂降筆的張三丰為「太和一炁始祖道通文遠真君通微顯化天尊」；《孚佑帝君大洞真經》有「昔日但知閬苑客，如今方識太微星」，則太微仙君可能是乩壇信徒對呂祖的另一稱號；清代刊行之六十四卷本《呂祖全書》所收《太上廣慧修心保命超劫經·首陳善果章》有「太清真人同上清真人、顧玉清真人，執八寶如意」之語，則太清真人亦有可能是道祖老君的另一稱號；至於太白真君，民間社會常因受《西遊記》「小說之教」影響，在乩壇、鸞堂中，常有太白金星賚捧玉詔臨堂，並自報家門「李長庚」、「李太白」等現象，則太白真君亦有詩仙李白的可能性。

　　至於〈正陽真人鍾離權傳記及史料〉一文，蕭教授廣泛引用《金蓮正宗記》、《歷世真仙體道通鑑》、《金蓮正宗仙源像傳》、《上陽子金丹大要列仙誌》、《三教源流搜神大全》、《有像列仙全傳》、《白雲仙表》等僊傳文獻，使教內同道可充分瞭解正陽祖師鍾離權在歷史上的形象；〈全真教祖東華帝君探源〉透過早期全真道文獻，認為王重陽祖師、丹陽馬祖、玉陽王祖或在詞中提及東華帝君、青童君，或為之建廟，可視為全真奉東華青童君為第一代祖師的原始資料，而長春丘祖弟子宋德方，始將東華帝君之身分改為王玄甫，並透過元代以降的陸續增衍，而形成今日「老五祖」之首的身分。

　　綜觀《正陽仁風寶懺》全書，蕭教授以其研究道、佛二《藏》典籍多年之文獻考證工夫，透過深入淺出的行文，使學界與教內同道得以瞭解香港道堂讚頌正陽祖師鍾離權之懺法內容與其中意蘊，對於學界與教內的對話，具有一定的貢獻。（李建德撰）

蕭登福注釋《武聖保安法懺》

《武聖保安法懺》，蕭登福注釋，青松出版社 2014 年 8 月出版，為《青松觀藏科儀經書注》第 18 種，平裝 32 開，293 頁。

蕭登福簡介，見李建德撰〈《六朝道教上清派研究》〉。

《武聖保安法懺》由〈《武聖保安法懺》自序〉、〈《武聖保安法懺》注釋〉、〈《正及《三國志》卷三十六〈關羽傳〉、〈關帝與佛教伽藍神之關係，兼論關帝神格屬性應歸於道而非佛〉、〈宋元至清關帝神格及相關道書、鸞書探論〉等三篇附錄組成。本懺法之白文內容並未清楚點出著造者與成書年代，但在其啟請聖班中，已載明「開悟傳道正陽垂教帝君」、「純陽演教警化孚佑帝君」、「全真開化重陽輔極帝君」、「龍門主教長春邱大真君」，可見其宗派認同之立場，當為全真道龍門派；而聖班又載「慈悲護道玄憲黃大真君」、「瑯玕贊化志能李大高真」、「神威伏虎濟世白眉真人」、「大羅劍仙碧羅黃大仙姑」，這四位仙真係青松觀 1940 年代在廣州前身「至寶臺」的護教仙真，〈至寶臺仙壇度牒〉即載「李志能大仙（山西人）、白眉仙翁（山西人）、碧羅仙姑（陝西人）、龍門正派第四代祖師黃玄憲，飛鸞演教、展發玄微」，現今屯門青松觀仍設有四師殿「翊化宮」，供奉上揭四位仙真，則《武聖保安法懺》可能係由青松觀扶鸞著造，或青松觀在其刊本增入自身傳承所屬仙真，以作為科儀禮拜之用。

蕭教授在注解、語譯《武聖保安法懺》時，係先列出懺法白文，而後詳加注解，並以淺近語句翻譯，其注解多兼採《道藏》所收典籍、歷代文獻及今人著作。如注解〈祝壽讚〉「眾仙同日詠霓裳」一句時，即運用《龍城錄》、《太平廣記》、《全唐詩》、《新唐書》及《敦煌俗文學論叢》第三篇〈敦煌變文《葉淨能詩》一文之探討〉加以佐證。惟蕭教授將「玄門護道雷聲應化天尊」界定為九天應元雷聲普化天尊，並援引《藏》內道典加以解釋，然在明、清至當代的《藏》外文獻中，雷聲應化天尊係教內或各地乩壇、鸞堂對於豁落靈官王天君之聖稱，如全真道〈冠巾疏〉所云「專疏上奏，為祈祖師慧光普照，恩澤頻彰闔會；太乙雷聲應化，稽功察過。牒移東華教主存案記名」，即祈求靈祖王天君考核初真冠巾弟子之日常功過，而鸞堂亦常將王天君稱作太乙雷聲應化天尊，故此處行文，或以王天君為解釋較為妥切。

至於〈關帝與佛教伽藍神之關係，兼論關帝神格屬性應歸於道而非佛〉文中，蕭教授透過史傳、僧傳、筆記、碑刻、小說等文獻資料考證，並搭配道、佛兩教之修煉工夫，充分論證關帝之神格，實與佛教無涉。〈宋元至清關帝神

格及相關道書、鸞書探論〉一文，蕭教授則臚列《正統道藏》、《道藏輯要》、《藏外道書》所載關帝經典、鸞書，以及近代新出鸞書，惟《玉皇上帝消劫真經》係屬玉皇大天尊玄穹高上帝所說，與晚出「玄靈」系統不侔，似不宜列入其中。

綜觀《武聖保安法懺》全書，蕭教授以其研究道、佛二《藏》典籍多年之文獻考證工夫，透過深入淺出的行文，使學界與教內同道得以瞭解香港崇奉呂祖系統道堂用以讚頌武聖關帝之懺法內容與其中意蘊，對於學界與教內的對話，具有一定的貢獻。（李建德撰）

蕭登福注釋《玄門朝科》

《玄門朝科》，蕭登福注釋，分上、下二冊，上冊為青松出版社 2014 年 8 月出版，為《青松觀藏科儀經書注》第 19 種，平裝 32 開，462 頁；下冊為青松出版社 2014 年 10 月出版，為《青松觀藏科儀經書注》第 20 種，平裝 32 開，528 頁。

蕭登福簡介，見李建德撰〈《六朝道教上清派研究》〉。

《玄門朝科》一書，據侯寶垣（1914～1999）道長於道曆四六七三年（1976）所撰〈重刊朝科序言〉所載，可知此部《玄門朝科》係由廣州三元宮傳至香港，並運用於同年香港道教聯合會舉辦「下元解厄消災集福迎祥萬緣勝會」的場合上，由青松觀負責主壇，後為使同門依科修奉，遂重新繕寫刊行。今日注釋本之上集，共收〈玉皇朝〉、〈文帝朝〉、〈武帝朝〉、〈呂帝朝〉、〈三元朝〉、〈雷祖朝〉等六種朝科之注釋；下集則收〈斗姥朝〉、〈真武朝〉、〈七真朝〉、〈東嶽朝〉、〈諸天朝〉、〈太乙朝〉與〈土皇朝〉等七種朝科之注釋。由於這十三種朝科之中，或在聖班部分直接禮請五祖七真，或另立七真之專屬朝科，皆可看出其宗派認同之屬性，當以全真道龍門派為確。

蕭教授在注解、語譯《玄門朝科》時，係先列出科儀白文，而後詳加注解，並以淺近語句翻譯，其注解多兼採《道藏》所收典籍、歷代文獻及今人著作。如注解〈玉皇朝〉聖班「萬星教主紫微大帝」時，即運用《漢書》、《春秋緯》、《道藏》所收《太上元始天尊說北帝伏魔神咒妙經》、《太上北極伏魔神呪殺鬼籙》、《北帝伏魔經法建壇儀》、《伏魔經壇謝恩醮儀》、《七元真人說神真靈符經》及《玄天上帝信仰研究》第四章〈北帝源起及其神格之衍變──北方黑帝、北陰太帝與紫微大帝〉加以佐證。惟同篇注解「都天宗主一元無上真君」時，則

將禮請長春丘祖的寶誥，繫於西河薩祖之上；注「先天一炁正大天君」時，可能係受刊本引導，而未詳其對應之仙真，倘若就行文而觀，此應為「先天一炁『王』大天君」魯魚亥豕之譌，其對應之仙真，即豁落靈官王天君矣。

綜觀《玄門朝科》全書，蕭教授以其研究道、佛二《藏》典籍多年之文獻考證工夫，透過深入淺出的行文，使學界與教內同道得以瞭解香港崇奉呂祖系統道堂之朝科內容與其中意蘊，對於學界與教內的對話，具有一定的貢獻。吾人如果能在蕭教授此書的研究成果之基礎上，再增添同一宗派而不同地域的朝科儀本（如冀魯、陝甘、川鄂、東北等同屬全真道龍門派及其支派碧洞宗佈教之地域，亦大多有相關朝科）加以參校、比對，如聖班結構、具職語句、讚偈運用、宮闕名稱、文檢運用等面向，或許能產生共時性的比較成果。（李建德撰）

第二節　丹道養生

蕭天石著《道家養生學概要》

《道家養生學概要》，亦作《儒釋合參道家養生學概要》，五卷，蕭天石著，台北：自由出版社，1963 年初版，21 公分，精裝（平裝），450 頁。本書被選列入《道藏精華》外集第一種，陸續在 1971 年、1975 年、1979 年、1983 年、2000 年、2009 年等多次再版，至 2009 年已刊行第 9 版。另外，1975 年的第三版除自由版之外，另有台北：中華學術院佛學研究所，及台北：中華大典編印會二家出版，編輯內容與自由版無別。而鄭州市：中州古籍出版社則據 1979 年自由版之第四版影印，於 1988 年在大陸發行第一版，書前收有四版與五版之序言。

蕭天石（1909～1986），自號「文山遯叟」，生平詳見蕭登福撰〈《道藏精華》提要〉。

《道家養生學概要》為蕭天石的道學傑作，其中包含他早年在內地生活時期踏遍名山洞府、參訪各派名師所得的道教祕訣，以及窮究道藏祕典術十年的心得和體悟。他認為在東方文化三大主流中，養生以道家之言最為圓融徹達，故以道家之學術思想及修養方法為其主幹，兼收儒佛之上乘旨意，得相互參證融貫而不偏廢。首先提出以「超凡入聖，超聖入神，超神入化」為三大綱宗，「性命雙修」為特標方法，「心學、性學、命學」為三大學養，而以聖賢為起

步工夫。全書架構以單篇形式呈現，目的在使篇篇獨立，可單參亦可合參，故讀一篇即得一篇之用，讀多篇則得其聯貫性與系統性之妙。

共分五卷，首卷凡十八章，述道家學術要旨、道學源流、道藏經籍、丹法基礎等，以示統緒。其中〈道家學術旨要〉、〈道學源流概述〉、〈道藏與道藏精簡述〉等三篇經整理後撰成〈中國道家學術思想概論〉一文列於《道家養生祕旨導論》卷首，對《道藏精華》的刊印具有提綱挈領，追本溯源的重要性。卷二凡十七章，乃述道家獨標之養生丹法，首言大道源於黃帝，集大成於老子，一傳尹文始，再傳麻衣、陳希夷、火龍真人，是為文始派；一傳王少陽，開全真教一派。王傳鍾離權、呂純陽，呂祖首傳王重陽、邱長春，即北宗，又稱龍門派；呂祖嗣又傳劉海蟾、張紫陽，開南宗，為紫陽派。東派為陸潛虛所創，亦稱呂祖親傳，後有傅金銓大張門庭。西派為李涵虛所開，亦稱呂祖直傳。又有三丰派丹法，為張三丰所開，其法介於文始與少陽之間，為丹家新派。中派為尹真人師弟一派，主三教合一，以李道純、黃元吉為魁楚，而究其實際可歸入北派之清靜丹法，崆峒派丹法亦如之。伍柳派為明萬曆時伍沖虛、柳華陽師弟所創，二人均由禪轉道，故其理論以道佛為基，所行丹法可列入北派。青城派為青城丈人創始，繼起者有李八百，以南北雙修為主，得有文始派之精髓，方內散人之江西派、衡嶽真人之湖湘派可入之。三峯派為樸陽子張三峯所創，屬東派旁枝，世人常將其與張三丰混淆，實非一人。又有自然法派、無為法派、房家與房中術、左道旁門之術、導引乘蹻存思服炁之術等等。以上各派俱羅，用供參證，而學者需知所揀擇，捨旁門而入正途。卷三凡四十章，主述道、儒、釋家所重之心學，儒曰正心、佛曰明心、道曰煉心，故內容主要闡述三家之心學、命學、性學、定學等靜定守一之訣要，如：《煉心訣要》、《煉性訣要》、《全真道養生訣要》、《修定訣法》等等。卷四凡十七章，談道家一般養生微旨，以字訣說之，有逆字訣、忘字訣、損字訣、息字訣、靜字訣、化字訣；有日用養生工訣，包括行法訣要、立法（站功）訣要、坐法訣要、睡法訣要、法財侶地，有女子丹法，以及外金丹及其書目等。卷五凡十二章，則以「人生修養之最高境界」為旨意，歷談三家修道養生之要，多篇錄列古今養生之要言法語，間有針對現代養生之己見，語言淺近簡易，俾使人人能修，人人能成。

書末附「玄門太極長生功」，又名「青城派太極玄功」，簡稱「玄功」，為道家動靜雙修功之上乘功法，功凡四部：神元功、上元功、中元功、下元功等，

內容包括氣功、揉功、靜功、導引、按摩、推拏、槌擊、捏彈、扣拍等功夫，又有煉精、煉氣、煉神，以及補精、補氣、補神等訣法，可收南北兩宗雙修合參之效，行之不止卻病延年，更得由此掀入清虛之域。此乃青城派之祕傳鈔本，實為修真之助道品，有卻病強身之功，對中老年人尤宜。原本殘闕簡易，故作者除詳為修整述說外，又將隱語改為現代術語，將之公開流行。

本書實為入道之門徑，做聖之初階，是故作者嘗言：「讀全部道藏，究萬卷丹經，概須由斯書入手，否則便難窺其門徑也。」（陳昭吟撰）

蕭天石著《道家養生祕旨導論》

《道家養生祕旨導論》，蕭天石著，台北：自由出版社，1965 年初版，21公分，平裝，191 頁。本書收入《道藏精華》第一集之一，於 1974 年、1978年、1979 年、1983 年、1992 年、1999 年多次再版。

蕭天石（1909～1986），自號「文山遯叟」，生平詳見蕭登福撰〈《道藏精華》提要〉。

作為《道藏精華》全書的導論，本書先列出作者所撰《道藏精華》總序和例言，並說明《道藏精華》選錄的原則和版本出處，從中可窺《道藏精華》一書闡揚之丹道學精神面貌。其次為〈中國道家學術思想概論〉，此文乃精整原刊於《道家養生學概要》的〈道家學術旨要〉、〈道學源流概述〉、〈道藏與道藏精簡述〉三篇文章而成，再次為〈道教旨要概述〉，首言大道始於無極，垂象太一，三元化育萬物，續言自伏羲受圖，黃帝受符，高辛受天經，夏禹受洛書，至老子集大成，作《道德經》；迄漢張道陵祖述老子，由正一道而開符籙一派，與遠肇聖脈之積善派、經典派、丹鼎派、占驗派併峙為五大派，則其源流可知。就學理言，則有主玄學之經教宗，主丹道之性命宗，主治平之經世宗，主術數之陰陽宗。就經籍言，自唐纂修道藏，迄宋、元、明、清，續輯不絕，三洞四輔十二部浩瀚玄妙，誠道家文化之大藏。以上諸文，總合稱為〈道學概論〉，可概見作者所提倡的「新道學」之一斑，對《道藏精華》均具有提綱挈領，追本溯源的重要性。

除此之外，又選編道家養生短篇經典，合共二十四種，〈道學概論〉以下，包括：《養性延命錄》，梁陶弘景撰，凡農黃迄魏晉間有益於養生與身心性命之修養者，無不搜載。《服氣長生辟穀法》，文自宋道藏錄出而著於《雲笈七籤》，含：服氣療病訣、太清存神煉氣五時七候訣，神氣養形說，食氣法，食氣絕穀

法五種。《攝生三要》，明袁黃著，即了凡先生者，凡三篇：聚精、養氣、存神。《天隱子養生書》，為五漸之妙門，凡五篇：齋戒、安處、存想、坐忘、神解。《將攝保命篇》，內分七節：補明、禁忌、方便、化身坐忘法、胎息法、影人、服紫霄法等。《攝養枕中方》，唐孫思邈撰，凡八章一卷，包括：自慎、仙經禁忌、仙道忌十敗、仙道十戒、學仙雜忌、導引、守一等章。《真誥篇》，至游子曾慥《道樞》之一百八篇之一，乃撮太素丹景經、精景按摩經、大智慧經、消魔經、正一經等各經養生長壽之至言。《古仙導引按摩法》，含祕法八種：太清導引養生經、寗先生導引養生法、彭祖導引法、王子喬導引法、導引雜說、導引按摩法、導引雜說、元鑑導引法。《修齡要旨》，明冷謙著，凡一卷九章，曰：四時調攝、起居調攝、延年訣、四季却病訣、長生訣、十六段錦、八段錦導引法、導引却病訣等。《古法養生十三則闡幽》，金蓋山藏版祕本，共十三則，此本由閔一得據師傳，復核以丹書，加以闡發。《至言總養生論》，不著撰人，其中言養生五難、言養神養性之道，皆為理身之大道。《養生膚語》，明陳繼儒著，乃援道以入儒，融儒以證道，言簡意賅，理至玄深。《攝生月令》，宋姚稱著，乃闡明四季十二月之所宜忌。《攝生消息論》，元邱處機撰，言四時之氣應、五臟之盛衰，與《修齡要旨》之〈四時調攝〉，及《黃庭遁甲緣身經》之後五臟圖參閱，可得攝生消息及治病大旨。《丹陽真人語錄》，靈隱子王頤中集，所錄皆馬丹陽訓誘後學之要語；以清靜恬淡為宗，力行不退為旨。《仙籍旨訣》，共錄三篇：谷神子裴鉶述〈道生旨〉，棲真子施肩吾述〈養生辨疑訣〉，以及〈下元歌〉等。《坐忘論》，唐司馬承禎撰，北宋時收入道藏內，凡七篇：信敬、斷緣、收心、簡事、真觀、泰定、得道，是為修道之循序階次。《廣成子解》，原文自《莊子》錄出，本篇取宋蘇軾之纂解。《就正錄》，陸世忱著，其發揮心學，尤多獨道之處，乃合於孔老心傳。《神仙可學論》，唐吳筠撰，北宋時收入《道藏》，儒道並揚，為學仙者之明燈。《養生主》，莊周著，自莊子內篇錄出，為道家養生之正旨。《養生論》，晉葛洪撰，言養生應歸於澄心養神，恬澹自守，以為保和全真之道。《玄門太極長生功》，原青城派李八百道人傳述，此為文山遯叟再傳本，自其《道家養生學概要》錄出，除先行功之外，共分神元功、上元功、中元功、下元功四部功法，為丹家安樂延年法門祕功。最後，作者亦每於諸篇導論之末，附有選輯之相應故事及議論，以為該篇養生法之證驗。（陳昭吟撰）

蕭天石著《道海玄微》

　　《道海玄微》，蕭天石著，台北：自由出版社，1974 年 4 月初版，22 公分，精裝，691 頁，凡六卷，附圖六十七幅；其後在 1981 年、1992 年、2002 年、2008 年等，本書曾多次再版。又，華夏出版社於 2007 年 4 月刊印北京第 1 版，24 公分，556 頁，凡五卷，附圖如之。華夏版於北京重新出版之際，僅刊行作者自著之五卷，共有文四十二篇，圖六十一幀，而刪除原本為求存佚所特輯於卷六之《敦煌秘籍道書真蹟》一卷，此一編輯上的異動，或考量今日敦煌道藏業已周見之故而未予列入。至於前五卷，除略去每卷卷首之名人書法題字、排版上轉直為橫外，其餘大致無別，然有幾處缺漏：一在卷一〈肆、道家性命雙修長生法要〉文末未刊題有「道門祕傳內經圖真蹟，趙恒愚敬觀」的《內經圖》一幅；二在卷三的附錄一未言明乃係為趙夷午（恆愚）老先生的節述，卷三附錄二〈簡易健康長壽法──站樁功〉未言明此文是回覆香港陳香林之提問；三在卷四所列〈愚鼓詞人（二）──後愚鼓樂〉之〈煉己〉一首，未列注文：「己、雌土也。黃婆成戊己土、識神」等句。最後，本書初版已被選列入《道藏精華》外集第二種。

　　蕭天石（1909～1986），自號「文山遁叟」，生平詳見蕭登福撰〈《道藏精華》提要〉。

　　《道海玄微》為作者累積二十多年發揚新道學的傳道集，是書乃以道為宗，融契儒釋，會通諸子於一爐之新道學啟蒙書，其中擷取丹經神髓，提點玄要，以為生命鍊養、人生修證之用，全書功夫與理論並重，聖功與神化同參。

　　共分六卷：卷一《聖功神化道大乘集》首揭靜學與內聖心法，以道家功夫之修證過來人評周濂溪之《太極圖說》，可提供讀者做真參實證的功夫。〈道家人生修養之最高境界〉論及道家上乘養生旨要在於由「超凡入聖」而「超聖入神」而「超神入化」，如此自能「與道合真」而到達「天人合一」的境界。〈千聖不傳之長生睡功訣法〉為世人罕知者，可與卷五之〈陳希夷新傳及其道法〉綜合觀之，實可稱為歷代睡仙中集睡法之大成。卷二《先天道無極門長生丹法》披露先天道無極門派之長生煉丹法，其法世所難見，此派由老子傳河上公，再傳魏伯陽、鍾離權、呂洞賓、陳希夷，陳希夷再融合文始派與茅山派道法後廣傳。本卷所列〈九三神訣法〉、〈先天道竅談〉、〈先天道玄旨〉、〈道家三玄顯密論〉等篇皆可見獨門之傳，獨得之秘，其源有自。卷三《道家養生藥言輯要》共二十一節，所輯涵蓋三教養生靜心，去煩除欲之法，內容皆以格言體與語錄

體言之，簡明精要，易知易行。後有講詞二篇：〈中老年人養生要訣〉、〈健康長壽與長生不老的基本問題〉及相關附錄，則與讀者有所對話，其中提出中老年人的養生八大訣法：中和訣、樂觀訣、自損訣、築基訣、採補訣、還丹訣、延命訣、神化訣，則是從心理精神層面所提出的八個最普通的基本要法，而總結於「有恆為成功之本」。卷四《儒家聖脈及其內聖修養心法》對儒家道統聖脈之一貫心傳與孔門聖功神化修養心法，有簡要的系統敘述。聖人之學在於心性上行為上的躬行履踐，須臾不離，聖功神化功夫全在涵養與鍛鍊，其法有十二，為：守中、守一、守仁、存誠、養氣、格物、修止、修靜、修定、修觀、修息、至命，為儒家之靜坐修聖心法。卷五《道海外集》，一名《遯叟文存》，所錄多見道之文，除〈老子新傳〉等道家人物傳記外，其中〈陳希夷新傳〉所錄之《睡丹訣》乃得自四川岷山派羅門所傳先天道睡功，為陳希夷法脈真傳。文中所附希夷先生手書真蹟，尤為希世墨寶。卷六《敦煌秘籍道書真蹟》特輯錄敦煌道書二帙，編號為伯希和 P.2213 及 P.2396，所附《十戒經》及《十四持身之品》為伯希和 P.2347，除提供修道者持戒與持身之參用外，亦在避免散佚。

作者自言：「書凡六卷，分之可作六書參，合之則實前後貫通，內外圓融，無不本末兼賅，萬流同涵，而互相一致，可合作一書觀也。」「其第一種為《道家養生學概要》，讀全部道藏，究萬卷丹經，概須由斯書入手，否則便難窺其門徑也。」此書直溯羲黃老莊，融貫三家，會通百派，對道教丹法做了詳細的概述和說明，是道教丹法方面集大成的著作。（陳昭吟撰）

黃公偉著《道教與修道秘義指要》

《道教與修道秘義指要》，黃公偉著，臺北市新文豐出版在 2004 年初版二刷平裝本。本書大致分為序文及上、中、下三篇，其中上篇（本源篇）共九章；作者將九章分為四篇。中篇（歷史篇）有七章；作者分成三篇。下篇（修道篇）有十五章；作者將其分成七篇。本書總共約近六十萬字，屬於大型書籍，在道教界的出版系列圖書中，除了一般的工具書，如《道藏》、《道藏輯要》、《藏外道書》、《中華道藏》及《正統道藏》之外，有超過五十萬字的書本大概不多。所以，本書是值得好好琢磨一番；可惜本書並沒有任何對道教與修道有任何結論或批評。

作者自述其成書的動機，那是在一九七六年秋季，他有機會受邀接任兩所大學的專題─「道家哲學與道教」的科目中主講；他將要講授的綱領與內容總

整理出來，使其各自成系統。作者的對道教與道家的概念是有一定程度的哲學基礎，與一般人對道教的認知是有所不同的。作者是研究哲學出身的，他以一位學「哲學」的立場來看道教，所以，本書的段落也是以學者的氛圍來探討。他用「本源」、「歷史」、「修道」等，將本書三十一章用這三大篇來串連，將本書定名為「道教與修道秘義指要」。以示道教方士、道士、煉士、修士、在秘傳其秘指、秘訣、秘法、秘方、秘文、秘解、等多種藏秘而不輕傳於世。

　　值得一提的是本書二十二章，作者提到人體內的神與因果報應，它從道教觀的「三魂七魄」而引申到因果報應說；這在道教的『承負思想』是有很大的差異性，可以說是南轅北轍的。因為，道教的基本思想概念就是叫做『承負思想』，這種『承負思想』就是道教的基本理論，在神學觀點道教是沒有輪迴思想，當然更沒有因果概念。道教主張把握現今，就是把握現在，今日我們所享受的福報，那是我的上一代所留下來的功德；反之今日我個人所受的苦楚，也是要承接我的上一代所遺留下來的惡因。而且，也只有報應在我這一代，不會在往下留給在下一代的子孫；至於我這一代所做的功德，也只會影響到我的下一代，簡單的說，這就是道教的「承負思想」，它只是上、中、下三代之間的影響而已。

　　本書作者在結論旨就本書中第十四篇中第三十章證道意義與成道品級，以及第三十一章道教與修道總講評中，歸納出道教的修道，主要可用「虛無自然」與「清淨無為」八個字來加以涵蓋之。

　　虛無自然者，鴻濛溟涬，空洞幽玄也。蓋以「道」為聖智所證宇宙之真理，無形象可見，而能造化萬物，故謂之「虛無自然」也。《雲笈七籤》提到：「元始天王秉天自然之胤，結成未混之霞，託體虛生之胎，生於空洞之際」。以元始天王生於虛無自然之世也。老子則謂「自然」為道之本體也。是以「虛無自然」乃廣大宇宙，「清靜無為」，而造化萬物之大道也。

　　「清靜」者，一塵不染謂之清，一念不生謂之靜，清虛甯靜，不煩惱，不妄想，遣慾澄心，甯神寡慮，謂為清靜也。《太上老君說常清靜經》云：「常能遣其慾，而心自靜；澄其心，而神自清」。蓋道以清靜冲虛為本，《老子》云：「清靜為天下正」是也。「無為」者，謙讓不爭，以德化治。《老子》云：「道常無為，而無不為」。然道家修養工夫，則多以「清靜」為「出世」之功；「無為」作「入世」之學；如修「清靜無為」者，則作出世而兼入世之道也。（熊品華撰）

陳志濱註釋《伍柳仙宗白話譯》

　　《伍柳仙宗白話譯》，全真教出版社發行，發行人：陳志濱，註釋者：陳志濱，1984 年二版，15.1 萬字，平裝 32 開本，304 頁，全書先有〈註譯者序〉、〈目錄〉、〈原文三版序〉、〈伍真人事實及授受源流略〉，後接註釋者陳志濱白話譯，篇幅分：壹、伍沖虛天仙正理直論白話譯，貳、伍沖虛仙佛合宗九篇白話譯，叁、柳華陽金仙證論白話譯，肆、柳華陽前後危險說白話譯。

　　譯者陳志濱民國二年（1913）生於哈爾濱，自號道來子。早年入伍從軍，畢業於金陵空軍軍官學校，對日抗戰期間，因參與空戰而受傷，禮拜陳拙哉為師，皈入全真龍門宗。1949 年隨軍旅到台灣，定居臺北市，以上校職退役。退役後投入宗教，弘揚全真教，並致力於內丹教法的闡釋及建構工作。1974 年起，陳志濱在陳敦甫的支持及財務挹注下，前後共發行 24 期的《全真月刊》為時二年主編。此月刊，主旨在宏揚全真及內丹教法；其承擔大部分文章的撰寫工作，文章主要內容，不外乎丹經譯注、全真道祖師和歷史的介紹，以及內丹理法的介紹。1990 年陳志濱仙逝於臺北，享年 77 歲。陳志濱的主要著作有，《伍柳仙宗白話譯》、《全真仙脈源流》、《莊子內篇正註真釋：龍門心法》及《靈源大道歌白話譯》等專書，以及《全真月刊》及《金仙證論、慧命經合篇》。陳志濱著作其主要扮演角色，在於承傳及弘揚全真教祖訓和師說，對於全真及伍柳內丹思想在台的傳承及宣揚，貢獻卓著。應陳墩超之請，特別邀請長於文史之陳志濱，撰寫《全真仙脈源流》一書，以使門徒及眾人瞭解全真道之來龍去脈和發展演變情形。

　　《伍柳仙宗》一書於光緒二十三年，由鄧徽績先生合伍沖虛之《天仙正理直論》、《仙佛合宗語錄》及柳華陽之《金仙證論》及《慧命經》等四部丹經合帙一冊。為金丹大道之首尾工法，丹道全體大用無不備於冊。對全真清淨大法，內外表裡說明，無不周詳完整。天仙正理論註六萬餘字，統合了仙佛二宗之丹道經學，早時經沈應銓、謝嗣芳手抄各本，字句互多錯誤，於清康熙年間經朱鼎復、崔家玉於虎丘舊書商處得以完整，再出資刻板印製，刻板置姑蘇齊門老君堂珍藏。《伍柳仙宗白話譯》一書，為《伍柳仙宗》之白話譯書，出版於 1975 年，是《伍柳仙宗》第一本白話譯本。陳志濱將《伍柳仙宗》之著作以白話翻譯，未修改《伍柳仙宗》內容原本之解釋，是希望藉此推廣及幫助大眾理解《伍柳仙宗》及全真龍門派之丹法。

　　伍沖虛、柳華陽皆不言論陰陽男女，強調修煉丹道只用先天，忌諱用後天，尤其更重「一點真陽」之先天祖炁的煉養，伍柳派雖然在傳承上屬全真龍門派，而全真龍門強調先性後命。而伍柳派則宣揚性命雙修。伍沖虛在《天仙正理直論》的〈序言〉中指出：「予於是知所以長生者以氣，所以神通者以神」。伍沖虛在明末為拯救全真丹道，不避天譴，為解後世學丹道之人，得以通曉大道，將道家世代不著文字師徒口耳相傳修丹道之法著成書籍。伍守陽後傳授內丹術給柳華陽。世壽兩百零七歲。

　　《伍柳仙宗白話譯》作者陳志濱自述，惟《伍柳仙宗》之《仙佛合宗語錄》（即門人問答）一書，為其門人對直論質疑之問答，作者陳志濱將《伍柳仙宗》內之《仙佛合宗語錄》與道藏之版本對照，發現不僅註解全被刪除，即使大字本文亦被刪除過半，且有多處被後人依個人之意增刪修改，已經與伍真人之原意相異甚多。因此不適宜再為其解譯。又《伍柳仙宗》之《慧命經》多摘取佛經用語，作者不懂佛經，不敢勉強翻譯解釋。

　　《伍柳仙宗》之《天仙正理直論》、《仙佛合宗語錄》作者為伍沖虛（伍守陽）生於西元 1574～1644，龍門第八代宗師，字端陽，號沖虛子，江西吉安人，世居南昌辟邪里。幼小孤苦家貧，勤力於學，持身高風亮節，不苟取長，淡名薄利，篤信佛道二教，好學道德性命之言，貧困不安定之時亦不離。母九十餘而卒，而先生世壽亦七十矣，母逝後隨即隱跡仙去。（熊品華撰）

武術學會編著《道家秘傳回春功》

　　《道家秘傳回春功》，武術學會編著。臺北武陵出版社，1988 年 1 月。

　　本書作者隱其名，而冠以武術學會名義。書內自述作者早年師從全真道華山派第十八代傳人馮禮貴道長，傳習了華山派道內秘傳的養生長壽術全部功法。

　　作者指出：《老子》思想反映了道家養生觀，說明人須合乎自然規律，才是養生之道。《莊子》進一步闡釋《老子》思想，並強調養精節慾及虛靜功夫。兩漢時期導引、吐納等養生法盛行，六朝後道士醫家大量著書立說，宋金時內丹修練盛行。長久以來，道門內相傳了許多養生術，成就十分巨大。

　　道家和道教的養生長壽功法，是中國眾多養生長壽術中的精華。上古唐堯時代，天時不佳，雨水過多，人們長期在積水和陰濕的環境中生活，「民氣鬱而滯著，筋骨瑟縮不達，故作為舞以宣導之。」（《呂氏春秋・適音》）說明在

原始時期，先祖已經創造某種舞蹈動作，導引暢通氣血，掌握了養生之道。歷經千百年知識與經驗的累積發展，以道家最為突出。

本書整理道內秘傳功法的精華，介紹養生長壽術十二勢功法：第一勢回春功，第二勢上元功，第三勢八卦功，第四勢鵬翔功，第五勢龍游功，第六勢鳳舞功，第七勢龜縮功，第八勢蟾泳功，第九勢貓撲功，第十勢天地功，第十一勢慶壽功，第十二勢還童功。此為動靜雙修、精氣神形齊練的全身性柔韌運動功法，集中體現了保精和還精補腦的內丹修練要旨。這套養生長壽術，淵源於兩漢魏晉，幾乎都可以在馬王堆三號漢墓出土的導引圖中找到原型。

作者從功理結合實踐效果來看，提出三大特點和作用：

一、腎氣和盛，還精補腦。這是這套功法最基本的特點和優點。古謂「腎宮主壽」，是人的先天之本、生命之門、造精之車，與人的壽夭休戚相關。華山道人修練的養生長壽術，都環繞著人體的命宮，尤其是腎宮展開運動。這是古代道家保精和還精補腦的養生要旨。道家所謂「精」的含意，包含現代醫學所指的激素，尤其是性激素。激素分泌問題同人體健康長壽很有關。東漢《老子想爾注》謂：「身為精車，精落故當載營之。」十二勢功法即在突出「溫腎養精」「還精補腦」的作用。

二、疏通經絡，調和氣血。道家認為生命自元精始，精之存靠氣血，氣為血帥，血為氣母，而精、氣、血之維繫和運行則靠經絡的暢通。正如《內經・靈樞》言：「經脈者所以決生死、處百病、調虛實，不可不通。」

三、利通關節，協調臟腑。十二勢功法顧全人體結構運動系統的柔韌性鍛鍊，運動全身骨骼、關節、肌肉群等，並按摩內臟器官。

本書肯定十二勢功法有使中老年回復青春的功力，因稱為「回春功」。（林翠鳳撰）

黃兆漢編《道教丹藥異名索引》

《道教丹藥異名索引 Chinese alchemical terms : guide book to the Dao zang Pseud-onyms》，黃兆漢 Wong Shiu Hon 編，臺北：臺灣學生書局，1989 年 10 月初版，2006 年 5 月再版，27 公分（16 開本），精裝，448 頁。

黃兆漢，廣東省番禺縣蓆山鄉人，1948～1949 年間隨父移居香港，始隨武術名師夏漢雄師傅學武，又隨李鳳公和梁伯譽兩位先生習畫，時年 9 歲。1967 年獲香港大學一級榮譽文學士（中國文哲），復從國學大師饒宗頤、羅忼

烈先生深造，1969 年獲香港大學文學碩士學位（詞曲史）。1972 年與夫人曾影靖同時赴澳洲留學，師從道教權威柳存仁先生，獲澳洲國立大學哲學博士（道教史）。曾任教於香港大學、澳洲國立大學、西澳洲墨篤克大學、巴黎索邦法國高等研究院、澳門東亞大學，講授詞曲史、戲劇史和道教史，為博士、碩士研究生指導教授。1998 年退休前為香港大學中文系正教授。又為西澳中國畫協會（Chinese Brush Painting Society）創會會長，並為香港特別行政區康樂及文化事務署博物館專家顧問，香港大學饒宗頤學術館名譽院士，中國四川省社會科學院宗教組特邀研究員，澳洲塔省博物及藝術館名譽高級顧問（中國藝術及古物），香港八和會館名譽顧問。著有《明代道士張三豐考》、《道教與文學》、《道教研究論文集》、《道藏丹藥異名索引》、《香港與澳門之道教》、《金元詞史》、《粵劇劇本目錄》、《粵劇論文集》等藝術、文學、道教專書二十九種，論文數十篇。

　　本書為《道藏》丹藥專題的資料索引工具書，其編輯始於 1981 年 4 月香港大學中文系何丙郁教授的提議，作者獨立完成於 1989 年 2 月，並於同年 10 月出版。封面書名由饒宗頤教授題簽，並有時任法國國立高等研究院的施舟人教授為書撰寫序文，以及作者自序等。索引表之前列有〈編例〉、〈本書收錄《道藏》著作及其編號一覽表〉、〈丹藥學名、英文名所根據之辭典及其簡稱一覽表〉；索引表之後亦附有〈筆畫索引〉及〈英文簡介〉，以利中文或英文的讀者使用符合自己習慣的檢閱方式，方便於檢索翻閱。以下擇要摘錄〈編例〉，以見本書編輯規律：

　　1. 所錄丹藥名、異名乃根據《正統道藏》有關丹藥異名較重要之十九種編著，如下：《圖經集註衍義本草》、《圖經衍義本草》、《太清石壁記》、《黃帝九鼎神丹經訣》、《張真人金石靈砂論》、《魏伯陽七返丹砂訣》、《石藥爾雅》、《純陽呂真人藥石製》、《參同契五相類祕要》、《陰真君金石五相類》、《龍虎還丹訣》、《通幽訣》、《丹方鑑源》、《大還丹照鑑》、《太清玉碑子》、《九轉流珠神仙九丹經》、《周易參同契注》、《雲笈七籤》、《抱朴子內篇》。

　　2. 排列方法以丹藥名之漢語拼音字母次序為準。

　　3. 正文分「丹藥名」、「異名」、「出處」順序排列。

　　4. 學名根據 1977 年江蘇新醫學院編之《中藥大辭典》，而英文名乃根據 Bernard E. Read 於二三十年代編之八種中國藥物資料辭典。

5.「異名」一欄原則上只列出該丹藥之異名（一個或以上）。然若有冠上「見」字者，則可據此追查該丹藥之其他異名或相關資料。

6.「出處」一欄指出丹藥名及其異名之出處，前面所列編號乃採取翁獨健編《道藏子目引得》（《佛燕京學社引得》第 25 種，1935）之經書編號。

7. 附〈丹藥名筆畫索引〉乃以丹藥第一字筆畫數為序（畫數計算以三十年代舒新城等編之《辭海》為準）。（陳昭吟撰）

早島正雄著《道家氣功術》

《道家氣功術》，早島正雄著，廖玉山譯，台北：大展出版社有限公司，1993 年 2 月初版 1 刷，19 公分（32 開本），平裝，238 頁。本書為日文版的中譯本，原書為《道家の気功術——中国五千年の歷史をもつ自力健康法》，早島正雄著，東京：日東書院，1992 年 1 月出版，19 公分（32 開本），單行本，平裝，234 頁。日文本及中譯本目前皆已絕版。

早島正雄為早島天來之筆名，早島天來為日本道觀的第一代掌觀道長，1910 年（明治 43 年）3 月 3 日出生於日本高知縣，為高知城建城始祖大高坂家的嫡系子孫，也是在日本傳播合氣術和導引術的村上源之後代，爾後成為早島家的養子，繼承了養父以「氣」的療法為人治病的精神與志願，持續救人濟世。1960 年（昭和 35 年）他在鎌倉開設松武館，創立了獨具特色的服氣導引術，展開系列的活動。1969 年（昭和 44 年），早島天來精湛的導引治病技術獲臺灣道家龍門派第十二代傳人江家錦允為第十三代傳人，並獲得嗣漢天師府張天師所授之道士資格，擔任嗣漢天師府顧問；1980 年（昭和 55 年）在福島縣創立日本道觀，用為弘揚道家教義之陣地並致力於導引術的普及；1985 年（昭和 61 年）接到嗣漢天師府書信，獲得大師之位，並就任臺南市道教會首席顧問；1990 年（平成 2 年）擔任中國《氣功》雜誌顧問；1993 年（平成 5 年）設立道家道學院以持續道家思想的鑽研；後於 1999 年（平成 11 年）6 月登仙。其一生著書 80 餘冊，除日文外，尚被譯為中文、韓文、英文、德文、西班牙文等多國語言流傳。

《道家氣功術》是早島天來集結最初於 1973 年（昭和 48 年）出版的《簡單な導引術による容姿端麗入門》、《人間は病気では死なない》、《導引術》等書之導引菁華而成，作者認為「元氣」即中國的「氣之醫學」，意為「原來之氣完美無缺」——即「精氣飽滿的狀態」。書中表明「氣」是一種無影無形而

對生物有極大作用的自然能量，導引術即是一種「氣的健康術」，乃藉由氣與呼吸來排除積聚在肌肉或關節等處的穢氣，促進已經衰弱的排泄作用恢復強壯，足以活化身體，復返於嬰。

《道家氣功術》旨在推廣導引術以協助社會大眾的日常養生，因此深入淺出的引導，力求老嫗能解。〈序章〉首先提出道家氣功術即是養生長壽術，其特色包含「調息」，「調氣」，「調心」三要點，及「分散」，「按壓、壓迫」，「按摩」，「抑制、覆蓋」，「包藏、掬取」等五動作，由此調節下丹田，順暢體內所滯塞的穢氣，溫和的治療疾病和維護健康。主要內容分三大部份，第一部份（前三章）以手繪圖文的動作解說，示範使身心、五臟充滿氣力的簡易導引；其次針對常見的慢性病提出治療的行法；最後則為穴道療法。第二部份（第四章）羅列求醫者自述 25 篇，以印證氣功術對健康的效果，其中並穿插作者的指導日誌以作為輔助說明。第三部份（第五章）為最具特色的洗心術，洗心術便是藉由順應自然、與自然合為一體的老莊思想為骨幹所架構而成的氣的醫學，綜合穴道按摩與呼吸過程帶動身體的活力，助人達到身心相合，以拂去心靈上的我執，使身體柔軟，氣血順暢，卻老回春。〈終章〉提出古代氣的醫學之集大成者為漢末華陀五禽戲，相關研究在隋代巢元方《諸病源候論》到達高峰的看法。其次論及日本導引術的傳承與流行概況，結論有二：一是以靜坐為主的「丹田行」或「調息法」須長時間修煉才具有維護健康與療病的效果，而自己所行之導引術則由動作起始，可於短時間獲得癒疾之效。二是自己所傳導引術失傳於中國的原因，可能是：1. 道家的單傳之風；2. 單傳的繼承者於清末動亂中被殺；3. 道家文獻散佚；4. 殘存的道家文獻不易理解，以致傳播困難。

《道家氣功術》內容所披露的導引行法涉及導引術在日本的流傳及流派，可謂深具史料價值；由於早島天來對導引術的鑽研，使他進一步將巢元方《諸病源候論》譯為日文（1987 年出版），本書的編輯亦如巢元方之以病因為主，在分析後提出相應治療的導引，依序說明步驟與成效，簡明易懂。全書由基本的呼吸、按摩指導，逐步深入到洗心術的心靈療法，可謂是由命入性之鍛鍊。（陳昭吟撰）

詹石窗著《道教風水學》

《道教風水學》，台灣文津出版社 1994 年版，凡三編共八章，平裝 25 開本，272 頁，該書為台灣文津出版社道教文化叢書之一。

　　詹石窗，1996 年獲四川大學宗教學研究所哲學博士學位。曾任福建師範大學易學研究所教授、廈門大學閩江學者特聘教授、廈門大學哲學系主任、廈門大學人文學院副院長。現任四川大學老子研究院院長、四川大學道教與宗教文化研究所教授、老子道學文化研究會副會長、世界道家聯誼會副會長、中國宗教學會理事等職。主持的專案計畫有中國國家社會科學基金「百年道教研究與創新工程」、《百年道家與道教研究著作提要集成》，中國教育部哲學社會科學「百年道學精華集成」等。研究領域為道教、易學與道教文化，主要著作有《道教文學史》、《易學與道教符號揭秘》、《易學與道教思想關係研究》、《道教與中國養生智慧》等 30 餘部，在海內外學術刊物發表學術論文、文章 200 多篇。執行主編的《透視中國東南：文化經濟的整合研究》獲「中國圖書優秀獎」。

　　《道教風水學》分成上、中、下三編，每編下有數章，以完整論述該編之意旨，全書是從道教風水學淵源、實踐與衍生來建構主軸的三編。上編「傳統的沿襲：道教風水學淵源」，有三章，旨在討論道教風水學的生殖崇拜與卜居。第一章道教風水學與生殖崇拜；從青烏子神仙化、象徵、到青烏術信仰的討論。青烏成為道教風水學的重要元素，因青烏是由「青」與「烏」所構成，「青」代表五色、五行與五方，且木與東相配色為青。烏為日中鳥，男性生殖象徵，因此青烏有陰陽化生之意。第二章道教風水學與生殖崇拜的泛化；認為道教風水學將大地擬人化與母性化，故地穴被當成母親懷孕的胞胎，並引《太平經》論地中有經脈穴位為證。此外，大地的母化觀念與古老土地崇拜有著緊密的關係，推論黃帝之「黃」即為土地的概念。無論是風或水崇拜，在《周易》與殷墟卜辭都隱含生殖崇拜，足見生殖的重要性，提出道教風水學是由生殖崇拜，漸衍化到環境的觀察與居住地的考察論點。第三章道教風水學與傳統卜居實踐及意識；一以《太平經》談論「相宅事」為例，說明《太平經》認為地有善惡，以占作試驗，經試驗後善地能是後生興旺，反之則否。此種占宅觀念來古代自卜宅。二論《淮南子》的九州概念，對九州的品級之分與「八風六水」等風水論述，可看見風水作為一種自然現象對人類的影響。

　　中編「兩面觀：道教風水實踐與學說」，有三章，分別從道教風水學的實踐、文獻與特徵作論述。第一章道教風水實踐活動；有系統的依漢、三國、兩晉到唐宋順序，討論道士風水學上的實踐。如《真誥》〈稽神樞〉裡，左元放造陰宮已具道士實踐之跡。兩晉的郭璞在《晉書》中已見其墓葬與崇水觀念的合一。宋代上清派宗師劉混康，為宋徽宗造風水而得男，都是道教風水

學的實踐之證。第二章道教風水文獻考察；一以《道藏》裡的《黃帝宅經》為例，因黃帝為道教重要神仙，假託其名的《黃帝宅經》流傳甚廣，宅經內的術數與陰陽和合之理，對於一般民宅或是宮殿建築都極其適用。二以《真誥》為例，書中對於地形的考察、水源的重視，是具風水價值的重要著作。三以郭璞《葬書》、《李公龍法》、《雪心賦》、《青囊序》、《玉尺經》、《龍格歌》、《地理原真》等經，說明雖未收入於《道藏》也為具道教風學的重要經典。第三章道教風水學之特徵與要則；此章從世俗性與仙家性兩個層面來討論。在世俗性的層面上，認為風水無非為了體現儒家的孝道、求子得福、升官發財、長壽等企求，以《葬書》、《雪心賦》、《李公龍法》等書來作說明。仙家性，則從宮觀的建置與洞天福地勝覽來討論，前者以《茅山志》〈江寧府茅山崇禧觀碑銘〉的宮觀建置為例，可看見神仙信仰的反映。後者是以《青囊序》與《雲笈七籤》說明，由治呼應了二十四節氣、二十八星宿到三十六小洞天、七十二福地的建構。

　　下編「奇特的交叉：道教風水巫術與科學」，有兩章，分別討論巫術與科學。巫術方面以動土儀式、石敢當安鎮來說明道教對於巫術的影響，舉〈請設三界地主魯班仙師文〉為例，透該符向三界神仙傳達主人家要動土，該符已具有道教值符的概念。另外以符籙鎮宅、誦經鎮宅兩類說明道教的鎮宅法式，藉《太上秘法鎮宅靈符》所收的錄七十二道靈符說明，符主要用來鎮壓邪惡之物來改善，以達升官發財、人丁興旺等目的。科學方面，強調風水學不是完全為科學，而是風水中有科學的內容或成份之意。如使用的土圭、子午針的測向工具，明堂圖、五嶽真形圖、人鳥山形圖等有利於風水活動時的製圖，以及風水所需觀測的五星九星的天文學，都是道教風水學裡含有科學成份的證據。

　　本書有系統論述道教風水思想與實踐，書中旁徵博引，涉及歷史、哲學、宗教、藝術、科學、神話諸多領域，為討論風水學不二之書。本書有二項特點：一從根源追溯和古老文化的關係，讓道教與風水的關係更清楚，也揭示風水實則源自中國的古老文化，從生殖的角度切入，也解開現今風水很重要的求嗣與人丁興旺的重要根源。二、對道教風水學的文獻掌握與介紹由淺入深，搭配道士的實踐理論，並以科學的工具、製圖等方法來驗證，讓後世作學術研究，亦或實際運作的風水專家，都能有效的運用。（蕭百芳撰）

胡衛國、宋天彬著《道教與中醫》

《道教與中醫》，胡衛國、宋天彬著，臺北：文津出版社有限公司，1997年8月初版一刷，21公分（32開本），平裝，309頁。

胡衛國，生於1965年10月，上海市人，為針灸、中醫藥、道教醫學、醫學人類學研究人員。湖南中醫藥大學博士，於法國尼斯大學獲人類學DEA文憑。曾組織並參與「中國科技部攀登計劃」經絡研究項目，為《耳穴名稱與部位》、《經穴名稱與部位》國家標準和國際標準的編寫和審定工作，以及有關針灸系列標準的法文版（人民衛生出版社）翻譯工作。自1990年起參與世界針灸聯合會秘書處的工作，組織了多次世界針灸大會和世界傳統醫學大會，曾任世界針灸學會聯合會常務副秘書長，並兼任世界針灸學會聯合會副秘書長，多次出席世界衛生組織等。

宋天彬，1937年10月出生於遼寧，首倡運用無損傷檢測技術使中醫診斷客觀化、標準化，研究中醫全病閾電腦診療系統和養生專家諮詢系統的軟體。自幼重視氣功養生，主張防重於治，最早提出「致中和」的防治養生觀，以「三調」規範氣功養生學。至今發表著作20餘部。

本書為二人合著之作，胡衛國執筆第一、二、五章，宋天彬執筆第三、四章。第一章〈同源異流〉，為全書緒論，首先說明巫醫同源及道教發展，其次，道教與中醫在形成與發展過程中，同受道、氣、陰陽、五行、天人合一等傳統哲學及科學的影響，道教在形成過程中納入了古代養生學中的導引、吐納、避穀、服餌、胎息、房中等方法，而道士在長期修煉與醫學實踐中累積經驗，在客觀上也發展了中醫外科學，二者相輔相成，足以濟世救人。第二章〈醫道滲透〉，藉由與道教、中醫相關的典籍論述來呈現二者的互滲，分為四部份：首先討論與道教相關的醫藥家及其專著，包括皇甫謐《甲乙經》、《寒石散論》，葛洪《肘後備急方》、《玉函煎方》，陶弘景《名醫別錄》、《效驗方》，孫思邈《千金要方》、《千金翼方》等；其次為道經中的醫藥養生學內容，所論經典包括《太平經》、《周易參同契》、《黃庭經》、《悟真篇》，並列出《道藏》中有關醫藥養生專著，包括：《黃帝內經素問補注釋文》、《素問六氣玄珠祕語》等二十多種書單；再次則由《黃帝內經》、《神農本草經》、《諸病源候論》、《聖濟總錄》、《奇經八脈考》、《針灸大成》、《雜病源流犀燭》、《醫學衷中參西錄》等中醫典籍，論述中醫學中的道教因素；最後論及道教煉丹術對醫藥的影響，分別從外丹術對化學製藥技術的啟發、丹藥在臨床醫療上的應用、外丹的危害與內丹興

起、內丹術與精氣神學說的發展等四個面向，探討醫道的關係。第三章〈道教內丹術與醫學氣功〉，本章以內丹術為主題，從科學面向分析內丹術的原理，認為內丹術之所以有返老還童之效，或與激發和調整神經體液調節系統功能有關。從現代解剖生理學觀點看，丹田位置正是重要神經中樞和內分泌腺體所在地，如下丘腦、大腦皮質頂葉、額葉、腦垂體、甲狀腺、腹腔神經叢、性腺、腎上腺、脊髓、延髓等對人體至關重要之生命系統，因此內丹術可說是直接對神經體液調節系統進行心理訓練，用心理活動影響生理活動。此外也介紹了簡易的內丹修煉法及周天功，並及女丹。第四章〈道教修煉與養生〉，本章以氣功養生學為主，歸納了幾種養生法：一、導引法，包括：《聖濟總錄》的神仙導引法、天竺國按摩法、老子按摩法；二、吐納法，綜合介紹了《雲笈七籤》等書中的服氣法、調氣法、胎息法、行氣法等；三、存想法，包括：服日月光芒法、黃帝內視法、涓子內想法、守一法等；四、絕穀食氣法，包括：《陵陽子明經》食六氣法、《雲笈七籤‧雜修攝》食氣絕穀法、《雲笈七籤‧諸家氣法‧服氣精義論》絕穀法、《雲笈七籤‧諸家氣法‧神仙絕穀食氣經》絕穀法、《雲笈七籤‧諸家氣法‧中山玉櫃服氣經》却穀法；五、服餌法，包括：單方如服天門冬丸方等五種、複方如華佗雲母丸方等二種、神仙避穀諸方如煉松脂方等三種；六、房中術及其他，則列敘葛洪、陶弘景、孫思邈、胡文煥等所論，其他則為符咒與占星。第五章〈當代道教與醫學養生〉，介紹了當前道教醫藥養生概況及相關學者，包括：馬一浮、陳攖寧、楊踐行、張覺人、潘雨廷、王沐等人；其次介紹著名道醫，包括：蔣宗瀚、唐崇亮、李永德、謝宗信、匡常修、范高德等人。最後則檢討了當代道教醫藥養生術的傳播與發展前景，並整理出現代出版的相關圖書二十四種九十冊等。（陳昭吟撰）

馬濟人著《道教與煉丹》

　　《道教與煉丹》，馬濟人著。文津出版社 1997 年 11 月出版，平裝，254 頁。

　　馬濟人（1928～1995），浙江省慈溪縣（今寧波市慈溪市）人，曾任上海氣功療養所醫師、《中國醫學百科全書‧氣功學》副主編、上海氣功研究所研究員。於 1960 年初期師承「中一子」楊踐形（1891～1965），透過《周易參同契》學習內丹。除本書外，另著有《中國氣功學》、《實用中醫氣功學》、《道教與氣功》、《氣功自療 300 問》等書。

　　《道教與煉丹》分為前言及正文四章等五部分。作者在〈前言〉指出，《史記・秦始皇本紀》認為秦始皇時期已存在煉丹術的萌芽，但正式形成的煉丹文獻，則需至《史記・封禪書》記載的漢武帝時期，中國第一部煉金術的專書，即是淮南王劉安所編的《鴻寶枕中書》。其後，煉金術與煉丹術分立，故《抱朴子》將之分為〈黃白〉與〈金丹〉二篇。至於從煉金術分離出來的煉丹術，具備總結性質的著作，則是《周易參同契》。到了唐代，燒煉各種金石草木的外丹術，發展到極致，但同時也走向失敗，轉而以內丹術取代。作者也坦述，內丹與內煉的概念不同，在修煉術語方面，多襲用自外丹，但所指涉的內容並不相同。

　　在第一章〈道教煉丹史〉的部分，作者首先徵引《黃帝內經》、《春秋左傳》、《道德經》、《莊子》、《管子》、《孟子》、《韓非子》及《行氣玉珮銘》等文獻，說明先秦時期內煉工夫、「不死之藥」到外丹的形成過程，再敘述歷代服食外丹而暴死的文獻，說明從外丹到內丹的轉折，進而稽考從隋唐到五代的蘇元朗、鍾離權、呂洞賓、施肩吾、崔希範、彭曉、劉海蟾、陳摶等人的內丹術發展，並說明宋代以來張伯端、石泰、薛道光、陳楠、白玉蟾一系的南傳內丹道，以及王重陽與所傳馬丹陽、譚處端、劉處玄、丘處機、王處一、郝大通、孫大通的北傳內丹道之發展，最後介紹張三丰、陸西星、伍守陽、柳華陽、劉一明、閔一得、李西月等人，論述明、清內丹術發展成熟時期的概況。

　　第二章〈內丹修煉的基礎理論〉，說明鼎、爐、丹田、玄牝、谷神、藥物、精氣神、坎離、烏兔、鉛汞、火候、陰陽、沐浴、周天、經絡、督脈、任脈等內丹修煉常用詞彙之意義。第三章〈內丹修煉功法概述〉，介紹「煉精化氣小周天」、「煉氣化神大周天」、「煉神還虛」的步驟，以及對築基、三關、姿勢、九還七返、還丹、女丹、走火入魔等內丹修煉的常見問題加以說明。第四章〈外丹術選介〉，透過張覺人《中國煉丹術與丹藥》摘述外丹燒煉的重要術語，如立壇、安爐、置鼎、升華、泥法、取汞等，並臚列古代文獻中記載的黃帝九鼎丹方、九光丹、伏火硫黃丹、靈飛散、赤雪流朱丹、太陽流珠丹、九轉靈砂等外丹製作方法。

　　總的來說，作者撰寫本書，對於中國內、外丹的發展歷史，以及修煉內丹的步驟，敘述頗為詳盡，可供一般社會大眾及學界有志認識內、外丹者閱讀。但不宜獨自依憑此書而修煉，仍應透過師法授受而行之，較為妥切。又，作者引用《佛祖統紀》及《張三丰全集》而敘述陳希夷之師承、後學，較有商榷處。

蓋《佛祖統紀》常有誇大不實處（如言智顗與關公事），而《張三丰全集》則
為明顯晚出且多屬扶乩降真之作，如此引用，則容或有失真之虞。（李建德撰）

馬濟人著《道教與氣功》

　　《道教與氣功》，馬濟人著，臺北：文津出版社有限公司，1997 年 11 月
初版一刷，21 公分（32 開本），平裝，309 頁。又於 2009 年 3 月二刷，並改
換封面。

　　馬濟人（1928～1995），曾名濟仁，生於浙江慈溪，為著名的氣功理論學
家，曾任職於上海市氣功療養所、龍華醫院肺科，後在上海中醫研究所，專事
醫學氣功的文獻與臨床研究，並籌建了上海市氣功研究所文獻情報研究室，除
擔任該室主任外，亦兼任氣功門診部主任。在學術上，早年他曾參與三線放鬆
功、新編八段錦、氣功培訓教材的編寫；擔任《中國醫學百科全書·氣功學卷》
編委會副主編，負責統整、審理有關氣功歷史與傳統理論、傳統功法內容，並
親筆撰寫許多重要條目，著有《中國氣功學》、《實用中醫氣功學》等，對氣功
發展史、醫學氣功文獻及傳統功法的研究有重要的貢獻。

　　本書從傳統醫學的觀點出發，認為中醫氣功學與道教雖然在範疇與概念
皆不相同，但仍有諸多相通之處，略可從兩個方向來看：首先，在修煉上，二
者皆有通過自我鍛煉而達到延年益壽、長生久視的觀念，道經中「我命在我不
在天」的說法被中醫及氣功所接受，故強調以自我療法來掌握自己的健康與生
命。道教中許多自我修煉術，也大量被氣功在發展中融合而互相滲透，如諸家
氣法、存思、守一、導引術等，而有些醫家本身即為道教人物，如陶弘景、孫
思邈；此外，也有醫學著作被編入《道藏》，如《黃帝內經素問》等。其次，
在理論上，二者皆以氣學及陰陽學說為思想核心，重視精氣神的互相轉化及心
神意念的主導作用，強調陰陽盛衰對人體的影響等。全書分為三大部份：第一
章主述修煉的基礎觀念及功夫，以四小節分別敘述：身形—指修煉時的身體姿
勢；氣息—指呼吸與內氣；心神—指意念的掌握與應用；導引—指自我按摩與
他人按摩，並結合呼吸吐納的修煉法等。第二章專述靜的修煉法，以存思、靜
坐、守一之功夫為主，共蒐集包括胎息論、六字氣訣、服日月光芒法、華山十
二睡功圖訣、袁黃煉精訣等五十種存思氣法。第三章專述動的修煉法，以導引
法為主，共蒐集含導引按摩法、赤松子導引法、寧先生導引養生法、天隱子導
引法、二十四氣導引坐功圖勢、延年九轉法、修養宜知十要等五十種導引法。

　　基於古人用語簡括以及修煉功法有時難以用文字描述，因此本書大都在原文的基礎上，以作者本身的經驗與了解，用現代可以理解的醫藥知識及語言，深入淺出的說明了導引與內氣的運行，並附古人插圖 187 幅，使讀者能從中捉摸體會，為本書最大的特色。其次，書中所收輯的各種修煉法以道家為最大宗，多出自《道藏》或《道藏》以外道書等，或輯自醫家如《諸病源候論》、《醫方集解》、《壽世青編》等，或養生家如《赤鳳髓》、《遵生八箋》、《祈嗣真詮》、《攝生三要》、《壽養叢書》等典籍所記載的修煉功法，其中亦含有釋家之〈天竺養生法〉、〈婆羅門導引法〉，蒐羅範圍十分寬廣，特別是在導引部份所載錄的明清養生書，其撰輯者多為文士，而內容卻出自道家，因此更可清楚的看到道家修煉術在民間流傳所形成的養生文化情形。（陳昭吟撰）

郝勤著《道教與武術》

　　《道教與武術》，郝勤著，臺北：文津出版社有限公司，1997 年 10 月初版一刷，21 公分（32 開本），平裝，264 頁。

　　郝勤，生於 1955 年 12 月，山西大同人，成都體育學院教授，博士生導師，獲有國務院專家津貼，擔任中國體育科學學會理事、體育史學分會常務委員，為國家體育總局學術技術及四川省學術技術帶頭人，現任成都體育學院博物館館長。主要從事體育史學、奧林匹克學、體育新聞傳播學研究與教學工作。出版個人學術專著 10 部，合作專著 16 部，首部大學體育新聞專業教材、國家「十一五」規劃重點教材《體育新聞學》（高等教育出版社，2004）和國家「十一五」規劃重點教材、全國體育院校通用教材《體育史》等，另主譯美國大學教材《體育新聞報導》（華夏出版社，2002），發表個人學術論文 140 餘篇等。2015 年則以首席專家身份，承擔國家社科基金重大專案《中國古代體育文物調研與資料庫建設》。

　　在道教的相關研究中，道教與武術的關係是學者少有涉及的領域，作者長期浸淫於道教養生、內丹、氣功諸領域，深感拳理與道家哲學相契合，而道藏中卻未見有道教拳譜之專著，遂有此書之撰。全書分為六章，第一章〈道教武術緣起〉，由道教劍印殺鬼之法術，至太平道的軍事武術操練，以及遊俠風尚與道士習武，以劍遣懷之意等內容，在理論中建立了道教武術系統的根源。第二章〈道教武術宗師張三丰〉，討論張三丰在武術史上的地位，首先釐清張三丰其人其事之傳說，認為大約活動於明洪武到永樂之間約五、六十年

左右，其道學思想稟承陳摶先天易學，而以太極學說立論；丹法上承陳摶和陳致虛，主張三教合一，以易立說，煉己修心，性命雙修；武術上則成為內家拳及武當拳派的祖師。第三章〈武當派與其它道派武術〉，首先考論道教武當派與武術武當派之間在道教教義與拳理拳法的內在聯繫，其次介紹了武當拳械，在拳法上重視內家拳法，如武當太和拳、武當兩儀風雷掌等共十四種。在器械上則以劍為主，今僅見劍譜為民國《武當劍譜》，譜後附有「武當丹派劍術系譜序」，列出傳張三丰劍術者 9 人。此外在近年又陸續整理出的劍術略有太乙玄門劍等六種。至於奇門器械，則有夜行刀等五種。最後論及其他道派武術，有：青城派武術、峨嵋派武術、道教華山派拳術、八極拳、五童氣功拳等等共十四種。第四章〈道教與內家拳〉，主要列出內家拳的譜系源流，並對其中張松溪、單思南、王征南、黃百家等人物加以考述，並分析其拳理技法之特徵在於禦敵，以靜制動、後發制人，凡搏人皆以其穴，犯者應手即撲等，內家心法五字訣則為「敬緊徑勁切」。第五章〈道教哲學與內家三大拳〉，旨在建立內家拳的形上體系。由於內家拳的拳理技法，乃依據道教哲學及其義理而建立，因此與道家道教之本體論、人生論、方法論、認識論以及內丹、養生、醫學等均有內在的密切關係。本章除了以譜系列表的方式分別說明太極拳、形意拳、八卦掌之源流及特點之外，在思想上是以道論、太極論、氣論為拳法之本體論；以陰陽學說、五行學說、八卦學說為拳法之認識論；以老子所言之「慈、儉、不敢為天下先」為武術拳法之人生價值觀與道德觀；以神形、動靜、剛柔、內外、虛實、先後、主客、方圓為拳理之方法論等，道教的哲理，正是武術的終極價值與文化歸宿。第六章〈道教與武術養生・內功・傷科〉，本章略分為三部份：首先討論道教養生觀對武術的影響，原本強調技擊格鬥、攻防制敵的武術本質，如太極拳、形意拳等，在道教養生觀的影響下，終演變成為具有豐富養生健身功能和涵義的活動；其次，道教的煉養術促成了武術中內功體系的形成和點穴技法的出現，使中國武術從理論到技術脫離了原始力量的技擊層次，躍升到內外合一、天人合一的境界，因此而有別於其他族群的博擊或格鬥；最後論及道教醫學對於武醫的影響。武醫產生於戰爭及武術對人體傷害的外傷需求，最早葛洪的「毒氣說」，提出了早期處理傷口的重要性，並創造了骨折及關節脫位用夾板局部固定法和手術整復療法，在武醫和傷科史上具有開創的意義，其後藺道人《仙授理傷續斷祕方》在整復骨折上有「相度」、「忖度」、「拔神」、「撙捺」、「捺正」

等方法，成為後世武醫和中醫傷科治療準繩，被認為是武醫之祖，凡此，皆可見道教對武術傷科方面的貢獻。

本書不止填補了道教文化及武術史方面的空白，更重要的是以道教哲學為基礎，為中國的武術傳統建立了明確的形上理論系統，在武術史上深具意義。（陳昭吟撰）

賴宗賢統籌，詹石窗主編《道韻》

《道韻》，賴宗賢統籌，詹石窗主編。前三輯由中華大道文化事業股份有限公司、福建師範大學宗教文化研究所主辦，自第四輯起，廈門大學宗教學研究所亦加入主辦。本書由中華道統出版社自 1997 年 8 月至 2003 年 1 月出版，硬皮精裝，共十二輯。

賴宗賢（1943～2006），臺灣省彰化縣人，1966 年畢業於淡江大學商學系，並投身工商業界二十年，1986 年起，轉而服務於宗教文化事業，曾任中華大道雜誌社社長兼發行人，並於 1995 年考入四川大學宗教研究所，專研中國道教，1998 年獲得博士學位。此後，擔任中華道統出版社社長兼發行人、中華大道文化事業股份有限公司總經理、四川大學卿希泰學術基金會秘書長、中華大道文教基金會執行長，並於廈門大學宗教研究所兼任。賴先生曾參與《中國道教史》四卷本的編撰工作，又將四川大學宗教研究所的重要研究成果，引進到自身經營的出版社，出版為「中華道統叢書」，此外，復協助廈門大學宗教研究所出版《道韻》專刊、大力捐助四川大學宗教研究所《宗教學研究》期刊的發行，堪稱一位弘道護教的實業家。

詹石窗（1954～），福建省廈門市人，1996 年畢業於四川大學宗教學研究所，獲哲學博士學位。曾任福建師範大學易學研究所教授、廈門大學閩江學者特聘教授、廈門大學哲學系主任、人文學院副院長，現任四川大學老子研究院院長、四川大學道教與宗教文化研究所教授、博士生導師。研究領域包括道教、易學、儒家經學思想等，歷年著有《道教文學史》、《南宋金元道教文學研究》、《易學與道教符號揭秘》、《道教文化十五講》等書，主持「百年道學精華集成」、「百年道家與道教研究著作提要集成」等大型計畫，並擔任《中國道教思想史》副主編，此外，亦在《中國社會科學》、《哲學研究》等學術刊物發表學術論文近 200 篇。

《道韻》第一、二輯，又稱《純陽丹道研究論文集》。第一輯主題為「鍾呂仙脈與丹道養生」，1997 年 8 月出版，286 頁，天部為「鍾呂事迹著述考

釋」，收郭武〈鍾離權生平思想及影響淺探〉等六篇；地部為「鍾呂宗脈丹功養生」，收孔令宏〈張伯端對鍾呂內丹思想的繼承和發展〉等六篇。第二輯主題為「鍾呂信仰與文學藝術」，1998 年 2 月出版，264 頁，天部為「鍾呂文學影響探魅」，收歐明俊〈論呂洞賓的仙化過程及其特徵〉等八篇；地部為「鍾呂信仰文物見聞」，收蓋建民〈略論民間呂祖信仰形成的醫學社會因素〉等九篇。

《道韻》第三、四輯，又稱《玄武信仰研究論文集》。第三輯主題為「玄武精蘊」，1998 年 8 月出版，304 頁，天部收王家祐〈玄武與武當山之命名〉等八篇，地部收林國平〈靈籤與玄天上帝靈籤〉等十篇。第四輯主題為「玄武與道教科技文化」，1999 年 2 月出版，320 頁，天部收楊立志〈明帝崇奉真武神祀典考述〉等五篇；地部收詹石窗〈論玄武信仰與古代科技思想之關係〉等五篇；人部收連鎮標〈郭璞與遊仙詩的不解之緣〉等三篇。

《道韻》第五、六、七輯，又稱《金丹派南宗研究論文集》。第五輯於 1999 年 8 月出版，313 頁，天部收卿希泰〈紫陽派的形成及其傳系和特點〉等七篇；地部收劉仲宇〈神霄道士王惟一雷法思想探索〉第六篇；人部收陳麟書〈道教倫理觀的文化歷史價值〉等五篇。第六輯於 2000 年 2 月出版，389 頁，天部收李剛〈張果及其服氣論〉等六篇；地部收朱越利〈金丹派南宗形成考論〉等六篇；人部收張思齊〈試論紫陽真人詞的宗唐因素〉等六篇。第七輯於 2000 年 8 月出版，353 頁，天部收張澤洪〈論白玉蟾的科儀法術〉等七篇；地部收郭樹森〈全真道傳入江西及其蕃衍〉等五篇；人部收李遠國〈九十年代的道家、道教研究（一）——以《道家文化研究》所刊論文為例〉等五篇。

《道韻》第八輯為《方域道跡考原》，2001 年 2 月出版，318 頁，天部收鍾來茵〈西王母的神性神職原型及傳統的現代化〉等四篇；地部收魏德毓〈鄭思肖及其道教思想〉等四篇；人部收高令印〈廈門道教與民間信仰述議〉等六篇。

《道韻》第九輯為《淨明閭山派與養生哲學》，2001 年 8 月出版，349 頁，天部收李遠國〈論淨明道法的沿革與特徵〉等六篇；地部收葉明生〈道教閭山派之研究（一）——閭山派的源流與形成〉等五篇；人部收楊世華、潘一德〈茅山道教上清派及早期養生法（上）〉等五篇。

《道韻》第十、十一、十二輯又稱《三玄與丹道養生》。第十輯於 2002 年 2 月出版，360 頁，天部收胡孚琛〈二十一世紀的新道學文化戰略——中

國道家文化與道教丹法的綜合創新〉等四篇；地部收詹石窗〈長生之道的符號隱喻——丹道養生的易學理趣稽考〉等八篇；人部收白奚〈生命智慧與生活藝術——《老子》七章新解〉等七篇。第十一輯於 2002 年 8 月出版，365頁，天部收張廣保〈全真道性命雙修的內丹道〉等五篇；地部收張欽〈二十一世紀道教養生學展望〉等五篇；人部收鄭志明〈從《太上洞玄步虛章》談步虛詞的神人交感〉等六篇。第十二輯於 2003 年 2 月出版，354 頁，天部收戈國龍〈從一般方術到內丹的演變〉等五篇；地部收陳霞〈道教「雌柔」原則與生態女權思想——一種獨特的社會養生理念〉等五篇；人部收蓋建民〈道教「以德養生」思想及其現代意義〉等六篇。

《道韻》的十二輯專書、近 200 篇論文，涵括鍾呂、玄武、南宗、地域道教、淨明道、三玄等六大主題，作者或在中國大陸、臺灣、歐美、日本的大學及研究機構任職，或為當時的青年道教研究者，或為道教各宗派的神職人員，其論述進路亦呈現多元面貌，對於二十一世紀初的道教學術研究而言，具備極高的價值，亦有其歷史定位存在，實應予肯定。（李建德撰）

蓋建民著《道教醫學導論》

《道教醫學導論》，蓋建民著。中華道統出版社 1999 年 2 月出版，為《中華道統叢書》系列第十四冊，精裝，717 頁。

蓋建民（1964～），新疆省烏魯木齊市人，祖籍山東省萊陽市，1998 年畢業於四川大學宗教學研究所，以中國道教研究方向獲得哲學博士學位。曾任福建師範大學宗教文化研究所副研究員、管理學系副教授、廈門大學哲學系教授、宗教學研究所教授，現任四川大學道教與宗教文化研究所所長、博士生導師、四川大學老子研究院副院長，並獲選為長江學者特聘教授，並多次受邀赴德國萊比錫大學、美國哈佛大學、韓國高麗大學及香港中文大學、臺灣大學進行學術交流。研究領域包括道教金丹派南宗歷史與文獻、道教醫生與養生文獻、道教科技專題研究等，歷年著有《道教醫學導論》、《道教科學思想發凡》、《道教醫學》、《道教金丹派南宗考論：道派、歷史、文獻與思想綜合研究》等專書，合著《中國道教思想史》、《道教醫學精義》、《道藏說略》、《道教文化新典》等書，主編主編《中國歷代張天師評傳》，並在《哲學研究》、《世界宗教研究》、《中國哲學史》等學術刊物上發表論文百餘篇。

　　《道教醫學導論》係在蓋教授博士學位論文的基礎上加以增補刊行，全書除對道教醫學之義界及研究旨趣進行說明的〈引言〉，以及說明道教醫學流派對社會產生的影響與傳統醫學文化史上之地位的〈餘論〉外，共分五章。第一章〈以醫傳道——道教醫學流派的肇始和初步形成〉，對於道教醫學展開溯源，認為道教醫學源自巫醫與方士，並論述早期的五斗米道、太平道使用「以醫傳教」、「借醫弘道」的傳教途徑，進而考述六朝道教宗派高道對傳統醫學的融攝與創見；第二章〈道醫輩出——道教醫學流派的發展與興盛〉，先論述道教由外丹服食到內丹煉養這種修道成仙方式轉換對於道教醫學的影響，並對隋唐道醫勃興的現象、宋元全真道與傳統醫學、醫論創見之間的關係，進行詳細的梳理；第三章〈匯入大海——明清道教醫學流派的新走向〉，先論述淨明忠孝道與傳統醫學的關涉，並介紹明清兩代道教醫學養生的重要著作及當時的道醫特點；第四章〈方術與科學——道教醫學體系及其特點〉對於道教醫學的宗教神學特徵、符咒治病的醫學底蘊、宗教哲學基礎等面向展開敘述；第五章〈雙向互動——道教與中國傳統醫學的內在關係機制〉認為道教與傳統醫學之間，存在著「醫道同源」、「醫道相通」的內在邏輯，因此，道教宗派能「援醫入道」，而傳統醫家也能「援仙入醫」。此外，書末另附〈歷代道醫統計分析〉、〈中醫典故與道教醫家〉、〈民間「醫神」、「藥神」崇拜與道教醫學的社會影響〉等三篇文章，並對傳統醫學的各種症候詳細臚列。

　　蓋教授在撰寫本書之前，曾先後在成都中醫藥大學、福建中醫學院進修中醫，對於傳統醫學文獻，具有相當紮實、嫻熟的基礎，故能將先秦至清代的道教醫學流變、道教與醫家之間的相互關係，進行通盤的論述，實為一部極具學術價值的著作。（李建德撰）

鍾來茵著《龍虎集》

　　臺灣：中華大道文化事業，2000。841 頁。

　　作者 1939 年生於江蘇無錫，1960 畢業於徐州師範學院，後在南京四中任教六年，文革期間初逐出教師隊伍，於五七幹校開山取石。文革後回南京任教，經考試與升遷，現為東南大學文學院文化系教授、中國杜甫研究學會理事，中國李商隱研究會匣事。專長在於道教研究，與道教相關的文活動研究等。

　　書分上下編，上編為人文篇—人類永恆的追求。集十五篇論文而成，一、〈高唐神女〉，二、〈論《詩經》中禮教盛行前後的愛情詩〉，三、〈一百零四歲

的張蒼〉、四、〈被霍去病拒絕的女神神君〉、五、〈漢武帝〉，六〈張衡同聲歌簡論〉、七、〈王羲之父子為何嗜竹如命〉、八、〈八十六歲被逼餓死的偉人—梁武帝〉、九、〈一百三十一歲的孫思邈〉、十、〈唐明皇與楊貴妃〉、十一、〈三論白居易與道教〉、十二、〈韓愈的生命意識〉、十三、〈李商隱情詩中常見的性之隱比象徵符號〉、十四、〈唐人煉丹一瞥〉、十五、〈論紅丸案〉。十五篇文章聚成上冊，行文似散文論述，但都是與道教長生、煉丹等相關的文人、歷史或文學故事。

下編為道藏性文化研究，以二十三篇文章合為一冊，討論中國的性文化的起源及發展，當中與道藏相關者如〈老子想爾注「相爾」考論〉、〈《參同契—鼎器歌》與道教女性崇拜〉、〈六朝上清派經典—〈真誥〉關鍵詞考〉、〈《真誥》中一首意像優美的房中詩〉、〈道藏陰陽交感符號論〉等。此編專門討論透過古代傳說與經典傳注及煉丹術中的各種象徵符號來論述道藏中所潛藏的中國性文化。其他雖與道藏無關，但仍與性文化相關，例如〈中國古籍中所見愛滋病疹狀考論〉、〈唐明皇的壯陽藥方—守仙五子丸〉、〈論孫思邈千金方中的王相日〉等皆與性文化相關。

基本上作者認為傳說中的黃帝是華夏性文化的奠基者，黃帝是一位集合型文明的創造者，所以與黃帝相關的傳說人物如容成及素女等皆是與性文化、性醫學相關，所以以黃帝為華夏性文化的奠基者。而《老子》一書中處處隱含著與性相關的譬喻，張道陵的天師道中，直接以性行為來註解《老子》，此即《老子想爾注》一書，所以在古書中，其實不乏直接描述性文化者。延及六朝的道教活動及煉丹過程中，更多是性文化的直接實踐，以及付諸煉內丹的隱喻中。例如天師道末流之集體性行為之縱慾，上清派改良為雙修，煉丹過程中的內丹中，充滿了隱喻的符號，這都是華夏性文化的呈現。其他散見於傳說、藥方、黃曆中的禁忌等處處都有性文化的隱喻或遐思等，這告訴大家，其實中國並不排斥性文化等活動，並非封閉固鎖拘忌於性活動或性的描述等。（藍日昌撰）

廖芮茵著《唐代服食養生研究》

《唐代服食養生研究》，廖芮茵著，台北：臺灣學生書局，2004年5月初版，21公分，精裝／平裝，448頁。本書曾以原名廖美雲於2003年由臺北：臺灣東華書局初版，23公分，精裝，475頁。今通行者為臺灣學生書局版。

　　廖芮茵，原名廖美雲，1963 年生於臺灣臺中，國立台灣師範大學國文研究所文學碩士，現任國立臺中科技大學應用中文系教授，研究領域以中國古典文學、唐代社會與文學為主，除本書之外，已出版《元白新樂府研究》、《唐伎研究》（臺灣學生書局）等專書，並有〈六朝練形養生觀與服食植礦物藥餌研究〉、〈唐代宮廷的美容養生與官場賜面脂香藥研究〉、〈談杜甫的貧病與藥餌養生〉、〈柳宗元藥餌養生研究〉、〈從老子道家哲理，談生命關懷與生態和諧－從颱風頻仍的台灣地貌與生態說起〉、〈媽祖文化創意產業〉、〈台灣關帝信仰及其文化產業〉、〈台灣關帝信仰的宗教關懷與文化建設——以台北行天宮為例〉等20 多篇著作發表。

　　從關切唐人的文學與社會出發，本書以唐代「服食養生」概念為切入點，所論述的主體與範疇，為唐人基於養生成仙為目的的心態下，所食用的包含自然界生成之動、植、礦物，或餌服經由人工冶煉的丹藥，而不包括借由吐故納新、熊經鳥伸、鍊氣食息及悟道等內在修鍊方式。全書分為六章：第一章緒論，主述唐以前服食思想的傳嬗，分析唐前仙藥的種類與特色，以及服食長生的理論根據，做為了解唐代服食養生的傳承與變革之基礎。第二章透過文獻的條理以探究其背景因素，大略有三：一者，交通便利，商貿發達，擴大藥材的來源與種類；二者，帝王推播醫藥知識，倡導養生；三者道教興盛，鼓煽服食煉丹的發展。第三章根據帝王、達官顯吏、文士、道士佛徒四種不同的人物，分別從服食方的來源、服食目的與方式、探賾時人對服食養生的共同狂熱，而身分地位不同，選用之服食方亦有差異；其次解說道士佛徒服食的特殊宗教術儀，並分析比較二者異同，更進一步的論述佛密在長生服食方術上，乃明顯取法、抄襲道教之情形。第四章專述唐代外丹黃白術，首先解析煉丹理論、用藥特色、丹爐建置、煉丹的技術方法等；其次敘述派別主張、爭議與交融；再次分別由歷史與科學的觀點，檢討外丹黃白的得失。第五章闡論唐人服食養生的貢獻與影響，首先肯定唐人在醫藥、化學上的貢獻，其次在文學上的神仙系列作品上，展現了新奇的創意，其藝術感染力不止超越六朝，由求仙不得而在文學中所作反語的補償心理，亦得解讀唐代由外丹轉向內養的關鍵。第六章結論，為全書之回顧與心得。

　　全書從唐代的政治、經濟、社會、宗教、醫藥、文化與心理因素等各種不同方向來探討唐代服食養生的發展與內容，其所涉及之層面不可謂不廣，本書除了將唐人的服食養生圈出定義、範疇，並整理出理論系統之外，值得一提的

特色尚有：一，以博觀公平的立場闡論唐人餌丹養生卻招致戕害性命的不智之外，也能肯定外丹黃白術對於醫療製藥的直接貢獻，並認為由外丹轉向內養的勃興，是唐人服食求仙不期而得的養生成效。二，對於服食養生的探討能觸及宗教與凡俗兩個不同的價值層面，特別是肯定了唐人服食訪道的生活經驗與神人仙境的幻想對於文學藝術的充實，並反過來就現代醫療而言，此一文學滌蕩心靈的方式也是服食養生的一環，可謂獨到。（陳昭吟撰）

林安梧著《新道家與治療學》

《新道家與治療學》，林安梧著。臺北：臺灣商務印書館股份有限公司，2006 年 8 月。

林安梧，1957 年生，臺灣臺中人。為臺灣大學第一位哲學博士。榮獲行政院第一屆重要學術著作獎助等，曾任教等多所大學、南華大學哲學研究所創所所長、《思與言》主編、《鵝湖》月刊社社長／主編等。著有《儒學革命論：後新儒家哲學的問題向度》、《中國宗教與意義治療》、《王船山人性史哲學之研究》等十餘部專書。

作者為牟宗三弟子，是新儒家代表人物之一，然師徒二人學思性格迥異。牟宗三判教與圓教性格強烈，以儒學價值觀為主流導向，而道家、佛家輔之，重視本質論與修養論。林安梧則以道學（即氣學）為主，認為儒、道同源而互補，重視社會歷史傳統之發展脈絡。提倡「後新儒學」之批判精神，思考儒學如何適應現代之問題。長期關注儒釋道三教間的繼承與對話，倡言「存有三態論」，強調「氣」概念的核心性，主張一「道論」的傳統。從而提出陽明學、《金剛經》、《道德經》思想之意義治療學，主張以經典之思想，對人心達到涵養、解惑、復歸生命定向之功能。

道家的重點不在於主體如何體證而已，重要的是總體的根源、根源的總體之道，如何能在天地場域中起著調節與生發的作用。正因為這根源的總體、總體的根源之道所起的生發與調節的作用，因而有著一「道療」，或說是「存有的治療」的功能。有著這存有治療的功能，道家之於萬物才能說是「歸根復命」，才能說是「道法自然」。這「自然」不會是洪荒般的自然，也不是自然世界的自然，而是「天、地、人、我、萬物通而為一，如其總體的根源、根源的總體」所生發調節義下的自然，或可說是一「自然的和諧秩序」下的自然。本書即是在如此的視域下所展開的。

　　「新道家」強調的是那總體的根源的「道」如何落實於人間世的居宅，讓那被扭曲異化變形的「物」，能經由一「治療」的過程，而「歸根復命」，讓天地如其為天地，讓萬物如其為萬物。在「場域處所」裡，由「話語介入」，人的貪求、慾望、權力、利害伴隨而生，遂致異化。因而必須經由「存有之道的回歸」，讓「存有之道的光亮」照拂療癒。就這樣「無名以就實」、「尊道而貴德」，才能「知常曰明」，體會常道，當下明白。有別於「工具理性」的高張，如此的「生命理性」正顯豁了一「道家型的女性主義」思維。尤其，新道家「自然無為」有助於「公民社會」的建構，特別是在「後現代」，重視的是「文明的對話」。新道家對於「心靈意識」與「存在情境」更能起著批判與治療的效果。作者比喻儒家是飯，佛家是藥，道家則是空氣、陽光、水。新道家在存有三態論的建構下，強調存有之道的回歸與照亮，因而強調存有的治療學，由此而導生社會的批判與文化的治療。（林翠鳳撰）

王婉甄著《李道純道教思想研究》

　　《李道純道教思想研究》，王婉甄著，新北：花木蘭文化出版社，2008 年初版。16 開本，精裝，約十萬餘字，126 頁，收於《中國學術思想研究輯刊》第二編第二十八冊。

　　王婉甄，台灣淡江大學中國文學系碩士班、博士班畢業，現任清雲科技大學通識教育中心助理教授，以「道教文化」為主要研究範疇。本書為作者之碩士論文，另著有博士論文《西遊故事與內丹功法的轉換——以《西遊原旨》為例》。

　　《李道純道教思想研究》一書，總分為六章：第一章〈緒論〉論述本書的寫作動機，研究的程序及論文所欲達成的目標；第二章〈李道純在道教史上的地位〉，首先以宗教教團與客觀政治環境的關係、李道純道教思想的特色兩個論點切入，對李道純生平進行考察。其次，對李道純撰作著述，作全面性的掌握與解題，進而觀察李道純在宗派法系與道派傳承二方面的傳承。換言之，從知人論世的角度，確立李道純作為「元代著名道教理論家」，且融通南北宗思想，開展「中派學說」之道教史地位；第三章〈李道純三教合一之思想基礎〉，本章從「三教合一」的歷史遠源開始，從宇宙論、心性論等思想範疇，考察李道純在宋元「三教合一」的思想氛圍下的表現及其異同。並從三教會通的各個範疇中，提出心性理論。第四章〈李道純會通儒釋之心性理論〉，因三教均將

哲學問題建立在心性的歸求上,本章研究焦點聚焦于李道純心性論的表現。換言之,從李道純諸多道教思想中,釐清分判其心性理論之儒道與道釋會通的特色,探究其如何在儒、釋、道三教思想的融攝中,結合道教內丹「玄關一竅」的說法,開展別具特色之「中派理論」;第五章〈李道純性命雙修之內丹功法〉,從修心鍊性、頓漸法門以至於守中致和,在內鍊成丹以體道之工夫修養上的表現,並整合、比較李道純內丹思想與金丹南宗、全真北宗修為理論上的傳承與相異;第六章〈結論〉,對李道純思想作一全面性的觀照與闡釋,作為本書的結論。

李道純,字元素,號清庵,別號瑩蟾子,都梁人,宋末元初道士,生卒年不詳。原為道教南宗白玉蟾弟子門人,於全真北宗南傳後,自稱「全真」門人。李道純精通《老子》、《周易》,兼融儒、釋學說,既傳承來自道教內丹北宗與南宗「性命雙修」的理論主張,也融會禪宗「明心見性」的心性理論,連繫《中庸》「中和」觀念與「玄關一竅」,並運用《周易》卦象陰陽消長之變化,理學家「太極」觀念對宇宙本體的討論,從而架構其道教思想體系。本書《李道純道教思想研究》,其學術貢獻,謹列於下:一、因為全真道史並無著錄李道純事略,碑銘刻記亦乏直接史料,李道純生平事蹟只能散見於地方府志,本書以李道純傳世的十部作品著述解題以窺其思想梗概,羅列譜系與理論承繼以明其道派法系,從而建立其道教史之地位;二、作者將儒、釋、道三教的互動關係區分為四期,繼之觀察李道純融通三教思想,提出「三教合一」作為立論體系的顯著特色,最後比較異同,作為李道純融攝三教義理上的檢討。三、作者從李道純融攝儒家「已發未發」以及禪宗「明心見性」的觀點出發,進而發衍李道純將「中和」觀念結合「玄關一竅」所開展的「中派學說」。四、作者論述了李道純性功的修心鍊性,命功的頓漸功法,及以「玄關一竅」作為內丹歸求功夫所繫之至玄至妙機關。五、作者點出全精、全氣、全神之「全其本真」作為基點,逆推鍊精化氣、鍊氣化神、鍊神還虛之性功與命功的修鍊功夫。(郭正宜撰)

李似珍著《靜心之教與養生之道》

《靜心之教與養生之道》,李似珍著,臺北市:東大圖書公司,2008 年 5 月初版一刷,32 開本,平裝,226 頁。

李似珍,生於上海,祖籍浙江慈溪,華東師範大學哲學博士、哲學系教授。1984 年始涉及中國哲學與自然科學的關係,其後兼及道教養生觀。曾主持並

完成上海市哲學社會科學「九五」規劃中長期課題，參與國家社科基金、教育部重大科研專案、上海市重點學科等多種科研項目，亦任上海市科技史學會副會長、中國宗教學會理事、上海市醫史學會理事等。著有《形神・心性・情志——中國古代心身觀述評》、《中國學術思想編年・宋元卷》、《養性延命——道教與人類健康》等九部專書，發表〈近代宗教契應時世的文化特色〉、〈論中國道教養生觀的時空結合特色〉等七十餘篇論文。主編、參編學術著作、辭典、教材共有二十餘部。

　　有感於現代社會西化所產生的身心弊端，本書以道教養生觀作為解決問題的切入點，拈出「靜心」為其中堅，依序闡述道教養生各種方法及其現代意義。全書共分十章，首章論述靜心的修煉目標為超越生命侷限的「自然長生之道」，現代意義在於珍惜生命，追求生存品質。二章由道教之我命在我的生命觀、天人合一的天道觀，以及形神相依的人體觀作為靜心的煉養思想理論，而以眾術合修為其實行方法，由此而分論眾術於以下各章。三章提出守靜的最高境界在空寂忘我，俗念盡除；四章則闡明精氣神合一的內丹術為靜心之教的真正核心，除了養心煉神之外，行內丹術除能維護身心健康外，更具有開發大腦潛能的作用，以上屬靜功。接著，五章由道法自然的思想，以及流水不腐的運動觀來論述導引術，並以五禽戲、八段錦的操作為說明之例。六章專論太極拳法及其分派的發展與流傳，認為太極拳法符合現代人的養生需求，其柔弱勝剛強的養生哲學所得到的「不損」效果，更較現代競技體育為優。七章列雜修功法為動功的輔佐，包括五官雜修及睡功等，屬動功。另外，八章特講德性修養，認為積德行善可使精神愉悅，而淡泊名利、參透生死則能使人從焦慮痛苦中解脫，達到防病治病的目的。九章從現代心理學的移情作用，闡釋齋醮符咒與祝由治病的功效。十章論述服食煉丹，認為這是屬於靜心之教的支脈，在藥食同源的原則下，對辟穀與服食大丹有所議論。最後則於結語中簡略陳述了房中術的養生方。

　　本書特色有三：首先是基於對道家養生的觀察與了解，提出「靜心」為其核心思想，靜心既是煉養的形上神思，然為達到「身清神靜，與道同身」的目標，亦有各種動、靜功法的操作；二是為求現代人的理解，因此在敘述之間加入現代學理的解說，如言現代醫學認為胎息是減緩人體的新陳代謝，類似動物的冬眠，祝由咒齋之法乃由齋咒的暗示而得到移情的心理作用，屬於安慰療法等；三是強調道家養生的優點之外，也經常比較其與儒佛養生的優劣，如道家

重視全生保真，頌揚楊朱是「輕物重生之士」，而儒家對之則有利己的惡評；又如比較靜心修養之功，認為儒家強調在社會中自我實現的生命價值，佛教偏重精神生命的心理自足，而道教則是著重生命的永恆，以及生命過程中的悅樂，是以道教的養生觀念被認為更具哲理及高雅脫俗的情趣。

惟道經中凡記煉養之法，大多內丹與食藥並重，如言辟穀，必先煉氣爾後自然辟穀，二者相輔；食金丹者亦必與煉炁同行，因此書中將服食煉丹獨立闡述，而視為靜心之教的支脈，實有待斟酌。（陳昭吟撰）

郭啟傳著《陸西星的道教思想》

《陸西星的道教思想》，郭啟傳著，新北：花木蘭文化出版社，2008 年初版。16 開本，精裝，約十萬餘字，126 頁，收於《中國學術思想研究輯刊》第二編第二十八冊。

郭啟傳（1962～），台灣桃園人。台灣台灣大學中國文學系學士、碩士。台灣新竹清華大學中文系博士，現任醒吾技術學院通識教育中心助理教授，曾任職國家圖書館特藏組。專長先秦思想史、古書版本學。另著有《太初之道：聖在世界秩序的展開》等書。編著《台灣歷史人物小傳：明清暨日據時期》、《國立中央圖書館善本序跋集錄》、《國家圖書館善本書志初稿》等書。

《陸西星的道教思想》一書，總共分為六章。第一章〈前言〉；第二章〈陸西星生平〉；第三章〈陸西星的道教修法（上）〉；第四章〈陸西星的道教修法（下）〉；第五章〈房中術的源流〉；第六章〈結論〉。本書的處理重點，誠如作者所言，不在於陸西星其人如何，其歷史地位如何，而在於其思想本身，此思想是指他對道教修行之思想，而不是一般泛指的思想。作者認為陸西星的功法、修行法中加入大量煉心的成分，尤其是煉己築基與溫養都用純正的清淨法，只有在採藥時才用陰陽雙修法。陸西星希望藉此沖淡其技術層面。但丹經之傳統用語，往往語多隱晦，故從字面上實難以看穿其底蘊。作者為了突破這個困境，採取比較對照的方法來剝除隱晦語言的外殼。因為這一套道教修行用語在五代以後即開始流行衍生，各家各派都使用它。但每一家都用這一套詞彙組織其本身體系，體系中的每個辭彙所代表的現實意義，亦隨個別立場之不同而不同，而該辭彙在體系中的相對位置也隨之不同。作者提出這樣的比較對照法就是從各家安排處理這些修行用語間的關係，及這些用語與實際修行的關係二方面著手界定各系統的差異。作者提出這樣的比較對照法是具體可行的，頗有創見。

因為透過這樣的分析後，大抵可以歸納出雙修法中龍虎丹法與彼家丹法的不同。彼家丹法在修行過程與只有在採藥時採用雙修法的不同。陸西星的修行法即是後者。作者的結論是陸西星的修行方法乃是追求最大程度清淨法之下的雙修法。另外，作者在本書亦有討論房中術的源流，潛藏著一個大企圖，即看歷史上如何從性行為中尋找正面意義。（郭正宜撰）

鄭志明、簡一女合著《道教符咒法術養生學：以《道法會元》為核心》

《道教符咒法術養生學：以《道法會元》為核心》，鄭志明、簡一女合著。文津出版社 2013 年 12 月出版，平裝，440 頁。

鄭志明（1957～），臺灣省新竹市人，1988 年畢業於臺灣師範大學國文學系博士班，現任輔仁大學宗教學系教授、臺灣民間宗教學術中心執行長，研究領域包括臺灣民間宗教、中國宗教哲學、民俗醫療、民俗學、神話學、生死學、生命教育等。歷年著有《道教生死學》、《佛教生死學》、《民俗生死學》、《宗教生死學》、《民間信仰與儀式》、《中國神話與儀式》等專書三十餘種。

簡一女（1957～），臺灣師範大學國文學系畢業後，即擔任國中教師，退休之後，復再次進修，2013 年畢業於廈門大學哲學系宗教學專業，獲哲學博士學位。

《道教符咒法術養生學：以《道法會元》為核心》全書共十一章，第一章〈緒論——道教符咒法術養生學的研究面向〉旨在說明「道教符咒養生學」對於生命的關懷，並分析前行文獻成果，敘述建構此項課題的進路；第二章〈從巫術到道教符咒法術〉對原始道教時期的巫覡、道教各宗派的符咒法術與合會儒、道思想之後的宋元道教符咒法術，進行詳實的說明；第三章〈《道法會元》的成書考察與法術特色〉敘述《道法會元》的成書始末及其重視雷法、內煉的兩大主流；第四章〈道教符咒法術的天人思想〉透過本體論說明宇宙、天地與人之間的生成、氣化、道化關係；第五章〈道教符咒法術的道法思想〉揭示《道法會元》「道體法用」的根本價值觀，將「心」視為寂然不動之本體，並以「雷」作為感而遂通的發用；第六章〈道教符咒法術的修煉方法〉逐次說明生命實踐的工夫，與行法過程的內煉、出神、變神等工夫進路；第七章〈道教符咒法術的操作方法〉提出行持雷法的「六府」——真符、真咒、真氣、真罡、真訣、真機，並論述行法所搭配的符、咒、罡、訣與法器、齋醮儀式等面向；第八章〈道教符咒法術的消災解厄功能〉以天人合發的宇宙論為基礎，並分析道教齋

醮儀式在解消天災、祈禳厄患兩方面所運用的符咒、法術;第九章〈道教符咒法術的治病功能〉說明《道法會元》所記載的宗教醫療步驟——判斷病因、立獄考召、治病方法;第十章〈道教符咒法術的度亡功能〉說明宋元道教宗派「先煉諸己,後可度魂」的煉度觀點,並綜述懺悔解罪的功德觀、水火煉度的方式;第十一章〈道教法術行持的宗教戒律〉說明道教各宗派神職人員的角色、職責、品秩、齋戒方式、度人途徑等面向。

綜觀《道教符咒法術養生學:以《道法會元》為核心》,透過作者對宋元道教雷法宗派集大成著作《道法會元》的分析,吾人可以瞭解宋元兩代道教宗派的法術思想與修養工夫、實踐方向,不僅重視內在的「在心上作工夫」,也發用為外顯的消災解厄,達到護國安民、濟世度人的終極目的。因此,就解讀《道法會元》及宋元道教思想而言,本書具有高度的價值。(李建德撰)

賴慧玲著《二十世紀仙學大師——陳攖寧仙道養生思想研究》

《二十世紀仙學大師——陳攖寧仙道養生思想研究》,賴慧玲著,台北:新學林出版股份有限公司,2014 年 3 月 1 版,32 開本,平裝,352 頁。

賴慧玲,字以甯,1963 年生於台灣彰化,東海大學中國文學研究所碩士、博士,今任職義守大學通識教育中心副教授。賴慧玲於東海大學修讀博士期間得李豐楙教授指導,以《明傳奇中宗教角色研究》為其畢業論文,奠定了道教研究的基礎,其後並長期關注中國哲學、宗教、道教文學與古琴研究等論域,先後發表如:〈海峽兩岸「道教文學」研究資料(1926~2005)概況簡析〉(刊於《成大宗教與文化學報》8,2007.08,頁 97~127)、〈臺灣地區五十年來(1960~2010 年)古琴傳習總況及未來展望〉(刊於《人文學社會學報》2:10,2012.06,115~139)、〈明傳奇「典型宗教劇」之敘事模式及故事結局分析〉(刊於《新世紀宗教研究》11:4,2013.06,頁 163+165~182)等十數篇論文,目前持續深入女金丹的相關探討,並在飲食養生文化方面有所涉及。書中自言:「曾先後正式拜師,修煉過佛教禪密不同功法及道教丹鼎派之正宗靜坐等法門,至今實修已超過二十七年,又長期利用寒暑假到處參訪觀察臺灣各類型宗教道場,其間遇過不少各宗派的大師或高人」,其內煉功法得自涵靜老人傳授,是今日丹道研究中少數具有實修印證的學者,因此在著作中得以利用個人在「多年修煉過程中某些通關過竅的親身經驗」,以及「藉陳攖寧詮釋道經及對人傳講之述語而得到啟發」的歷程,結合學術研究理論,是本書完成之優勢。

　　陳攖寧為近代丹道史上之一代大師，其所主筆之《揚善半月刊》與《仙道月報》亦被公認為近代中國最有影響力的道教期刊。早期的研究認為陳攖寧因時代的顛沛難以專心修煉治學，思想散見書信、論文、經注等多處，以致所提倡的仙學修煉理法並未有系統完整的學說，但本書作者認為清末民初之中國學人並不習慣採用西方學者理論建構式的著述方式，此乃時代因素所導致行文用語方式的不同，陳攖寧著作看似未成系統之原因在此，故本書轉以今日易解的理論架構形式重新表詮，略分為二大軸心，首先乃依主題分別詮解陳攖寧之學術思想，包括老莊觀，三教觀，以及各種對於道經丹書的評解問題；其次則依其研究實踐而整理的仙學實修理論，包括觀念清晰、實踐進階次第完整的三元丹法，女金丹法，與仙學修養法等。據此，全書共分八大章：

　　第一章〈導論〉，內容包括本書之研究動機、目的、背景與研究理論方法之敘述。第二章〈陳攖寧之「老莊觀」〉，探討陳攖寧對「道家」、「道教」、「仙學」三個概念之說明、理解與界定，以及他對道家代表人物老子、莊子的褒貶評斷。第三章〈陳攖寧之「三教觀」〉，乃進一步擴大範圍，分判他對儒、釋、道三教的認識與立場。第四章〈陳攖寧之「道經丹書」之評解〉，乃集中針對他曾特別選定註解的道經丹書來探討其中各類型理路，經整理可分為五大項共35篇：1. 仙學修煉經典：《參同契講義》、《黃庭經講義》、《口訣鉤玄錄》、《金丹三十論》；2. 女丹修煉經典：《坤寧妙經》、《女功正法》、《女丹十則》、《男女丹功異同辨》、《女丹詩集》、《孫不二女功內丹次第詩注》、《靈源大道歌白話註解》；3. 已校注釐訂之完整丹書：《大丹直指》、《道竅談》、《三車祕旨》、《後天串述文終經》、《循途錄》、《琴火重光》、《三一音符》、《旁門小術錄》；4. 僅存批注序跋或書評之丹書：《古文龍虎上經》、《浮黎鼻祖金藥祕訣》、《黃白直指》、《天隱子》、《坐忘論》、《金丹贅言》、《悟真篇集注》、《雙梅景暗叢書》、《五大健康修煉法》；5. 必讀道經類：《道德真經》、《南華真經》、《陰符經》、《太平經》、《黃庭經》、《清靜經》、《高上玉皇本行集經》。上述章節之次第，可呈現出陳攖寧在不同的哲學思想與宗教型態中的思考進路，再加上其所選定詮釋評論或澄清觀念的論著，以完整的看出陳攖寧在學術思想上所採取的立場以及真正關注的方向。其後第五章〈陳攖寧之「三元丹法」〉，內容主在對天元、地元、人元三種丹法的解釋說明，以作為丹法詮釋之總綱。至於第六章〈陳攖寧之「女金丹法」〉及第七章〈陳攖寧之「仙學修養法」〉，則分述女性修道與男女通用之實修細節要領，二者為可互相補充對參的完整體系說明，為

後世之實修者提供了具體完整的引導與指點。上述三章主要偏向述論陳攖寧在涉略各系丹法宗派且終身實踐後所呈現的丹法實證與相關理論成果。第八章為〈結論〉有三：1. 總結陳攖寧仙道思想的套點和侷限，2. 其所歸納丹法觀念之重點與貢獻，3. 重新討論陳攖寧在二十世紀道教史上的定位問題。

　　李豐楙先生在書序中指出，本書由實修的經驗切入，重新疏理陳攖寧的仙學系統及其形成之時代脈絡，在思想史與文化史上深具意義；其次，在時代的推衍下，陳攖寧仙學對於女性修煉的關注，成為女丹在修煉與研究上的一大突破，在今日性別研究的學術氛圍中，本書作者於「女金丹法」之梳理特詳，其當行本色的詮解，使女金丹的仙學理論顯得具體可識。再次，就丹道學術研究而言，自清末民初至今，西方學界在重讀丹經中，已能體會東方智慧中的養生文化與身體經驗，本書對於丹道與女丹的現代化詮釋，適足以成為學術界參與東西對話的良好課題。凡此，可見知本書之學術意義。（陳昭吟撰）

第三章　道教類書及工具辭書

蕭天石編《道藏精華》

　　《道藏精華》，蕭天石（1909～1986）編，該套書並不是一次出齊，起先蕭天石從自己收藏及現有道書中選擇了道書凡六百七十五種，列為《道藏精華》，陸續分集出版，第一集出版於 1956 年 4 月，至 1983 年歷經二十七年，十七集全部完成，精裝 75 冊，平裝本 104 冊，全集於 1983 年付印，所選刊的道書達一千餘種。另外《道藏精華外集》收錄了蕭天石著的《道家養生學概要》及《道海玄微》二書。

　　《道藏精華》第一集第一冊書前有蕭天石在 1983 年 1 月所寫的〈新編道藏精華自序〉，述說自己選書、刊書及集結成套書之經過。其次為曹哲士〈蕭編道藏精華序〉，認為蕭書選輯之嚴，搜羅之富，亙古以來，嘆為觀止，並稱之為「百衲本道藏精華」。再其次為〈新編道藏精華例言〉，說明選擇之標準及道書版本出處。其次為全集總目。另外，在十七集各集所收的每一本道書目次下，或該書前，蕭天石有序文介紹該書內容主旨，所採用的版本，或得書因緣等。

　　蕭天石（1909～1986），出生於湖南省邵陽縣文山，1930 年 22 歲進入黃埔軍校，畢業後任職南京東海書店出版社，1937 年在南京創辦《興華日報》，隨著日軍的侵略後退，輾轉遷移到成都，建立了大江出版社，結識了南懷瑾，更接觸到佛道修鍊法門，並在道觀中研讀道教經文，成為虔誠的道教徒。在四川期間，曾和岷山派羅門的道長羅春浦及成都二仙庵的無名子道人交游，得到了劉門養生術及北派丹法祕訣。1944 年往重慶接受政府官員培訓，並回到成

都擔任灌縣縣長,得以常到灌縣青城山和道士往來,因此認識掌管青城山天師洞藏書樓的道士易心瑩,從易心瑩處,蕭天石收集及抄錄了不少道教經書文獻。1948 年蕭天石回到南京任軍方《和平日報》編輯,1949 年 4 月,共產黨進入南京,蕭天石逃到台灣。其後蕭天石夫人及兒子以及所收藏的幾箱道書,隨著好友空軍總司令羅機,搭軍機直飛台灣。1951 年蕭天石在台灣創立自由出版社,並陸續出版《道藏精華》。蕭天石死於 1986 年,壽七十八歲。現由其子蕭大可及孫女蕭明華共同承繼自由出版社,守護其道業。

宋代張君房自大宋所修的《大宋天宮寶藏》中,選出精華道典,編成《雲笈七籤》一百二十二卷,號稱小道藏,此後一直無人沿續這樣的志業,蕭天石《道藏精華》可以說是上承《雲笈七籤》之偉業。蕭天石在道典版本上,選擇極嚴,除四處訪尋善書孤本藏書家外,並曾在臺灣的故宮地下室搜索收集道書丹經長達三年之久,所搜集的道書中有許多是道藏所未收,海內外的孤本佚籍,所謂類皆為「千古不傳祕典,萬世不朽奇書」,深為學者及藏書家所敬佩。

《道藏精華》十七集,主要收集的道典,以道家及內丹養生修鍊法門為主。蕭天石《道藏精華》〈新編道藏精華例言〉二說:「本書為集道家與丹鼎派——亦即神仙派——之學術思想及其訣法方術之大成。內外雙修,道德兼養,動靜之功併輯,幽明之訣同學,俾賢者能得其大,不賢者能得其小;上智能燭其幽,中才能體其明,群皆肆應咸宜,隨修有得。」除內丹修鍊法門道典外,儒道佛三家自古以來所見養生攝生之論,卻病治病之方,與各種導引、按摩、服氣、吐納等仙家不輕傳之祕功,也都是此套道書收錄的重點。

由於蕭天石本人對內丹養生修鍊法門有偏好,並有實際修行,所以《道藏精華》十七集,除偏重在道家丹道養生之書外,也重實修。

《道藏精華》一書偏重在道家及丹鼎修鍊術,是此類道書的精華。無法像《雲笈七籤》對整個道藏做篩選,不論在道德之旨、宇宙生成、道教緣起、經籍源流與傳授系統、仙真傳記、內外丹法、齋醮科儀、洞天福地、道教教理教義等,都能有所兼顧。與《雲笈七籤》相較,《道藏精華》較偏向丹道養生之書。但以蕭天石個人之力量,在烽火動亂之際,生死難卜的艱困時代,輾轉將道書護送到台灣,並以一生之力來搜集孤本祕籍,加以審校而後刊行,保留了許多道典免於淪亡,並在每本書前做了題要,介紹該書,使讀者易於明了。這樣的努力,畢竟值得我們推崇。(蕭登福撰)

李叔還、史貽輝編撰《道教典故集》

《道教典故集》，李叔還、史貽輝編撰，1975 年 4 月史貽輝校正，李叔還自印發行，書分上、下二集，共 209 頁。

李叔還（1903～1994），祖籍雲南省呈貢縣，為白夷族人，道號乾道人，李道長幼年隨父親遷居福州，少年仰慕玄門，並受呂祖感召，加入斗堂學習道教科儀，受籙後積功累行，歷次陞授至「上清三洞五雷經籙三天宏道闡法妙濟上卿掌轄雷霆斗府治邪事」法職，成為臺灣「嗣漢天師府」首席大法師。李道長曾奉張恩溥（1904～1969）天師之命，與史貽輝道長、李廷駒道長等人南下高雄，共同創設「正心崇德斗堂」，並成為文武聖殿、天壇斗堂之「啟教師」。李道長本身又是張源先（1931～2008）天師襲職時的「三師」之一，故在教內有「天師弟子，弟子天師」之譽。李道長曾將道教歷史、教義、常識等分門別類，編撰成《道教要義問答》一書，又花費八年時間，完成《道教大辭典》的編纂道務，是華人社會的第一部道教辭典。此外，也曾於 1992 年受臺中縣道教會理事長楊焙元（1935～2016）及總幹事張智雄道長禮請，與師弟史貽輝道長、師侄王忠勇道長，共同整理《道教玄門早晚壇課誦本》，為斗堂傳佈至中臺灣，作了極大貢獻。

史貽輝（1913～2000），福建省林森縣（今福州市閩侯縣）人，道號覺新子，史道長畢業於福建協和大學中國文史學系，渡臺之前，已在福州加入斗堂，曾先後任職京贛鐵路工程局、湘桂鐵路工程局、第六戰區經濟委員會、交通部川中公路工程處、重慶公共汽車管理處、平漢鐵路局等公務機關。1947 年來臺，擔任臺糖公司第三區分公司文書課副課長，後於麻佳糖廠退休。史道長曾通過中醫特考、取得中醫師執照，除受聘為嗣漢天師府大法師外，亦曾任中華民國道教會理事、臺灣省道教會編輯委員、如意保安斗堂《天道》月刊社顧問，也是臺南縣、市數座道教廟宇禮聘舉行齋醮科儀之大法師及傳度科儀三師之一。史道長向有道教「活字典」之美譽，現存道教論文 21 篇，在 1960 至 1980 年代，成為施博爾（Kristofer Schipper，鼎清，1934～）、鮑吾剛（Wolfgang Baner，1930～1997）、龐緯（Werner Banck，1941～2002）、吳新榮（1907～1967）等海內外學者、文人請益道教教理教義之對象。

《道教典故集》所收僊典、事典範圍，始於黃帝而迄於近人王顯齋，時間綜括四千六百餘年，計收道家、道教典故 189 則。此書取材內容，包括正史、子書、道典、丹經、方志、文人詩詞、歷朝筆記、僊傳小說、近代雜誌等，足

以繼《列仙傳》、《神仙傳》、《續仙傳》、《歷世真僊體道通鑑》之後而總其大成，與二位道長之國學素養根柢，有著密不可分的關係。然而，在撰述部分事典時，有時援引之文獻，未以道典、僊傳為優先考量，容或導致可商榷之處，如上集〈捨國修真〉言玄天上帝事典，係援引清代小說《神仙通鑒》與《道藏》所收《報恩經》撰成，但若在編撰當時，能捨《神仙通鑒》而援引《道藏》所收《玄天上帝啟聖錄》，應有更大的說服力；而清代至民國時期所收人物，僅吳淑度、李涵虛、王顯齋等三人，亦略有缺憾處，倘若當時能將清代道教宗派高道之傳記，如中興全真道龍門派之王常月真人、以《易》闡道之劉一明真人、編撰《廣成儀制》之陳復慧真人等，應更能豐富全書之內容。然而，《道教典故集》成書於資訊尚未廣泛流通的 1970 年代，雖有小眚，仍為瑕不掩瑜之作，值得加以肯定。（李建德撰）

莊陳登雲守傳，蘇海涵輯編《莊林續道藏》

《莊林續道藏》，莊陳登雲守傳，蘇海涵輯編，成文出版社 1975 年出版，共二十五冊，7496 頁，收新竹地區世業道壇科儀百餘種。

莊陳登雲（1911～1976，宏圖），新竹通靈壇壇主，為代替林汝梅（1833～1894）、林修梅（1866～1928，元悟）掌理「正一嗣壇」的陳捷三（1861～1901，蘊澄）贅婿莊紫（高琛）之子。

蘇海涵（Michael Saso，1930～），1964 年畢業於耶魯大學，取得「中國學研究」碩士學位，後又取得倫敦大學博士學位，並先後任教於蘇菲亞大學、倫敦大學、夏威夷大學等校，並在夏威夷大學推動召開國際學術研討會。碩士畢業後，隨即來臺從事道教與民俗的研究調查工作，並於輔仁大學語言學院執教，由於執教的地緣因素，從事調查之地區多環繞於新竹一帶，與新竹通靈壇壇主莊陳登雲、金應壇壇主錢枝彩相善，並拜入二位道長門下，多方蒐集新竹地區保留的吳（吳景春，1802～1858，為林占梅幕僚，世代兼修儒、道）、林、陳、莊四氏所傳道教科儀，於 1975 年出版《莊林續道藏》二十五冊，引起新竹道教界的不滿，因而在 1978 年 8 月，將其他道教文獻交由東京都龍溪書舍出版，名為《道教秘訣集成》。但因此，也使國際道教學者對臺灣傳統世業道壇保留的道教文獻益加重視。

《莊林續道藏》所收新竹地區之道教科儀文獻，分為金籙、黃籙、文檢與小法四大類，金籙類別共五十卷，為「五朝醮事」範疇，所收內容包括早朝、

午供、晚朝、宿啟、禁壇、普度、分燈捲簾、振鐘磬、開光、登臺拜表等科儀，以及《三官經》、《五斗經》、《皇經》、《朝天懺》、《皇懺》、《九幽懺》等；黃籙類別共十九卷，為「午夜喪事」範疇，所收內容包括發表、頒赦、煉度、合符、解結、教嫺（教導紙紮僮僕、婢女，以供亡者差遣）、過橋、繳庫、召魂沐浴等科儀，以及《度人經》、《血湖經》、《三元懺》、《藥懺》、《血湖懺》等；文檢類別共十卷，為各種齋醮運用之章表、符咒、秘訣等範疇，所收內容包括吳景春、「正一嗣壇」林修梅、莊陳登雲、錢枝彩等四道壇所運用之文檢、符咒，新竹著名曲館同樂軒（清代淡水廳幕僚、衙役所組成）、長樂軒（1940 年代成立）運用之北管樂譜，以及登臺拜表、醮典遣官將、召四靈之科儀等；小法類別共二十五卷，為閭山系統「紅頭法師」運用之範疇，所收內容包括請夫人（祈請陳靖姑等三奶夫人）、刈鬮、申狀（奏申疏文）、進錢（為齋主拜進財帛，祈求消災免難）、解連（解冤釋結）、賞軍（犒賞五營神兵）、送船（遣瘟）、拜斗、三獻等科儀，以及《關帝明聖經》、《洞淵辟瘟經》等。

　　透過《莊林續道藏》，吾人當可窺知清中葉以來新竹世業道壇舉行齋醮科儀的實務，不同地域在和瘟、送王等科儀之差別，以及新竹週遭知名廟宇供奉神祇的情況。然亦有部分可商榷處，如普度、午供等科儀滲入佛教的真言、讚偈；部分文獻歸類亦有問題，如《解連經》、《明聖經》被劃歸「小法」，但前者為靈寶系統，後者為清代鸞書；編者將閭山與神霄劃歸「小法」，亦略有不當，蓋宋代神霄高道白玉蟾曾大力抨擊閭山法為「巫」，而編者將神霄視為「小法」，實較不符合道教宗派之界定。（李建德撰）

李叔還編纂《道教大辭典》

　　台北市巨流圖書公司，1979 年 7 月一版一印，1981 年二版，2003 年 6 月三版，700 頁。另有杭州浙江古籍出版社，1987 年 10 月第一版，1990 年 12 月第一版第 3 次印刷。

　　李叔還，號乾道人，原籍雲南，自小遷居福州，後隨國府遷臺。抵臺時初居台北，後移居高雄，創辦正心崇德堂任堂主。李叔還為台灣道教嗣漢天師府首席大法師，道教居士會大居士，又為高雄教區道紀司，還曾任高雄市道教會理事長。李叔還頗善於書法，著述甚豐，除《道教大辭典》外，尚有《實用命理學》（1954）、《道教要義問答集成》（1970）、《道教要義問答大全》（1972）、《健康長壽龍門修養法》（1975）、《道教典故集》（1975）、《道教真理講義》（1983）等著作。

　　本辭典對於道教之哲理、教義、道統、法儀、學術、秘典、名稱，以及先聖來歷，道門常識等，博採廣徵，列舉齊全內容丰富，精彩琳瑯！為道門人士必讀之書。內容依部首次序編排，並按字目筆劃順序，條列道教有關詞條計 5600 餘條，全書 47 萬餘言。每條皆考據其出處，註明原書篇名；或錄原註，以為義證。如有意義欠明，或原無註疏者，則加簡明詮釋。各條辭目凡有二義者，均分別條列說明。凡有關他條者，彼此辭略互見；或僅詳甲條，而略於乙條者，則於辭目義證之下，載明「詳某條」，或「參閱某條」字樣，便於檢查。

　　其中，有關道教事物典故者，除據《正統道藏》所有典籍之事物精要，採為基本辭目外，並搜輯《尚書》、《周禮》、《禮記》、《詩經》、《爾雅》、《史記》、《漢書》、《三國志》、《晉書》、《魏書》、《南史》、《唐書》、《五代史》、《宋史》、《通鑑》、《繹史》、《文選》、《楚辭》、《穆天子傳》、《博物志》、《神異經》、《白虎通》、《述異經》、《清異錄》、《風俗通》、《瑯嬛記》、《拾遺記》、《博異志》、《酉陽雜俎》等書，拾萃摘編。

　　有關道教學方面，以《易經》、《老子》、《莊子》三書，擷其要點取作中心題材，並蒐集《列子》、《文子》、《墨子》、《關尹子》、《韓非子》、《鬼谷子》、《鶡冠子》、《天隱子》，及《淮南子》諸書，採其有關道教哲學之要義，與道德旨趣之名言，擇要掇編，加以釋義。

　　有關道家丹鼎修鍊之術者，本書選其最著者如《陰符經》、《黃庭經》、《抱朴子》、《參同契》、《悟真篇》、《洞玄經》、《隱丹經》、《性命圭旨》、《金丹要訣》、《三丰全書》等丹道之書，擷要編列，以供參考。

　　有關道教神祇者，本書對於先天真聖、後天神仙，及社稷神靈等，除極邊僻之神，不見經傳，無從考據者從略外，悉皆搜集編列，並簡述其來歷事蹟。

　　至於成仙成神，及方術士、高隱士等，見諸道書，暨各史書傳記，並各府州縣通志等所載者，選其飛昇、隱化、尸解，與行道、度世等，事蹟較著，或為後人所景仰崇拜者，編列 900 餘人。

　　本書為作者歷經近十年時間，徵經據典，探微揭奧，擇要擷精，可謂兩岸道教辭典開創之作。涵靜老人李玉階在辭典內頁以親筆題文祝賀云：叔還道長編成道門大辭典功同造化天人同慶，『作道學之指南為秘藏之寶鑰』。（劉煥玲撰）

楊逢時編《中國正統道教大辭典》

《中國正統道教大辭典》，楊逢時編，台灣彰化二水逸群圖書有限公司出版，1985 出版，1996 年 6 版。六四代天師張源先校訂推薦，全書分上下兩巨冊，二十五開精裝，共 1173 頁，附圖說明共一百餘幅。

楊逢時，台南人，1948 年生，輔仁大學歷史系畢業，1979 年入選臺北市國術代表隊，從事民俗技藝、宗教研究及武術推展。擔任第六至八屆世界盃國術賽中華隊教練，第十一至十四屆「亞運會」武術國際裁判，文化大學國術系指導老師、國家級武術教練，螳螂拳泰斗，文化大學國術系退休教授。

楊逢時，著述甚豐，除《中國正統道教大辭典》外，尚編著《道壇作法全集》十七冊（1983）；另著有《道符制法》大型符籙施制方法圖文白話解說，刊印三巨冊（1983），公開龍虎派、茅山派等等各派秘符 1276 道，該書凡 30 篇 1693 頁。蘇鼎貴、楊逢時著的《宅元大法》（1987）、《和合大法》（1987）以上著作皆由逸群圖書有限公司出版；另有關武術著作有：《長拳與螳螂門武略論》（1979），《螳螂手拳譜》（1980），《六合棍》（1981），《秘門螳螂攔截拳》（1983）。

《中國正統道教大辭典》，其書內容為道家道教必用常識問答，本辭典的發韌源於逸群圖書公司出版道教五術叢書廣受歡迎，針對海內外讀者對書中疑難及問題編輯部一一就教原書作者及專家學者覆函，並將問題解答集結整理成辭典。楊逢時謂：本辭典編輯難在對道教五術中能有全才者難求，若再詢及淵源及由來，道術、門派典故和出處的話，則更有不逮之處多矣，因此書名雖云『辭典』，不若名為道教五術名詞解析或釋義來得更為恰當。

本辭典書中編排方法按筆劃順序排列，盡可能以圖解方式有助於名詞的詮釋或推衍、推算，使讀者一目了然，文句則以簡潔白話解釋。以《正統道藏》為主《道藏輯要》為輔，至於經典善本、經史子集亦多引用備述，引用古書原文則盡量點注其出處，避免艱深和深奧的學術性語句，盡可能讓本辭典易懂易看，深入淺出。本辭典亦用心蒐錄豐富的台灣道教實況、民間道教習俗及法事科儀：如條目中有〈台灣道士的服裝〉〈台灣道教的法器〉〈紅頭道士與烏頭道士的區別〉〈拉清八卦篩〉等。

張澤洪〈百年道教科儀研究〉一文中：提到第一階段 20 世紀初到 80 年代研究寥落星辰，第二階段 1980～1990 年代臺灣學者對道教科儀的研究、瞭解齋醮科儀歷史及現狀提供了較豐富的資料。其中介紹楊逢時《道符制法》等的

著作。中國社會科學院道家與道教文化研究中心自 1996 年開始聯合組織編修的《中華道藏》和《中華續道藏》等。道教工具書則包括李叔還編《道教大辭典》（1979）、楊逢時編《中國正統道教大辭典》（1985）。所以楊逢時《中國正統道教大辭典》可謂是繼 1978 年李叔還《道教大辭典》，兩岸道教辭典開創之作，後續第二本道教大辭典。（劉煥玲撰）

李剛、黃海德合著《中華道教寶典》

　　《中華道教寶典》，李剛、黃海德合著，中華道統出版社出版，1995 年 5 月 10 日臺灣初版，精裝，414 頁，28.9 萬字，全書先有《前言》及《序》二篇，繼之以專論一篇「大道文化之母—『老水』」，而後以道教文化的精選詞目近一千條編為正文，書末附有「道教大事年表」及「神仙圖」為附錄二篇。

　　黃海德，祖籍湖北宜昌，1953 年重陽節出生於四川省成都市。曾師從馮友蘭先生之弟子李耀仙先生攻讀中國思想史，上世紀 70 年代初，師從著名道教研究學者王家祐先生，探索中國傳統宗教之真諦。曾先後應德國柏林洪堡大學、美國波士頓大學、日本東京大學、香港大學、香港中文大學、台灣輔仁大學、台灣中山大學等大學與科研機構的邀請，赴國內外參加有關中國文化的學術活動及 1998 年度德國柏林大學漢學院訪問學者。研究方向為中國宗教與哲學，中國傳統文化與現代化；專攻道家思想史與道教文化研究。曾參加任繼愈先生主編的《中國宗教大詞典》與《中國道教史》（修訂版）的撰寫工作；主編《道教研究》、《巴蜀道教碑文集成》、《道學文化叢書》等；著有《老子道德經經解》、《中國文化與中國社會》（合著）、《道教神仙譜系》、《中華道教寶典》、《道家思想史綱》（合著）等，並合編過《道教大詞典》、《簡明道教詞典》、《廖平學術論著選集》、《宗教與文化》等書。自 80 年代以來，各項學術及思想研究論文多達數十篇，曾有多篇論文於《中國社會科學》（文摘版）、《中國人大複印資料》轉載。其學術成果先後獲國家古籍圖書獎二等獎、省部級哲學社會科學優秀成果獎、中國哲學史學會獎等八項殊榮。

　　李剛，山西汾陽人。1953 年 8 月 15 日生於四川眉山，1983 年 9 月考入四川大學宗教研究所，拜卿希泰教授為師，學習、研究道教。1986 年 7 月畢業於四川大學宗教研究所，獲哲學碩士學位，並留校任教，專職研究道教。參加了卿希泰教授擔任主編的大型課題《中國道教史》的編撰工作。1995 年 5 月

擔任四川大學宗教研究所所長，1996 年被學校評為博士生指導教師，講有《道教的起源》等課程。現為國家重點學科、教育部人文社會科學重點研究基地—「四川大學道教與宗教文化研究所」任所長、教授、博士生指導教師，主要從事中國道教的研究和教學。自擔任「四川大學宗教研究所」所長和「四川大學道教與宗教文化研究所」所長以來，與道教界的合作日趨緊密，取得了舉世矚目的成就。由於「為發展我國高等教育事業做出的突出貢獻」，於 1998 年獲得中華人民共和國國務院頒發的「政府特殊津貼」。1999 年經激烈競爭，四川大學宗教研究所成為教育部第一批人文社會科學重點研究基地，改名為「四川大學道教與宗教文化研究所」。2002 年，又以全國高校宗教學專業第一名的優異成績，成為國家級宗教學重點學科，2003 年獲得哲學博士後流動站，被海內外視為中國道教研究重鎮。

本著作為中華民國靈乩協會基於復興道教文化之精神，委託時任教於四川道教文化研究所黃海德所長及四川聯合大學宗教研究所李剛教授共同主編，將其精心研究編入本著作，符合當代社會之實際需要，既是提昇神職人員之正道信仰，亦且啟發普羅大眾對道教的正確知見，提高國人對我中華民族珍貴文化資產的認同。作者以蒐輯之道教文化的詞目，依類別精心編排，包括道教的歷史與教派、教義理論、神仙、人物、方術、禮儀、經書、名山宮觀、珍貴文物、道教現狀與研究概況、港臺道教與海外道教研究、道教中華傳統文化等十二類編為本文，內容豐富，敘述明晰，選真集粹，頗有見解，值得供專門研究者參考之用。

中華民族是多民族所形成的一個民族，其文化博大精深浩瀚，源遠流長。要研究中華民族傳統文化，離不開道教。道教淵源於秦漢以前，古老的中國原始宗教行為，由祖先的圖騰崇拜，再擴展到山、川、鬼、神、風、雷、雲、電等自然崇拜，到夏商周時代又增加了占卜吉凶，陰陽五行的方仙術及巫覡等，一直到東漢順帝時，張道陵在四川成都附近的鶴鳴山，創立五斗米道為道教的初端，興盛於唐宋，衰微於明清，至近代猶綿綿若存。道教是中國人創造的傳統宗教，是活動在中華民族居住區域內的眾多族團文化的宗教化產物，實是漢民族與各兄弟民族古代信仰的綜合文化體。近兩千年來，道教通過其長期的宗教修行實踐，對中國古代科技諸如天文、冶金、醫藥、養生（服食、導引、房中等）、建築、治水、農田等方面產生了深刻無比的影響，并在大量道經文獻中記載留存下來。

由於道教為中華民族長久歷史文化所孕育出來的宗教,所以隨著民族融合的特性而產生多元化的道脈及眾多的神仙。道教的神系(神靈信仰)也是各民族和地區的綜合體。古代禹會諸侯,殷伐多方(邦),周合各國,人世的現實實際就是天上假想神化的根源。由神話傳說到宗教神系的建立,是經過歷史的選擇與整合的。哪一族在現實中最具實力(文化與武功),該族的人本英雄及假想神靈也必然在神系中高居尊位。華夏主系(氐羌—漢族)的黃帝、夏禹、后稷,東夷的少昊、東皇太乙,苗人的伏犧、女媧,這三大集團的代表神成了大神。正如先秦時法家、兵家、農家出於中原(氐、狄、姬與羌、夏、姜),儒家、墨家由西遷於東土,名家出於東疆,老子、《山海經》、《穆天子傳》出於西南。就連(西與北)玄武、青龍、白虎(麒麟)、朱雀(鳳)等圖騰物像也具有民族與地區的傳統。從歷史實際考察,道教信奉的太上老君本是氐羌系巴蜀「五斗米道」的君師。

兩位編者指出,大道文化之「母源」,源於黃河流域,「中國」是黃河流域衍生出中華民族大道文化後才立國建都的。古時三皇五帝到黃帝的立國建都,就是靠這一條「老水—母源」孕育出中華民族的命脈,也灌溉了大道文化之根苗而成長茁壯。所以「母源」者就是能生、能養、能造化,才有中華民族大道文化的誕生。弘揚「大道」,是人人共同的時代使命,謹以誠虔敬心表白於人類共同的始祖——中華民族「老水—母源」的大道文化面前,提出下列目標,祈望人人共同依循完成使命:

1. 潛心修行,提昇靈性的光輝。
2. 誠心祝禱,叩求世界災難平息。
3. 惜福造福做環保,愛護地球家鄉。
4. 關懷時運、道運,共同扶持國家社會的安定。
5. 大道文化的宏興不分種族、國家、宗教要齊心合力。
6. 闡揚各自信仰教的優點,揚棄門戶宗派之我見。
7. 提倡世界宗教宏觀理念,促進種族融合。
8. 促進海峽兩岸文化的溝通交流,共同建設大道文化。(熊品華撰)

卿希泰、詹石窗主編《道教文化新典》

台北市中華道統出版社,1996 年 9 月,614 頁。執筆者有卿希泰、詹石窗、郭武、蓋建民、陳融、林拓、連鎮標、林怡、唐大潮、林鳳燕等學者。

　　本書在卿希泰的指導下，由詹石窗具體組織編撰和統稿修改。本書之出版，得到台北市靈原寺的基金資助，為中華道統出版社《中華道統叢書系列》之一。全書計十四部分，除〈導論〉及〈卷後語〉外，分為十二編。每編除引言外，又細分三章。〈導論〉由卿希泰、詹石窗執筆，分述道教文化釋義、道教文化研究的必要性、道教文化研究的學術回顧、道教文化研究的學術原則與方法。

　　〈子編神仙〉由郭武執筆，分述古老神仙思想、道教神仙體系、道教神仙思想的影響；〈丑編道派〉由詹石窗執筆，分述早期道教組織的建立、道教組織的擴展、道教新派的產生；〈寅編金丹〉，由蓋建民執筆，分述金丹術的濫觴與發展、道教金丹術理論和方法之脈絡、道教金丹術與中國古代化學；〈卯編醫藥〉由蓋建民執筆，分述道教醫藥學源流追蹤、道教醫學思想和醫學成就、道教醫學養生方法及其現代價值；〈辰編氣功〉由陳融執筆，分述道教氣功溯源、道教氣功的形成與完善、道教氣功的影響與價值；〈巳編符咒〉由林拓執筆，分述道教符咒及其歷史演變、道教符咒的理論觀照、道教符咒的歷史文化影響與現代啟示。

　　〈午編占卜〉，分述道教占卜的淵源、道教占卜主幹、道教占卜的變體，其中第一章由連鎮標執筆，第二章及第三章由詹石窗執筆；〈未編辨兆〉，分述前道教徵兆觀、道教徵兆思想體系的形成、道教擬兆與圖讖，其中第一章由林怡執筆，第二章及第三章由詹石窗執筆；〈申編堪輿〉由詹石窗執筆，分述道教堪輿學淵源、道教堪輿實踐與學說、道教堪輿與巫術與科學；〈酉編禁忌〉由唐大潮執筆，分述宗教禁忌的理念與道教禁忌的緣起、道教禁忌的發展與完善、道教禁忌與民俗；〈戌編科儀〉，分述古老宗教儀式向道教科儀的轉變、道教科儀的類型與實施件、道教科儀的語言符號學研究，其中第一章由唐大潮執筆，第二章及第三章由詹石窗執筆；〈亥編藝術〉由詹石窗、林鳳燕執筆，分述樂舞戲三聯袂：率情任真的藝術積澱、道教繪畫雕塑與建築、道教藝術的美學闡釋；〈卷後語〉則由詹石窗執筆。

　　全書對道教神仙思想源流、道教發展脈絡以及金丹、醫藥、氣功等奇方妙術、齋醮儀式、禁忌戒律、書法藝術、戲劇舞蹈、雕塑建築的文化蘊含、符號功能、美學旨趣、道門技藝內涵進行了新的探索或破譯，其內容廣涉文史哲和傳統科技諸多領域。不但對於全面把握中華道統文化精髓具有深刻啟迪價值，而且對於當代「神秘文化熱」也將具有獨到的匡正作用。（江達智撰）

陳廖安主編《中華續道藏》

《中華續道藏》，陳廖安主編，屬於道教叢書性質。此書封面上雖掛名龔鵬程、陳廖安主編，實際上是由陳廖安編纂。據《中華續道藏》〈初輯凡例〉所說，該套書旨在承繼明代《正統道藏》及《萬曆續道藏》後未收道書而纂輯，凡是此兩部道書所未收者，都是《中華續道藏》編輯範圍，「擬以大規模搜集道書寶典符文修持百家名著，作有系統之整編，預計修纂五輯，每輯二十冊，十六開本，四合一頁，每冊約八百頁，全書出齊共一百巨冊，并編製工具索引，提供使用者之方便。」〔註1〕此書之第一輯《中華續道藏初輯》，已於1999年5月，由台北，新文豐出版公司出版。

陳廖安，國立臺灣師範大學國文研究所博士，曾任台北指南宮道教學院教務長、台灣師範大學文學院人文教育研究中心主任、台灣師範大學實習輔導處實習輔導組組長。現任教於台灣師範大學國文系。研究專長有：經學、曆學、易學、道教學、文字學、文獻學，在台灣師範大學國文系開設的課程有：文字學、《左傳》、《訓詁學》、《史記》，發表的研究論文有數十篇，出版的專書有：《朱庭珍《筱園詩話》考述》、《春秋曆譜朔閏研究》、《春秋曆學研究》、《顧棟高春秋曆學研究》。

《中華續道藏》編者擬把搜集來的道書，歸類為：仙真傳記、宮觀地誌、經典教義、百家眾派、丹道養生、科儀軌範、道法方術、教外道典、戒律善書、道教支系、道教文學、古佚道書、敦煌道書、域外道書、新輯道書、文物史料、論著選輯、目錄索引等十八個類目；至於分類未盡者，則以〈補遺〉處理。

《中華續道藏初輯》主要以仙真傳記、宮觀地誌、經典教義之著作為範圍，各類目著錄之原則：仙真傳記類，以通史性之列仙群真譜及道派法系之記載為主；宮觀地志類，以道教靈境之山志、道廟宮觀為主。經典教義類，以老莊、呂祖及道家道經相關著作為主。初輯全書著錄一百八十種道書，凡一千五十五卷。計有仙真傳記十一種，一百三十七卷（第一、二冊）；宮觀地志二十五種，二百二十七卷（第三至六冊）；經典教義一百四十四種，六百九十一卷（第七至二十冊）。

《中華續道藏》在分類上太雜散，且沒法涵蓋所蒐集到道書的全部範疇，以致於在分為十八類後，又會有〈補遺〉的預設，而《中華續道藏初輯》〈初

────────────

〔註1〕《中華續道藏》〈初輯凡例〉。

輯凡例〉說：「至於章回體裁之仙話，單篇別行之傳記，仙佛合宗之傳奇，道
釋并容之廟志，碑誌石刻之史料，以及道經道書之彙刊，列真心法語錄等等，
基於部類分屬之考量，將俟另類處理。」這種情形是一面編纂一面收集，未能
預測將收到何種道書，所以無法先做通盤考量，以致有此現象。其實參考《正
統道藏》十二類之區分及張繼禹《中華道藏》的分類方式，也可以使分類簡化
些。

　　陳廖安《中華續道藏》原擬編纂五輯，但自從 1999 年《中華續道藏初輯》
出版後，未見有第二輯出版，可能和道書收集不易，善本難得，以及工作繁忙
有關。我們希望在不久的將來，可以看到二至五輯的完成。（蕭登福撰）

蕭登福著《正統道藏總目提要》

　　《正統道藏總目提要》（上、下冊），蕭登福著。臺北文津出版社，2011 年。
　　道藏經書之造作，早在漢世已多，如：《苑秘》《枕中書》等。而《後漢書》
《抱朴子》等書所載道教典籍、圖像、修仙之方等，都應該是戰國至兩漢間所
撰成。作者謂周秦兩漢道書雖然多，但被保留下來的並不多。見諸《正統道藏》
的僅數種而已，或者有而被併雜入後世諸作中，亦未可知。自魏晉南北朝而後，
道書的撰造更為快速，數量亦更多，於是有人開始留意《道藏》的纂集。《道
藏》的纂集始自劉宋陸修靜，其後經唐宋元明清歷代屢毀屢編，今日所見為明
代英宗正統年間所編的《正統道藏》，及明神宗萬曆年間的《續道藏》，一般都
把這兩種道藏合刊在一起，仍以《正統道藏》為名。

　　《正統道藏》所收錄的道典，有極短者不滿百字，如《高上玉皇胎息經》
僅 88 字；有極長者可達數百卷，如《靈寶領教濟度金書》達 322 卷，長短篇
幅相去極為懸殊。作者指出研讀道典困難處甚多，其大者有七：

　　其一，撰作者及撰作年代難斷，難以放在同一朝代中來論述。

　　其二，道書大都「學」與「術」相雜，有學有術，困難度高。

　　其三，道教流派多，異說更多，如神祇名諱、修煉方法等，往往不同，甚
或相違。

　　其四，《正統道藏》分類雜散，同一性質之經而歸類不同，學者難以翻
查。

　　其五，道經常用駢句、典故，文字華麗，但除對文學有素養者外，一般民
眾不易了解文義，難以掌握字句中所要表達的意義。

其六，道教名相多，且常是異名而同實。而道經常不採直接敘述，愛用象徵性的名相，這種現象在丹鼎修煉上特多，內外丹之名相，同實異名者多如牛毛，初學者難以細辨。

其七，道教專用辭書字典太少，許多名相無法在辭書中查到。

在上述諸項中，以第一項道經的撰作年代最為重要，最為基礎。作者認為一本書如不能斷代，如何去談論它的沿承和影響，如何去討論它所代表的時代意義和價值。

本書包含《正統道藏》及萬曆《續道藏》二部道藏之提要。《正統道藏》所收錄的道典計有一千四百一十九種道經，再加上《續道藏》五十四種，總共一千四百七十三種道書；所以本書所撰成之道經提要有一千四百七十三條。其中有的道書年代容易考定，有的難以論斷。難以論斷者，作者即據六朝道書相徵引，北周、唐、宋等道教類書所引，歷代書志所載，各朝代哲學、神學演進不同等因素，並參考相關佛經撰譯年代，為每一本道書論斷其撰成年代。

本書撰作緣起於 2009 年 10 月作者於國際研討會後思考學者提問，因自 2010 年 3 月下旬起，將《正統道藏》及《續道藏》所收道書，一一考證其撰作年代，敘述其內容，至 2011 年 7 月中旬完成。（林翠鳳撰）

第四章　道教哲學與文學藝術

第一節　道教哲學

趙家焯編撰《道學重溫》

　　《道學重溫》，趙家焯編撰，中華大典編印會、中華學術院道學研究所
1980 年 8 月出版，道學雜誌社發行，硬皮精裝，225 頁。

　　趙家焯（1902～1982），道號存神，湖南省桃源縣人，北平民國大學政治
經濟系、陸軍大學乙級將官班第一期畢業，並赴湖南建國法政專門學校進修，
考取湖南省第三屆縣長，歷任湖南茶陵、江西新淦、貴州普定等縣縣長及中
華學術院道教文化研究所所長。在軍職方面，歷任連、營、團、旅、師、師
部、軍部、省保安司令部參謀長，1947 年 11 月授少將銜，任集團軍司令部
高級參謀、中央訓練團將官班力行委員會主任委員等職，陞任中將。又獲選
擔任第一屆立法委員，於多會期擔任國防委員會召集委員。趙道長世代奉道，
有感於宏揚固有民族文化之重要，遂於 1931 年赴江西省青雲譜，與李德禧
道長等同參全真道，渡海來臺後，與六十三代天師張恩溥（1904～1969）義
結金蘭，弘揚道脈。先後歷任臺灣省道教會、中華民國道教會理事長、道教
世界總廟總住持，因功陞授第六十八代宏道大師。趙道長為張源先（1931～
2008）天師襲職的「三師」之一，曾兩次赴東南亞及美國宣揚道教，對道教
教義、教策、教典、教儀之整理與闡發，不遺餘力。著有《政略學及政略原
理》、《道教通詮》、《道學重溫》等書，並於 1958 年 12 月創辦《道學雜誌》，
在弘道宣教方面，有不可磨滅之貢獻。

　　《道學重溫》係趙道長自《道學雜誌》創刊號（1958 年 12 月）至第三十期（1978 年）所收自作輯出，依據教義、教儀、教策、教規、教務等五部分門別類，另附〈附錄〉五篇。〈教義之部〉收二十四篇專文，內容大致涵括道家思想、道教修煉功法、《道藏》之意義等面向；〈教儀之部〉收五篇專文，包括早晚功課搭配之經韵樂章、道教宮觀早晚功課儀程、張源先道長襲天師教職之受籙硃表，以及站在民族宗教之文化認同立場上，建議有關當局對蔣介石（1887～1975）逝世祭典應採用道教儀式辦理的質詢稿；〈教策之部〉收十六篇專文，包括提出興建道教世界總廟之構想與具體辦法、舉辦九皇護國法會之意義、發起成立中華民國道教會之宣言等，以及針對當局以「提倡節約，改善祭典風俗」為由，實則放任民眾慶祝西方一神教「聖誕節」狂歡的政策，以民族文化認同之立場所提出之質詢稿等；〈教規之部〉收七篇專文，包括道教世界總廟之管理制度、道教居士會組織章程、道教會章程、取得道教徒身分「復禮傳度」與神職人員身分「奏職」之規定等；〈教務之部〉收五篇專文，內容係綜述民國肇建至 1961 年的道教發展、1975 年臺灣省道教會成立十八年之教務發展報告，以及提出道教永續發展之面向。而〈附錄〉所收〈九皇護國法會榜文〉、〈九皇護國法會法務委員名單〉、〈恭祝玉皇大帝聖誕表文〉與〈大居士題名錄〉，則可看出臺灣道教各宗派在當時廣納在地宮觀（如大龍峒保安宮、木柵指南宮、花蓮慈惠堂）及新興扶鸞團體（如臺中武廟明正堂、臺中聖賢堂）乃至於部分「會道門」成員的現象，具有時代性的意義。

　　要之，趙道長綜理臺灣道教界二十餘年，復具有民意代表身分，故在提出宗教建議時，能有較具學養根柢而不失宏觀之論述，值得加以肯定。（李建德撰）

孫克寬著《寒原道論》

　　《寒原道論》，孫克寬著，聯經出版事業公司 1977 年 12 月出版（後曾於 1981 年再版），硬皮精裝，347 頁。

　　孫克寬（1905～1993），原名至忠，號靖金，改字今生，號繭廬（又作「簡廬」），安徽省舒城縣人，為孫立人（1899～1990）將軍堂侄，1921 年入北平私立中國大學修習法學，1923 年畢業離京，1928 年，赴安徽省參加縣長甄選，受前貴池縣長徐傳友青眼舉薦，並引為佳婿。1930 年，與德配徐靜宜（1903～1971）女士成婚，同年奉派任石埭縣長，1931～1933 年，先後掌篆靈璧、宿松二縣，1937 年抗戰爆發，遂轉赴川、滇二省，戰後受時任內政部長張厲生

（1901～1971）重用，任參事兼主任秘書一職，後逢時局因素，於 1949 年渡海來臺，受族叔孫立人將軍邀請，任陸訓部少將參議，同年年底，受邀轉赴屏東中學任教，講授文史課程。1955 年，受曾約農（1893～1986）、戴君仁（1901～1978）邀請，轉赴東海大學中文系任教，時與徐復觀（1904～1982）、孔德成（1920～2008）、王靜芝（1916～2002）等學者以詩文相酬唱，並陸續開設詩選、杜詩等課程，1971 年，因妻子罹癌病逝，其女孫奇女士返國奔喪，並在孫教授辦理教職退休後，將其接往加拿大同住，同享天倫。赴加國後，孫教授仍持續從事元史、道教、古典文學等面向之研究不輟。

孫教授研究領域涵括元史、道教史、古典詩學，曾撰有《元初儒學》（藝文印書館，1953 年）、《杜詩欣賞》（臺灣學生書局，1962 年）、《宋元道教之發展》（東海大學，1965 年 5 月）、《分體詩選》（臺灣學生書局，1967 年）、《元代道教之發展》（1968 年 11 月）、《元代金華學述》（東海大學，1975 年）、《寒原道論》等專書十五種，並撰論文九十餘篇，分見《大陸雜誌》、《中國詩季刊》、《東海學報》、《孔孟月刊》等期刊，其中的道教研究篇章，計十九篇。

《寒原道論》為論文集形式，共收〈唐代道教之發展導論〉、〈唐以前老子的神話〉、〈唐代道教與政治〉、〈元代南儒與南道〉、〈元虞集與南方道教〉、〈元代的一個文學道士——張雨〉、〈明初天師張宇初及其《峴泉集》〉等七篇，皆為孫教授赴加國長住時所撰。〈唐代道教之發展導論〉、〈唐以前老子的神話〉、〈唐代道教與政治〉等三篇，環繞在老子神格化的濫觴與流變、唐代道教發展之外緣因素等面向；〈元代南儒與南道〉、〈元虞集與南方道教〉、〈元代的一個文學道士——張雨〉等三篇，討論元代知識份子基於文化認同立場而採取遯跡玄門、和會儒道的方式；而〈明初天師張宇初及其《峴泉集》〉則探討在歷代六十三位天師中，詩文數量最多且能挺立自身學術思想的第四十三代天師張宇初（1359～1410）與其專書著作《峴泉集》（德案：詩文數量居次而學術思想益佳者，則為北宋末年的第三十代天師張繼先〔1092～1127〕）。

據林富士先生〈臺灣地區的道教研究書目（1945～2000）〉統計，戰後臺灣最早發表道教學術研究篇章及出版專書的學者，皆為孫教授（〈元初正一教與江南士大夫〉〔1952 年 5 月〕、《宋元道教之發展》〔1965 年 5 月〕），在臺灣道教學術研究史上的地位，可見一斑。且孫教授在書中提出以現代學術訓練立場，從文獻、民俗、思想演變等三面向整理、解析道教，亦為平實可行之道。

（李建德撰）

趙家焯講述《道教講傳錄》

《道教講傳錄》，趙家焯講述，道學雜誌社 1971 年 6 月出版，平裝，144 頁。

趙家焯簡介，見李建德撰〈《道學重溫》提要〉。

趙道長在《道教講傳錄‧自序》提及，此書的撰作，係因受宗教文化研究中心及道教徒邀請，就「道教理論」為題，前往該中心進行十餘次專題演講，將近五萬餘言，由「如何認識道教、道學」立論，再就道學所涵攝之理學、玄學、神學逐次論述，進而拈出趙道長認為道教在教理教義層面的中心思想。且因當時海內外學者從事道教研究時，多由人類學角度出發，著重於齋醮科儀的層面，認為了解宗教的儀式就能了解該宗教的本質，趙道長有感於此，遂將其觀點發而為文。

趙道長以意逆志地認為，古代道教各宗派的祖師高道弘道設教，應具有其理論、理想、遠景、目標，若能將各宗派的思想加以推擴，則可窺知道教的中心思想、教理教義所在，此方為道教之真精神所在。故道家以「道」為研習思想的根據，道教以「道」為修煉的常軌，兩者同以「道」為根本，因此，趙道長就道教學者與道教神職人員兩橛分別立論，指出「研道而不信教，則未能通道；信教而不體道，亦止在下乘用功而已。」又說「學者每惑於出世之清，而忘其入世之貴，每觀其儀法之舊，而忘其理論之尊」，偏執一橛者，皆有所不及，唯有兼具「明道、守道」與「明教、守教」者，方可稱作「有道之士」。其論甚啻。

在〈如何認識道教〉一文，趙道長以漢民族固有文化、固有宗教的出發點立論，認為一般社會大眾對發源自中國的唯一固有宗教——道教，由於其內容與社會風俗息息相關，故早已習焉而不察。因此，應當重新認識道教，並提出依次瞭解道教的理論（道學範圍、研究程序、中心思想）、實質（宗派傳承與發展史、未來展望）、形式（神祇、經典、戒律、宮觀與家庭焚修、混淆宗教認同的原因等）等三步驟。此認識論的系統頗為緊密，且能兼包形上、形下，值得肯定。

〈甚麼是道〉先就文化道統立論，提出「北孔（衍聖公）、南張（張天師）」兩人物，作為傳統文化「崇儒重道」的象徵。進而引證《道德經》、《南華經》與歷代子書、道教經典，拈出「道」的定義，並認為道教尊崇孔子，係肇因於孔子思想承襲固有民族文化的宗教思想作結。

　　趙道長在〈道學〉文中，則將道家思想概分為上乘「理學」（涵攝哲理、倫理、性理，並分別衍生各種學科）、上上乘「玄學」與最上乘「神學」，並對各自衍生的學科、神學日用修煉的工夫（天人相發、天人相應、天人相顯、天人相通、天人相感等五種途徑）、終極關懷之境界（神妙之境、神化之境、神明之境、神靈之境、神同之境）一一析論，能成一家之言。

　　〈道教要義──道教中心思想〉文中，趙道長認為道教具有獨特的「本能論」（中）、「本體論」（有）、「本命論」（動）、「本形論」（大）、「本性論」（德），亦出入經籍、多方引證，頗為擲地有聲之論點。

　　總的來說，趙道長在提出一己界定的道學思想觀點時，因其學養根柢甚深，故能形成一自成體系的宏觀、縝密論述，值得加以肯定。（李建德撰）

黃兆漢著《道教研究論文集》

　　《道教研究論文集》，黃兆漢著，香港中文大學出版社 1988 年 7 月出版，平裝，262 頁。

　　黃兆漢（1941～），香港人，1967 年畢業於香港大學，以主修中國文哲獲得一級榮譽文學士學位，旋即考取同校研究所，從饒宗頤（1917～）、羅忼烈（1918～2009）教授治金元詞，於 1969 年獲得文學碩士學位，其後負笈澳洲國立大學，從柳存仁（1917～2009）教授、張磊夫（RafedeCrespigny）博士治道教史，於 1977 年獲得哲學博士學位，並先後於澳洲墨篤克（Murdoch）大學及澳洲國立大學二校之中文系任教。1981 年返回香港，於香港大學中文系執教，由講師歷次升等至正教授，主要講授詞曲史、戲劇史與道教史，其間亦曾赴法國高等研究院、澳門東亞大學分別講授道教史、詞曲史兩門課程。後於 1998 年提早退休，移居澳洲十載。黃教授在學術著作方面，側重於道教、詞曲、戲劇等領域，著作專書三十餘種。以道教研究而言，黃教授曾著有《道教研究論文集》、《明代道士張三丰考》、《道教與文學》、《中國神仙研究》、《道藏丹藥異名索引》等書，其他如《金元詞史》、《夢窗詞選注釋》、《清十大家詞選》、《二十世紀十大家詞選》，亦為膾炙人口、頗獲好評之著作。且在學術領域之外，黃教授精通傳統繪畫，九歲即從師李鳳公（1884～1967）、梁伯譽（1903～1979）二先生研習花卉、人物、山水，十一歲作品與同門師友共同展出，被稱為「神童」，其後歷經多年創作並開班授徒，已公開舉辦展覽十餘次，可見其藝術造詣。

　　《道教研究論文集》由九篇論文集結而成，黃教授將全書分為四區塊，一是明清道教歷史的研究，包括〈明代的張天師〉、〈張三丰與明帝〉、〈清代道教西派命名、活動及道統考〉、〈從道書的形成看清代文人的宗教生活〉等四篇，二是民間信仰的研究，即〈玄帝考〉、〈黃大仙考〉等兩篇，三是道教文學的研究，涵括〈全真教祖王重陽的詞〉、〈丘處機的《磻溪詞》〉等兩篇，四是道教法器的研究，即〈木魚考〉一篇。〈明代的張天師〉肯定當時的天師對於保存、整理道教文獻及道教文化史上，有不容忽視的貢獻；〈張三丰與明帝〉梳理史冊與道教文獻中，洪武、永樂、正統、嘉靖諸帝對張三丰封贈之背後意義與真偽程度；〈清代道教西派命名、活動及道統考〉考訂大江西派之系譜、成員事蹟、扶乩場所、道典品帙；〈從道書的形成看清代文人的宗教生活〉透過清代《張三丰全集》分析李西月等西派成員的宣教方式，包括編纂道書、依託古撰、編寫道經、註釋道經、扶乩、研究事蹟等六項，並對該文獻所收著作之內容進行分析、考訂；〈玄帝考〉先分析「玄武」由先秦的龜轉變為東漢的龜蛇之文獻始末，再就政書、方志、道經、小說考釋歷代崇奉玄帝的景況與其背後因素；〈黃大仙考〉就《金華赤松山志》、《金華游錄》及志書、道典、晉至宋之詩文，分析由金華傳至廣東再遞傳到香港的黃大仙信仰之源起與歷代崇祀情形；〈全真教祖王重陽的詞〉對王重陽詞作之內容、意蘊及藝術手法、影響進行分析，認為馬丹陽受其影響最深，而丘長春受影響最淺；〈丘處機的《磻溪詞》〉肯認丘長春《磻溪詞》內容意蘊及歷史價值在金元文學上的價值；〈木魚考〉對木魚由警眾的「直魚」演變為誦經的「團魚」歷程，運用政書、釋典、詩文、筆記詳加考證，認為明代始完成此變革。

　　總的來說，本書運用多方文獻針對道教宗派史、道教文學、神祇信仰、宗教法器等四面向展開豐富而紮實的討論，雖立論較早卻無前修之病，故能啟迪後學，廣受繼起研究者之引用，可說是本書在道教學術研究上的一大貢獻。（李建德撰）

龔鵬程著《道教新論》

　　《道教新論》，臺北臺灣學生書局 1991 版，凡五主題，平裝 25 開本，334頁，為台灣學生書局中國哲學叢刊系列之一書。

　　龔鵬程，現任中國北京大學中國語文學系文藝理論教研室教授，曾任南華大學與佛光人文社會學院的創校校長、中華道教學院副院長、國際佛學研究中

心主任，北京清華大學客座教授、北京師範大學特聘教授等職。曾獲 1993 年中山文藝獎：文學理論類。學術論著無計其數，約可分成文學理論、美學、中國文學、史學、宗教、哲學、文化、散文與時論，其中宗教類的重要著作有《佛教與佛學》、本書與《道教新論二集》等。

　　《道教新論》有五個討論主題，作者認為現今所流行詮釋中國宗教的模式，多數是文獻整理與校勘分析，經常忽略反省分析歷史現象的觀念與思維，與抓住一個宗教的核心問題作論述，故藉本書作反省，推闡新見。第一篇「導論：理性與非理性」；此篇主在剖析近代宗教研究無法合理發展的根本原因。從無神論討論起，以嚴復的理性精神講科學證據討論其鬼神觀、與胡適以新文化運動打倒迷信達民主科學精神，討論宗教的理性與非理性，並認為五四運動後，新史學與科學方法竟然對於道教研究無所建樹，呼籲當今學者該改其研究方式，重新出發。第二篇道門文字教—道教的性質與方法；從道教的自然創生經典的觀念著手，討論道教認為自然垂文結氣成字，形成天書為文明之本的意涵，並剖析道教的文字信仰即為其信仰的核心，由此發展出的符、訣、咒、印都為文字崇拜的產物，並以此理論與外來的佛教、耶教與回教論證道教的特出性。第三篇受天神書以興太平—太平經釋義；作者以「受天書以開太平」說明太平世的構想，並認為太平道為一個宗教政治組合，整體組織秩序由天書所規定。另，作者大肆批判近代史家只引其黃巾之亂的亂字，就歸於農民革命的研究方式，於是作者討論「太平將至」、「立致太平」、「力行真道」的教義，主要教人力行行善積功，以實踐建立在人間的太平天國。這種「平治天下」的境界，從蜀所設立的 24 治，可視為平治天下的體現，且以治病作為傳教的手段，採「用符」、「上章」、「生死簿」、「通氣」、「任使」、「姓名錄」來治理整個龐大組織的教團。最末以《太平經》討論道教的發展，而以「不捨世而超脫」論道教，定義為一種世俗化與神聖性統一之宗教。第四篇成玄英《莊子疏》初探；此篇以與郭象注不同的第一部道教莊子解來定位成玄英的《莊子疏》，有別於成玄英注疏《度人經》只單純為道經注釋，作者認為《莊子疏》裡的注疏，有反思的想法，對道教思想有開展性的貢獻。此外《莊子疏》還吸收了佛教思想，常引《西昇經》作註解，批判貶抑儒家與墨家，企圖說明道教不僅能治身，且能真治世。故透過成玄英的《莊子疏》可以理解唐代初期義理的發展狀況。第五篇《陰符經》敘論；為作者整理《陰符經集釋》的一部份，有兩個重點討論，一就成書年代與著者，認為《陰符經》於李筌前已問世，故非李筌所能偽造，

《黃帝陰符經》確定為後人所假託，著者與著時不可考。二整理諸《陰符經》注本，依朝代闡述《唐書》、《通志》、《宋史》、《明史》、《清史稿》、《四庫全書》與《道藏》裡的注本，並論證《陰符經》實非李荃所偽造。

本書為作者的五篇文章所集，討論主軸有五：一宗教的理性與非理性為議題，論述鬼神與科學；二以文字立教的概念論道教；三批判近代學者以農民革命論太平道，以《太平經》裡的「受天書以開太平」重新審視太平道；四關心被忽略的成玄英《莊子疏》裡道教思想的背後意含，以觀察唐初義理發展狀況；五整理與考據《陰符經》注本與確認該書非李荃所偽造。從這五個討論議題、討論方式、切入面向與最後結論，讀者可以獲得斬新的觀點，如認為道教為一文字教，此說打破以往論道教的諸學說。又如以道教思想切入看成玄英的《莊子疏》，並重新詮釋重玄派，都為創新觀點，書名題為「道教新論」，實是名至實歸。此外本書大篇幅的剖析與討論《太平經》，無論是理論結構或是教團組織、教義規範，到與漢代的政治關係等，除完整討論《太平經》一書的理念，也與實質太平道的發展作結合，並以李豐楙〈當前《太平經》研究成果及展望〉一文收為附錄，討論面向與資料完整度實為研究《太平經》的重要論著。（蕭百芳撰）

張憲生著《唐代道教重玄派研究》

《唐代道教重玄派研究》，張憲生著，新北：花木蘭文化出版社，2009 年初版。16 開本，精裝，約十三萬餘字，148 頁，收於《中國學術思想研究輯刊》第二編第二十冊。

張憲生，台灣台北人。台灣文化大學史學系學士、史學研究所碩士、博士。現為慈濟大學專任教職。主要學術領域為唐代思想史、宗教史與數術史。

《唐代道教重玄派研究》，本書共分六章。首先論《本際經》的創發，對佛教學理進行初步的消化，并且重新檢視傳統的道教修練觀點，成為隋唐時代重要的教義典籍。之後在成玄英、李榮的《老子》相關註解中，充分發揮關於老子學說的體悟，在世學與修身上並立，成為道教學術的高峰。在民間則有王玄覽的《玄珠錄》，以自己修練的基礎領悟傳統經典中的內涵，以成玄英、李榮交互輝映。

唐玄宗時期出現司馬承禎、吳筠等思想，將人人皆可成仙加以體系化的說明，使得《坐忘論》經由重玄思想的啟發，開展道教修練體系上的重要建設。

玄宗時期的《道德經》註疏中，以理身、理國作為焦點，全面吸收前人觀點，與傳統道教有著一些距離。在方法上，承襲了成玄英、李榮的思辨架構，開展不同的探索空間，偏向哲學的進展。

杜光庭為唐末重要的重玄派學者，一方面重新省思玄宗註疏，一方面重新肯定道教的修練意涵，成為唐代道教的集大成。之後，下開宋真宗、徽宗等帝王醉心道教老子學說的研討，也對於道教性功修練提供一條可行的觀點。

關於重玄派的提出，最早是蒙文通先生首先提出，並陸續整理了一些關於重玄派的重要道教史料。之後，日本學者藤原高男和砂山稔、中嶋隆藏等學者繼續探討，其中砂山稔《隋唐道教思想研究》，可以視為日本重玄研究上重要的里程碑，得到相當豐富的成果。盧國龍《中國重玄學》、《道教哲學》關於重玄學思想著作，討論重玄體系作品逐漸豐富，之後李申、鄭燦山等相關論文繼出，豐富了重玄學的探討。簡言之，重玄派基本上是繼承魏晉以來道教老子神話與學說的探討，以玄學的有無之辯，繼之佛學的真空、妙有的觀照，在鳩摩羅什傳入中國的中觀體系後，道教在道、釋兩教對立論難上，也相應產生進一步的反省，產生援佛入道的教義探索，確立以老子為核心的體系建構之路。（郭正宜撰）

第二節　文學藝術

李豐楙著《六朝隋唐仙道類小說研究》

《六朝隋唐仙道類小說研究》，臺灣學生書局 1986 年四月初版，凡七章，平裝 25 開本，382 頁。中研院研究員李豐楙博士從 1986 年起，主編《道教研究叢書》，該叢書旨在彙集台灣研究道教的論文與專著、翻譯與介紹國外道教的研究，以及編整道教相關資料。本書為該叢書的第一本書，可見有其重要地位與開創性。

李豐楙，現任台灣中央研究院古典文學研究室兼任研究員。李豐楙先生為台灣重要的道教研究學者，1978 年國立政治大學中國文學研究所博士畢業後，1992 即任中央研究院研究員，迄今。1994 與 1997 獲台灣國科會傑出研究獎。主編《中國民間信仰資料彙編》第 1 輯等，《民俗曲藝叢書》69 冊仍持續編輯中。專長於道教文學與道教文化的研究領域，目前集中於五端方向研究，一是「道教文學」，主要討探討中國文學與道教之關係，如仙遊詩、道教文化等，

本書即屬此類研究。二是「道教調查」,目前以正一、丹鼎為主,透過經典與歷史文獻的研究,結合田野作調查。三是「華人宗教」,將道教研究擴大到觀察華人諸信仰的形成,與移民社會的關係。四是文化思維,觀察節慶、廟會的常與非常。五是身體文化,討論道教修養的形神與性命身心之學。

　　全書分七章,第一章緒論;旨在建立全書的根基,先論主題「仙道小說」的特性與範圍,可分成兩類,一類如《漢武內傳》屬於紀錄有關仙真的筆記小說,另一類為到唐代才集大成的孫廣嘯旨與創業小說等。次論研究仙道小說要考量的諸多問題,除要考查宗教動機,又得確認文學地位與價值,因此造構者的動機、撰寫者透小說表達的宗教意含等問題,為研究仙道小說時,必需注意的研究細節。第二章漢武內傳研究;從漢武內傳與道經的關係、在六朝隋唐文學中的衍變、以及在唐與其後道經裡的衍變三方面,來討論《漢武帝內傳》一書。第三章十洲記研究;此章先論述十洲三島為道教仙境的代表外,也為六朝後逐漸形成的洞天福地名山嶽瀆的仙境之基,以此再討論王靈期靈活運用當時真形圖的存思與冥想的修行方式,導入十洲記,創造出上清經系的新仙境說,影響五代杜光庭《洞天福地嶽瀆名山記》,是以十洲記為基礎,加入名山嶽瀆撰著而成。第四章洞仙傳研究——洞仙傳的著成及其思想;作者認為現存《洞仙傳》為斷簡殘篇,故本章先從歷代著錄版本作考證,得《雲笈七籤》所保存的版本為要。再藉《雲笈》本,推論原《洞仙傳》的編次狀況。三因《洞仙傳》以《真誥》為藍本,探討《洞仙傳》與《真誥》裡神仙等級、甄命授、稽神樞的洞天概念。最末則將《洞仙傳》仙道思想的洞府仙真、法術與歌訣作討論。第五章道教嘯傳說及對文學的影響——以孫廣「嘯旨」為中心的綜合考察;此章討論重點有四,一從道教未形成前的嘯切入,剖析其發展,且從《抱朴子》裡趙炳與徐登兩位方士的記載,論證嘯到六朝時與上清經系的仙真結合,是一種神秘的法術。二是因文士之好追求隱逸之風,嘯作為養生練氣之術,在六朝時期形成風尚。三討論孫廣所撰著的「嘯旨」,為嘯法與嘯歌整理、嘯法的說明,並將共通的修煉法作總結,為研究「嘯」最珍貴的文獻。四討論嘯法在唐的衰微,與到明清成了文人風雅之談的沒落演變。第六章唐人創業小說與道教圖讖傳說——以神告錄、虬髯客傳為中心的考察;此章作者分成三個部份分別討論創業小說之起因、產生與傳說。起因部分,因李唐創國不易,此時流行以此為題仿自漢圖讖之學的創業小說,透老子轉生的「李洪傳說」,產出許多如《洞淵神咒經》類的相關道經。二產生的討論,作者認為唐王室利用「李

弘圖讖」，將弘轉為洪與水作連結，為李淵找到當帝王的合理性。三傳說部份，從「有關李密的兩種傳說」、「李淵受命的瑞徵傳說」、「李世民為真命天子說」、「武周前後的李弘傳說」、「唐代的桃李子歌」五大類逐一整理與說明。第七章結論；強調仙道小說具有宗教與文學的雙重特質，在大時代環境背景下，各自創造出自己時代風格的作品，對於唐後的宗教信仰與文學發展，有啟後的重要地位。

　　有關於道教文學的研究，李豐楙先生為此領域的重量級學者，從 80 年代開始發表《六朝仙境傳說與道教關係》、《誤入與謫降：六朝隋唐道教文學研究論集》等，到 1986 年的《六朝隋唐仙道類小說研究》，則為李豐楙多年道教文學研究的結晶，因此本書雖討論五本（類）仙道小說，實則每一章都能獨立自成一格，但章與章間卻又有時空的關連性。此外本書發揮了作者將信仰、思想、文學等融會貫通的研究長處，更著重在每一仙道小說與文獻資料的考證，細膩的提醒研究該仙道小說所需注意的問題與方向。此外如作者對於本書主旨所言，仙道小說具有宗教與文學雙從特質，而六朝為上清經派蓬勃發展之時，難得的是本書討論的雖是仙道類的文學作品，卻都能看到李豐楙先生從小說中找到上清經系的影子，抽絲撥繭後，為該仙道類小說，找到背景源流與轉關發展之鑰，也解決了相當多道教史、文學史上的重要問題。（蕭百芳撰）

黃兆漢著《道教與文學》

　　《道教與文學》，黃兆漢著。臺北臺灣學生書局，1994 年 2 月。本書是作者有關道教與文學研究的八篇論文集。

　　作者曾任香港大學中文系教授，擅長繪畫、書法。道教專書有《道教研究論文集》《中國神仙研究》等。

　　〈李賀詩歌中的反神仙思想〉指出：李賀反對一切求仙的事。他反對服藥求仙，如〈苦晝短〉、〈拂舞歌辭〉等是諷刺當朝好於服藥求仙的憲宗皇帝；他抨擊方士道士不遺餘力，如〈馬詩〉中數首；〈昌谷詩〉〈蘭香神女廟〉反映當時百姓崇拜神仙的共同好尚，李賀對神仙是隨俗的尊敬欣賞，絕非求仙長生者。

　　〈全真七子詞述評〉統計現存全真七子的詞作為：馬鈺 881 首、譚處端 156 首、王處一 95 首、劉處玄 65 首、丘處機 152 首、郝大通 2 首、孫不二 2 首，共計 1353 首。內容多數在說教談道，宣揚全真教義，藝術性較低落。馬鈺詞作質樸淺白，多勸人修道棄俗，以傳道工具視之是有價值。譚處端文字雅

潔爽快，以飄逸空靈為特色，顯出雲水情懷。王處一詞皆勸道之作。劉處玄以超逸灑脫的胸襟為特出，流露出厭惡俗世與對仙境的嚮往。丘處機雖較典雅，仍多做道家語，純為抒情，文學趣味淡薄。郝大通與孫不二詞作少，可略窺其襟懷。

〈從任風子雜劇看元雜劇與道教的關係〉，元雜劇中神仙道化劇為數不少，其取材是道教多於佛教，與元代宗教自由、道教尤其全真教盛行、社會紛亂矛盾有關。名家馬致遠深受道教思想影響，其〈任風子〉是道教劇代表作，劇中演出馬丹陽度脫屠戶任風子的故事，表現出的道教精神有二：一為度脫眾生，二為隱逸思想。劇中安排道家人物，運用道家語言，是以道教立場創作的雜劇。

〈粵劇戲神華光考〉。華光故事可追溯到元代，最早見於《三教源流搜神大全・馬靈官元帥》。相關最重要的材料，是明代隆慶年間（1567～1572）余象斗所撰《南游記》，是全長五萬多字的章回小說，全書講述華光故事。華光是火神，清初以後被粵劇奉為主神，金銀首飾業與武術業也奉為行業神。

〈香港八和會館戲神譚公考〉。譚公一般相信是個 12 歲的孩子，「公」是尊稱之意。譚公信仰僅限於香港、澳門一帶，廟宇各只一間而已。經考察，譚公原名譚公道，是源於惠州、在九龍山修道之人，附身於一名小孩。八和弟子之所以奉祀，相信是和譚公有撒豆成雨，平靜風浪、滅火消災的神力有關。

〈中國古代的猿猴崇拜〉。中國猿猴崇拜可推至先秦，除圖騰崇拜外，原因還有二，一是猿猴能變化為人，二是猿猴有人性的一面。

〈元代之武當道士張守清〉。使全真教在武當山大盛的關鍵人物是張守清，他摻入了清微法，宛如全新的支派。

〈大江派考〉。李西月一派為西派，火西月一派為大江派。（林翠鳳撰）

羅宗強著《道家道教古文論談片》

《道家道教古文論談片》，羅宗強著。臺北：文津出版社，1994 年 8 月。

羅宗強，1932 年 11 月生於廣東揭陽。江西贛南師範學院、南開大學、新加坡國立大學中文系客座等多所大學教授，國務院學位委員會評審為中國文學批評史專業博士研究生導師。致力於研究中國文學批評和中國古代士人心態史。著有《隋唐五代文學思想史》、《玄學與魏晉士人心態》、《李杜論略》等多部專書。

　　本書是作者多年來部分論文的結集，包括三大主題：其一關於莊子有二篇，其二關於李白有二篇，其三關於中國古代文學理論有九篇，即分別為書名所言之道家、道教、古文三大類。茲就相關於道家的前二類之四篇說之。

　　〈從莊子的「坐忘」到唐人的煉神服氣〉一文認為「坐忘」與「心齋」即是物我兩忘，與道合一，是莊子追求的一種人生境界，貫穿於其全部的思想之中。南朝到唐代，人們已經逐漸將莊子原在反對人為、主張自然的「坐忘」「心齋」，變化為道教養生的人為煉氣方法了。而唐人重煉神服氣，司馬禎是其中的突出者，他提出坐忘之法七條：信敬、斷緣、收心、簡事、真觀、泰定、得道。將「坐忘」作為重意念的氣功來解釋了。他對莊子「坐忘」的改造，思想淵源自陶弘景《養生延命錄》，下傳李含光、胡紫陽，影響至李白。與司馬禎同時的白履忠注《黃庭內景玉經》，則完全以《莊子》附會內視服氣的修煉方法。

　　〈讀《莊》疑思錄——有關莊子文藝思想問題的片斷思考〉一文歸納出：就文藝觀自身的影響而言，實質影響後代文藝思想的應是老子，並非莊子。但又何以事實上魏晉以後莊子思想對文藝家們的影響那麼大呢？作者分析出三大原因，一是莊子整個思想的影響，而非其文藝觀；二是後人將《莊子》外、雜篇的文藝觀當作莊子的文藝觀來看待；三是魏晉以後老莊玄學化了。

　　〈李白的神仙道教信仰〉研究指出，李白是正式入道的，早自少年時期以來即舉行過多次入道儀式，也相信符籙，但他只接受經文，並未接受道教戒律。他受過煉外丹的秘訣，一生卻始終未曾煉成金丹，但極可能服食了丹砂。也曾練過內丹，似是屬於茅山上清派。李白熱衷求道，但同時功名心極強烈。同時代的許多詩人亦然，唐代具有事功與修道一體的理論共識，是與唐代道教人間化的風氣有關。

　　〈也談李白與《長短經》〉一文謂，李白青少年時期受到的主要影響來自於道教與趙蕤。趙蕤著《長短經》，從經文中可了解趙蕤對李白的影響更多的是在對待人生的基本態度上，如：逢時勢變、貴士知遇等。然而李白的任俠精神則另有淵源，並非受趙蕤影響。（林翠鳳撰）

李豐楙著《憂與遊：六朝隋唐遊仙詩論集》

　　《憂與遊：六朝隋唐遊仙詩論集》，李豐楙著。臺灣學生書局 1996 年 3 月出版，分硬皮精裝、平裝兩種，426 頁。北京中華書局復於 2010 年 10 月重新

出版，並更名為《憂與遊：六朝隋唐仙道文學》，較前書多〈嚴肅與遊戲：六朝詩人的兩種精神面向〉一篇，平裝 16 開，414 頁。

李豐楙（1947～），臺灣省雲林縣人，1978 年畢業於政治大學中國文學研究所，取得國家文學博士學位，曾擔任靜宜文理學院、政治大學中國文學系教授、政治大學宗教研究所講座教授及中央研究院中國文哲研究所研究員，現任政治大學華人宗教研究中心講座教授。主要研究領域包括《楚辭》、道教文學、民俗學等，歷年著有《不死的探求：抱朴子》、《神話的故鄉：山海經》、《六朝隋唐仙道類小說研究》、《憂與遊：六朝隋唐遊仙詩論集》、《誤入與謫降：六朝隋唐道教文學論集》、《許遜與薩守堅：鄧志謨小說研究》、《常與非常：一個本土的思維方式》、《仙境與遊歷：神仙世界的想像》、《憂與遊：六朝隋唐仙道文學》等專書多種，並主編道教相關研究論集、廟宇齋醮儀典專輯多種。

《憂與遊：六朝隋唐遊仙詩論集》由〈導論〉、〈後記〉及九篇文章構成。〈導論〉先稽考道教文學的流變，再說明遊仙文學的主題為「憂」與「遊」，進而分析唐代遊仙文學世俗化的現象；〈六朝道教與遊仙詩的發展〉先說明漢魏樂府與「僊」的早期義界，並分析晉代五言詩的詠懷、仙隱主題，從而討論六朝遊仙詩出現道教典故的現象；〈唐人遊仙詩的傳承與創新〉分由詩題、文字、意象、主旨等面向展開論述；〈郭璞〈遊仙詩〉變創說之提出及其意義〉先簡介郭璞其人其文，再分析六朝文學批評論者對郭氏詩作「變創」之原因與意義，進而歸結郭氏遊仙詩的旨趣在於玄理、詠懷與仙隱三面向；〈曹唐〈大遊仙詩〉與道教傳說〉先簡介曹唐的生平與著作，並就其詩作中的誤入仙境、降真、仙眷、仙宴、滄桑、觀棋等主題展開討論；〈曹唐〈小遊仙詩〉的神仙世界初探〉以知人論世方法書寫，先說明曹氏創作的環境，並分就其詩作中的戲劇空間、代言人物、活動、場域、主題等面向進行探討；〈六朝樂府與仙道傳說〉以〈神弦歌〉、〈上雲樂〉、〈步虛辭〉等三種六朝樂府詩為分析文本，討論其環繞的道教傳說與齋醮儀制；〈唐代公主入道與〈送宮人入道〉詩〉先考述唐代公主入道的動機與意義，並分析該現象產生的宮觀經濟，進而臚列以玉真公主為首的女冠及其宮觀與相往來的唐代詩人，再對〈送宮人入道〉詩的寫作風潮與主題加以論述；〈唐人葵花詩與道教女冠——從道教史的觀點解說唐人詠葵花詩〉以三首唐人詠黃蜀葵詩的創作情境為發端，並說明黃蜀葵的種類、產物與詠葵花詩，進而考論道教的法服儀制與女冠形象，而後歸結三首葵花詩產生的不同美感經驗；〈仙、妓與洞窟——唐五代曲子詞與遊仙文學〉先

討論敦煌曲子辭的創調與流傳問題，再分析唐詩「仙」、「妓」隱喻對應的社會現象，進而分析唐代遊仙詩與唐五代詞中「仙」與「妓」的意象。

總的來說，《憂與遊：六朝隋唐遊仙詩論集》一書，李教授以其中國古典文學批評的紮實學養展開立論，兼以道教 insider 的視角，遂能以不同切入點而對六朝隋唐遊仙詩作出別開生面的詮解，具備極高的學術價值。（李建德撰）

李豐楙著《誤入與謫降：六朝隋唐道教文學論集》

《誤入與謫降：六朝隋唐道教文學論集》，李豐楙著。臺灣學生書局 1996年 5 月出版，分硬皮精裝、平裝兩種，340 頁。

李豐楙簡介，見李建德撰〈《憂與遊：六朝隋唐遊仙詩論集》提要〉。

《誤入與謫降：六朝隋唐道教文學論集》由〈導論〉、〈後記〉與六篇正文、兩篇附錄組成。〈神仙三品說的原始及其演變——以六朝道教為中心的考察〉；〈六朝道教洞天說與遊歷仙境小說〉；〈魏晉神女傳說與道教神女降真傳說〉；〈孟郊〈列仙文〉與道教降真詩——兼論任半塘的「戲文」說〉；〈西王母五女傳說的形成及其演變〉；〈道教謫仙傳說與唐人小說〉；附錄一〈六朝仙境傳說與道教之關係〉；附錄二〈慧皎《高僧傳》及其神異性格〉。李教授在〈導論〉中，闡述「誤入」與「謫降」的主題，並將之作為全書一系列研究的內在聯繫基礎。〈神仙三品說的原始及其演變——以六朝道教為中心的考察〉、〈六朝道教洞天說與遊歷仙境小說〉與〈道教謫仙傳說與唐人小說〉等三篇，在全書中，屬於對較具道教基本理念的文本進行解讀之篇章，這三篇文章分別反映出道教如何在六朝時期持續傳播、六朝道教對原始道教時期即已逐步建構的仙界結構之容受、道教內部及民間社會對於「遊歷洞天」主題的相互關係，以及「謫謫」觀念的出現與演變過程。〈西王母五女傳說的形成及其演變〉、〈魏晉神女傳說與道教神女降真傳說〉與〈孟郊〈列仙文〉與道教降真詩——兼論任半塘的「戲文」說〉等三篇，則有關於六朝道教宗派的「神女」與「降真」事蹟，在這三篇文章中，李教授由道典、僊傳與六朝上清派文獻入手，並將道典中記載的神女與民間傳說進行比較研究，再由孟郊四首〈列仙文〉所歌詠的方諸青童君、清虛真人王褒、西王母、太極真人安度明等六朝上清派重要仙真，導入《真誥》所收楊羲、二許的大量降真詩，以道教學的立場，就嚴可均《全上古三代秦漢三國六朝文》、逯欽立《先秦漢魏晉南北朝詩》所輯文獻加以增補。

至於〈六朝仙境傳說與道教之關係〉、〈慧皎《高僧傳》及其神異性格〉等兩篇附錄，則是李教授就讀博士班期間在學術會議及刊物上所發表的論述。

總的來說，《誤入與謫降：六朝隋唐道教文學論集》一書，李教授以其中國古典文學批評的紮實學養展開立論，兼以道教 insider 的視角，遂能以不同切入點而對六朝至隋唐時期的道教文學作品，展開另一層面的詮解，具備極高的學術價值。（李建德撰）

王宜娥著《道教與藝術》

《道教與藝術》，王宜娥著。臺北文津出版社，1997 年 5 月。編案：「娥」字為「峨」字的手民之誤。

王宜峨為中國道教協會《中國道教》副主編，副研究員。著作有《中國道教藝術》《中國道教（英文）》等。

本書簡要地介紹了道教審美思想、道教宮觀建築藝術、道教造像和道教壁畫的產生、發展、變化；也介紹了歷代文人道畫和著名的道士畫家及其作品。道教藝術隨著道教的產生而產生，在近二千年的歷史長河中不僅有其獨特的藝術風格，並且對道教的發展傳播，以及中國的傳統文化都有重要影響。作者肯定老子、莊子等道家著作中，有著豐富而深湛的審美觀。這種審美觀思想是道家藝術發展的主要理論依據，並對中國的美學思想也有著重大的影響。

作者指出，老子認為美的存在是以「法自然」為宗旨，離開了自然，也就不存在美。反對對於聲色等感官美的無止境的追求。美與醜是相對的，沒有美也就沒有醜。莊子認為「道」是無所不在的，自然之美也是無限的。〈逍遙遊〉中所描述的神仙境界和生活，正是莊子所熱烈追求的人生最高境界。他首次的提出了外在的醜並不妨礙其內在所具有的精神美，這對後世的繪畫和造型藝術有著深遠的影響。人們要體驗到自然無為的審美感受，必須通過人們自身內心的修養，進入特殊的心理狀態，即「心齋」。老莊道家美學思想，尤其是執著追求自然無為之道的審美思想，成為後人衝破封建倫理道德束縛的有力武器，更是道教審美思想的重要部分。

研究指出，道教建築和布局的特色是，道教視天地與人事相互對應，把人世間的一切事物變化，都看成是天界的反應的「天人對應」思想。道教宮觀便是本著法天、法地、法道、法自然的思想來建造。按照八卦方位，使供奉尊神的殿堂都設在中軸線上，這種對稱的建築格局，表現了追求平穩、持重和靜穆

的審美情趣。而道教徒崇拜神仙，在神像製作上逐漸形成了一整套符合宗教要求的模式和規範，包括選料、雕刻、裱糊，其中還特別注重裝臟、開臉、開光點眼等儀式。方使神像具有了神格，才能顯出其神威。

作者觀察道教壁畫自魏晉南北朝時已應運而生，大多直接在白粉泥牆或土紅底上打稿，勾勒線條較粗，顏色多用紅、綠、藍三色，樹木山川等景色多用途案方式來表現。如：敦煌莫高窟現存可見的東王公、西王母、伏羲、女媧等道教題材的壁畫，構圖生動，線條流暢，形神俱佳。道教壁畫在唐代發展蓬勃，至宋代達到鼎盛。在帝王與官方的提倡推動下，不僅數量多，水平也很高，有許多是著名畫家所作。以畫風細膩，壯麗鮮豔具感染力為特色。歷史上知名的道畫家與道士畫家，如魏晉南北朝時的李意其、王獻之，唐代吳道子、梁令瓚，宋代石恪、孫知微等，名家輩出。（林翠鳳撰）

張鈞莉著《六朝遊仙詩研究》

《六朝遊仙詩研究》，臺北花木蘭文化出版社 2008 年版，凡六章，精裝 16 開版，184 頁。該書為台北木蘭文化出版社的古典詩歌研究彙刊第三輯中之一書。

作者張鈞莉，台灣師範大學國文研究所博士，曾為台灣銘傳大學應用中文系助理教授，中原大學應用華語文學系助理教授。研究領域為中國文學與高級華語文教學以及對外華語古典文學教學法。著作〈中華文化思想中「天」的混同與「人」的失落──董仲舒天人合一說析評〉、〈個性與風格──曹丕文氣說的審美主體與審美對象觀〉等文，專著有《對酒當歌六朝文學與曹氏父子》與本書。

《六朝遊仙詩研究》，正文有六章，前有緒論、後有結論，是依其遊仙詩的發展歷程作論述，分朝代從漢代的蘊釀、三國的建立、南北朝的成熟與拓展到衰落的探討。第一章遊仙詩的蘊釀與產生──兩漢詩歌；此章如章名，分成遊仙詩的蘊量與產生兩個階段作說明。遊仙詩最早可溯自秦漢的郊廟歌與樂府民歌，劉安的〈八公操〉為此時的代表。此時因帝王對於成仙的追求，產生如〈善哉行〉描述服食仙藥的作品。因此遊仙詩的產生作者認為得從表現功能與仙凡關係作討論，才能漸從祭祀歌發展成對仙人描繪與長生追求的遊仙詩。第二章遊仙詩的建立──曹氏父子；遊仙詩在三國，因曹氏父子的喜愛與創作，促成遊仙詩成為當時流行的題材。因此作者在此分述曹氏父子三人的遊仙

作品，從其淵源、特色與價值來說明遊仙詩因曹氏父子而建立。此外論述曹氏父子，又分成信仙的曹操與曹植，與不信仙的曹丕，並以此論述三人對遊仙詩的影響，如曹操因為統治者的身分，帶動遊仙詩的盛行。曹植藉神仙世界來舒緩生命的苦悶，影響了嵇康、阮籍與郭璞遊仙詩的創作。曹丕反遊仙，反而帶動六朝文學走出一條清醒的路線，平衡了隱逸求仙脫離現實的風潮。

第三章遊仙詩的拓展——嵇康、阮籍及西晉；依章名分述三主題，作者認為嵇康身處亂世，比曹植際遇更甚，因而在遊仙詩上的成就更勝於曹植，使其詩有避患遊仙、追求長生、玄言隱逸與修煉思想的遊仙特質。其中修煉思想的引入遊仙詩，題供道教修鍊研究的方向與素材。阮籍反對遊仙，使其遊仙詩是一種瓦解成片段式的神仙概念。嵇康與阮籍的遊仙詩較前人增加詩的神仙意境，為「有我之境」的形式描繪。相反的西晉時如張華等人，則將遊仙詩中的仙境人間化，並保存「無我之境」的遊仙形式，為遊仙詩的重要拓展時期。第四章，遊仙詩的成熟與轉化——郭璞與東晉詩人；將西晉的抒志言仙與敘述列仙作結合為東晉的遊仙詩的特質，郭璞十四首〈遊仙〉詩為主要代表，詩不僅有嶄新面貌，也有廣義的蘊含，讓詩有「神仙凡人化」與「仙境人間化」的特色。因郭璞遊仙詩達於頂峰，致使東晉遊仙詩已無創新之意，只能從其時代背景轉化成山水詩與玄言，延續「輕遊重仙」的寫作筆法，與融入兩漢反遊仙的觀念三個方向發展。

第五章遊仙詩的沿襲與衰落——南北朝時期與隋代；因東晉多為沿襲前代之風，繼之的南北朝此風更盛。作者在此章南北朝的部份舉了多篇遊仙詩作說明，沿襲的對象上自曹植、下至郭璞與東晉詩人，這種只有沿襲未有創新的風氣，造成只有仙意無仙趣，因詩人不再專作遊仙詩，遊仙詩淪為題詠道館奉和酬答的工具，已失文學美感。第六章六朝遊仙詩的綜合討論；此章旨在整理遊仙詩的特質作總結說明，並論其影響與價值。作者認為遊仙詩具有仙境與仙人描述、逃避現世、幻想成仙的特質。整體而論六朝遊仙詩，提供文人抒發鬱悶的管道，造就山水詩詞的興起，且因其華麗的形容仙境，也促成唯美文學的發展，成為其價值與貢獻。

本書針對漢末六朝時期異軍突起的遊仙詩體，採取橫向縱向的探討方式，章節的安排，雖與一般的論作依時間與發展的過程相仿，但是善用各朝遊仙詩引以為證，清楚的理出遊仙詩的淵源、建立、成熟、拓展與式微的各階段。而且每一階段間的形式特色與價值流變疏理完整，充分將六朝遊仙詩所賦予的

時代意義展現，除為遊仙詩研究的重要參考論作外，也是研究六朝時代不能忽略的著作。（蕭百芳撰）

周西波著《道教文獻中孝道文學研究》

《道教文獻中孝道文學研究》，周西波著，臺北：花木蘭文化出版社，2010年9月初版，16開本，精裝，154頁。本書初印於1995年，為碩士論文精裝，由中國文化大學中國文學研究所出版，其後經花木蘭出版社編為古典文學研究輯刊初編第二八冊，即目前所見之版本。

周西波，1967年9月生於台灣澎湖，為中國文化大學中國文學研究所碩士，國立中正大學中國文學研究所博士，師承鄭阿財教授從事敦煌學與道教文獻與文學方面的研究，現任國立嘉義大學中國文學系副教授。已出版《杜光庭道教儀範之研究》，台北：新文豐出版公司，2003年3月初版；《道教靈驗記考探－經法驗證與宣揚》，台北：文津出版社，2009年6月初版；並有〈敦煌寫卷 P.2354 與唐代道教投龍活動〉、〈論杜光庭青詞作品之文學價值〉、〈《白澤圖》研究〉、〈敦煌寫本《靈寶自然齋儀》考論〉、〈敦煌寫卷 BD.1219 之道教俗講內容試探〉、〈從火精到雷部之神－略論宋無忌傳說與信仰〉、〈中村不折舊藏敦煌道經考述〉等論文十餘篇。

本書為作者之碩士論文整理出版，全書共分五章，第一章〈緒論〉，說明研究動機、範圍、方法及目的。第二章〈道教對孝道之提倡〉，乃透過歷史的觀點，由政治、社會、法律各方面的背景以及道教本身發展脈絡等，來探討道教提倡孝道的原因，其中檢討了儒、釋二教在此一過程中的影響力，對孝道在道教教義中所扮演的角色及其儀式之本質有所釐清。其次列出歷代陸續出現的道教孝道文學主要經典，並加以介紹分析，包括《元始洞真慈善孝子報恩成道經》、《太上老君說報父母恩重經》、《太上真一報父母恩重經》、《玄天上帝說報父母恩重經》、《文帝孝經》等多篇。第三章〈道教孝道文學分析〉，乃就道教文獻中之孝道文學，按其體裁形式之不同，加以整理分類，別為詩詞、語錄、勸孝文、青詞、科儀文、歌讚及講唱孝道故事等項目，並分析其特點。繼而就不同形式之作品，歸納其內容之相似處及語言文辭之共通性，亦可見其表現手法之變化。由於孝道即在處理父母與子女之間之倫常關係，故其內容大多不脫父母恩德、行孝方法及孝子事跡三大範疇。第四章〈道教孝道文學之特質及與其他文學之關係〉，道教孝道文學在發展過程中，與儒、釋作品有著吸收融合

的密切關係，故亦取儒、釋相關作品與其比較，以明其淵源或影響，並藉以突顯道教孝道文學之特色，略分為三：一、產生方式多為扶乩而來，部份則為因應抽籤所產生的籤詩，以及應道教科儀需求所製作的文辭等；二、體裁語言包括青詞、偈、頌、贊、咒、講唱等；三、內容則保有一貫廣造神仙譜系的特色，一般採直接創造的方式，為道派吸收之後，而成為該派創教的源起；其次則是對既有神明孝道形象的強化，以修道煉真為孝道最終的實踐，彰顯了神仙信仰與孝道倫理結合的道教特質。此外，無論是在民間音樂或傳說上，亦可見到其與道教孝道文學的互相融合，並成為一些文學作品創作的題材。第五章〈結論〉，從表現形式而言，道教孝道文學在唐宋金元時期是以青詞及仙傳為主，間有全真道士勸孝詩詞之作；明清時期則出現了針對報父母恩之報恩齋科儀的編纂，其中宣揚父母恩德的韻文深受佛教作品的影響，而因扶乩所產生的仙人詩文集，更形成集體創作形態的宗教文學。從內涵而言，則分為宣揚父母恩德、孝子故事傳說及行孝方法之論述等三部份，深具淑世教化之功，其內容與思想影響深遠。

　　本書以道教孝道文學的探討為核心，是研究道教的學者較少涉及的範圍，因此在選題、文學形式及內容的分析上，均顯出開創的眼光。(陳昭吟撰)

第五章　宗教神學

趙家焯著《道教通詮》

　　台北市中國文化大學出版部，1983 年 3 月新一版，125 頁。此書尚有台北市華岡出版有限公司，1973 年初版；華岡出版有限公司，民 1977 年 2 月再版，以及台北市中華學術院道學研究所，1982 年再版等版本。

　　趙家焯（1902～1981），湖南桃源人，道號存神。畢業於北平民國大學政經系、陸軍大學一級將官班第一期、湖南建國法政專門學校。歷任湖南省茶陵縣、江西省新淦縣、貴州省普定縣縣長，福建省立研究院中華學術院道教文化研究所所長，社會科學研究所所長，群治法學院及政工幹校碩士班教授，福建省政府專員室主任，福建省設計考核委員會委員兼副組長，湖南省政府參事顧問。在軍職方面，歷任連、營、團、旅、師、師部、軍部、省保安司令部參謀長。1947 年 11 月 21 日任少將，後又任集團軍司令部高級參謀，中央訓練團將官班力行委員會主任委員等職，軍階晉升中將。1976 年任立法院立法委員。1651 年，與張恩溥天師、蕭天石、馬璧、高越天、蔣肇周、李玉階等人成立臺灣省道教會，嗣後鑑於道教事務日益繁冗，乃於 1966 年 2 月 13 日在台北成立全國性道教會，名稱訂為中華民國道教會，曾任第三屆、第四屆理事長。並曾任臺灣省道教會理事長，道教世界總廟總主持。除《道教通詮》外，另著有《政略學初編》、《政略原理》、《道學重溫》等書。

　　本書係以作者歷次有關道教講演底稿為依據，由《道學與道教》、《道教傳講錄》、《懂道理》等小冊合編而成。全書共計五章，第一章、第二章原為《道學與道教》，第三章、第四章原為《道教傳講錄》，第五章原為《懂道理》之本

文。第一章,〈道學〉,計有五節,分述道之意義(道學之本體、道學之用神)、孔老之道、道之區分(人道、聖道、神道)、道學與諸子百家、道之政略觀;第二章,〈道教〉,分述道教與儒教、道教與佛教、信教自由之真義、道教之經典、道教之歷史價值、道教之時代使命、道教之組織、軍中宗教問題等八部分;第三章,〈如何認識道教〉,計有兩節,分述什麼是道、道學原理(理學、玄學、神學);第四章,〈道教之中心思想〉,共計五節,分述本能論、本體論、本命論、本形論、本性論;第五章,〈道教淺釋〉。

綜而言之,作者就道家之遺著經典,加以闡釋,就道學與道教、如何認識道家等,分五章淺說之,可一窺道統之輪廓。(江達智撰)

周紹賢著《道家與神仙》

《道家與神仙》,周紹賢著,臺灣中華書局公司,1982年版,平裝,278頁。

周紹賢教授,光緒三十四年生於山東海陽,為國學大師梁漱溟先生弟子,治學儒家諸子,亦好道家之學,研讀《道藏》全書,費時兩年工夫撰成本書。歷經師範大學、政治大學、東吳大學教授。著作除本書之外,尚有《老子要義》、《莊子要義》、《孟子要義》、《先秦諸子論文集》、《魏晉清談述論》、《文言與白話》、《松華軒詩稿》等書十餘種。

《道家與神仙》一書,乃作者研究道教宗教哲學之專著。神仙乃道教修煉之生命最高境界,作者每見世人誤解神仙之義,不勝嗟惋,故作此書,以明「何謂神仙」。並詳述其歷史起源,說明道教與道家之關係,梳理儒釋道三教之異同與仙佛聖賢之別通,展示修煉成仙之道旁及祈禳符咒之方術。全書共分八章,並輯選古修道之士具清靜澹泊旨趣之詩文,名曰《清靜集》以為附錄供讀者體會參照。

第一章〈神仙思想之由來〉,採歷史描述法敘說道家學說之展開以及神仙道成立之過程。本章主旨直陳神仙之說出自道家黃老之學。黃老之學主張清靜寡欲修道養壽,遵奉此道以煉不死之藥而致長生者,即秦漢時所謂方士。神仙之說即由長生不死之論而來。不死即謂神仙,人生自古皆有死,人而不死深莫可測、不可知,繫辭云「陰陽不測之謂神」,孟子云「聖而不可知之謂神」,神仙一詞似由此而來。至莊子書乃有神仙之具體描述:「藐姑射之山,有神人居焉,肌膚若冰雪,綽約如處子,不食五穀,吸風飲露,乘雲氣、御飛龍而遊乎四海之外。」

第二章分述〈道家〉、〈道教〉之要義，以論其同異。文中重述神仙之說乃由長生不死而來，並論證道家只重養生之道而未談不死之論，然道教之旨則在成就不死之神仙。作者指出，道教依託道家思想，然道教之本義貴在出世，道士修行之目的則在成仙；其所重者，只在引道家之玄思妙想以助神仙之說。道家真人為神仙，學神仙者以道教為宗，道家之妙義仍自獨立，而神仙之說則歸於道教。

第四章〈道教之道〉闡述道教之道的內涵。道教依道家之言以演其神仙之說，成其道教理論。其道大分二部：一為宏揚道家所倡天地自然之理與人生應行之道，二為修煉成仙之道。本章述其第一部分，修仙之道於第六章專述之。

道教之道蓋以道德經為基本經典，由道家玄妙之言而演出道教神仙之說。依道德經形容形上大道之言「有物混成，先天地生」、「獨立不改，周行不殆」、「天下萬物生於有，有生於無」等義以神化道體，依「致虛守靜」、「古之善為士者微妙玄通」、「常德不忒，復歸於無極」等義以明道之妙用。河上公註曰：歸於無極即長生久壽歸身無窮極也。故能體道之玄得道之妙用者即為神仙。

神仙體證虛無妙道，不居五行，超離三界，然欲證此道，先修人道。無人世亦無所謂仙界，神仙境界在乎超世解脫自在，然必以現實為依據，故道教有「欲修仙道，先修人道」之規訓。人道即人生應行之道。道教教人修「人道」，由此修德積功，助成神仙之果。

第五章〈仙〉闡析神仙概念之內涵、法相及其品位，並描述神仙所居之福地洞天，並簡述成仙之要：須為善立德、必須志誠、必須恬靜無慾、必須博學、必須有良師等。

第六章闡析道教修煉之道，修者修養也，即修真養性，二者一體，修真須養性，養性即修真。煉者煉丹也，煉本身丹田之精氣以益神謂之內丹；煉丹砂藥物以服食謂之外丹。然修煉以修真養性為主，煉丹服食次之，仙體在真性不在肉身。

第七章略述道教諸方術，如誦經、祈禳、符咒，以及其他神異之術。作者以為方術小道也，若有人得以藉方術小道而入神仙大道，則方術亦不可廢也。

第八章〈此之謂神仙〉總結全書論旨歸結兩點：第一，神仙並非奇異，第二，神仙不離常道。作者直指神仙乃一種高尚人格之完成，神仙之異於凡人者，為其心靈境界，超塵出俗；為其游心於淡，無入而不自得。

本書對道教神仙道之源流、形成、發展作有系統之介紹，又以三教合一之立場，強調三家之道並行不悖。道教文化雖日漸沒落，然神仙之說並非奇異，實為超凡脫俗之人道哲學，可以出世亦可入世，既能致虛守靜寂寥獨立，亦能和光同塵與世俗處。於今物質文明鼎盛所產生種種心靈困頓不安的弊病，企求逍遙自在安適的神仙之說，仍有其啟發意義。（劉見成撰）

蕭登福著《漢魏六朝佛道兩教之天堂地獄說》

《漢魏六朝佛道兩教之天堂地獄說》，蕭登福著。臺北學生書局，1989 年 11 月初版，2013 年香港青松出版社修訂再版。

作者研究指出，中國早期有天界、冥界而無地獄。中國的冥界，在殷周之時是歸「天」所管轄。在漢世，人死的歸處有二，一為上天，二為入地。天界的領導者，演變到最後為西王母與東王公（玉帝），地下世界（黃泉）則劃歸「泰山」神所管轄。到了魏晉六朝，由於佛、道盛行，除了沿襲兩漢以來中土原有的神仙思想及泰山治鬼說外，又有由印度傳來的佛教天堂地獄說，及道教煉丹成仙與北陰酆都治鬼說。因而使得六朝的冥界思想，呈現出多采多姿的面貌。

本書分兩個單元，上編敘述漢魏六朝佛教之天堂地獄說。作者考察佛教的因果輪迴說係沿承自印度婆羅門教，在天堂地獄說上也是沿承印度原有說法而加以闡述。在漢傳佛經中，東漢桓帝時的譯經師安世高所譯《佛說十八泥犁經》應是第一本的地獄譯經，而東漢靈帝時支婁迦讖譯《佛說兜沙經》則是第一本的天堂譯經。

在天堂方面，研究指出佛教將天界分為欲界、色界、無色界。至東晉後的譯經，三界之名才逐漸確立。三界中，又各有高低層次不同之天。境界層次越高者，天的位置距離地面越高。而各層天天人的壽命、生活方式亦各有差異。大抵來說，欲界有六天，色界有十八天，無色界有四天。而三界諸天天人雖然高居六道之首，但佛教認為三界仍是火宅，天人的壽命雖然極長，仍有生死。須出三界，證入四聖（阿羅漢、緣覺、菩薩、佛），才能免生死輪迴。

在地獄方面，作者認為佛教各派的說法較為紛歧，依數目分，主要有四大地獄、八大地獄、十大地獄、十八大地獄諸說。依受苦性質分，有寒、熱、邊等三類。地獄的地點，或在地下，或在兩山間，或在海中。地獄的王者是閻羅王。東漢至西晉前的譯經稱「泥犁」，西晉後的譯經則大量地採用「地獄」一詞。

本書下編敘述漢魏六朝道教之天堂地獄說。研究認為在天堂方面，較著者有以玉清、上清、太清為首之三天說，及以鬱單無量、禪善無量壽、須延、寂然、不驕樂、化應聲……等之九天說。其後融匯而成三清三境及三界三十二天之說。天界主宰，初期以為是老子，其後轉變為元始天尊。在開天創世方面，道教大抵繼承莊子、列子等人之氣生萬物說，以氣為天地萬物之始，且將氣分為始氣、元氣、玄氣三者。

地獄方面，作者認為乃由冥界轉變而來。道教初期沿承中國民間泰山治鬼的觀念，有泰山二十四獄之說，後又有九地土皇之九幽獄、酆都三十六獄等。此外，泉曲、十二河源及三塗五苦等處都是刑獄所在。地獄之主宰，則由早期的泰山、九地土皇，最後演變為酆都北陰大帝。佛、道兩教相互交融，到了唐代形成了地獄十王說。地獄十王成為佛、道二教的冥界地府主神，佛、道二教的地獄說則基本上為十王所統合了。（林翠鳳撰）

韓秉方著《道教與民俗》

《道教與民俗》，韓秉方著。臺北文津出版社，1997 年 5 月。

作者為中國社會科學院世界宗教研究所研究員，研究領域在中國民間宗教及道教研究。專書著作有《道教與民俗》、《中國民間宗教史》（合著）、《中國道教史》（合著）、《道教大詞典》等。

本書以歷史與邏輯統一的方法，從中國遠古時代到明清時期，以歷史為順序，將道教與民俗二者結合起來進行考察，並注意突出不同歷史時期的特點與文化內涵。

作者研究指出，道教是中國土生土長的宗教，從發生學的角度講，它是華夏民族遠古原始信仰中自然而然地成長起來的傳統宗教，深深地植根於每個中國人心靈中。民俗是由社會上的民間群體自發地產生，而又自覺地傳承於民間群體中。具有世代相沿的傳承性事象（包括思想和行動），並以有規律的常住性活動來約束著行動和意識。這種約束力主要依靠著心靈信仰，道教信仰對中華民俗的形成和發展無疑地具有深厚的影響力。

作者將中國道教史分為三個階段：原始道教、民間道教、正統道教。此一新論目的在顯示道教歷史的悠久與真實面貌，並證實中國宗教發展的連續性，中國歷史上根本不存在無宗教信仰的斷層。研究分析謂，原始道教的上限，至少要追溯到戰國時期。戰國時期神仙方士們的活動已經引起諸侯、士大夫們的

注意，在社會上產生了影響力，正是這些方士成了醞釀催化出道教最初經典教義的產婆。民間道教階段應以西漢成帝時甘忠可造經教人干政為起點，東漢時，有記載的民間道教派別甚多，以「托驗神道」相號召的起義此起彼落，醞釀成了太平道和五斗米道兩大民間道派支脈，最終形成為普及的全國性宗教。道教成為被朝廷承認並給予支持的正統宗教，則要到南北朝時期的北魏太武帝和南宋文帝。到唐宋時期則達致鼎盛，對民間社會生活的影響力較之前是更增強大了。

作者觀察離鄉遊子必定落葉歸根，及海外唐人街的維護傳統，從而反映了民俗在保持傳統化方面具有重大意義。通過文化大革命後的事實，可以體認到民俗具有強大的再生能力。民俗以習慣力量規範著人們的生活，有其產生、發展、演變，乃至更新的內在規律性，其重要性和複雜性絕不亞於文藝、經濟等其他人文學科。中國將民俗學作為一門人文學科，正式展開研究，是在五四運動之後。1925 年顧頡剛等學者考察北京妙峰山進香民俗，乃首開風氣之先。作者認為，從民俗角度研究宗教，要盡可能客觀地分析某一民俗的宗教內涵，究竟在形成維繫壯大某種民俗起到了甚麼作用。關於對宗教、民間信仰乃至迷信在民俗考察中，應採取實事求是的態度。（林翠鳳撰）

楊光文主編《道教寶鑑》

《道教寶鑑》，楊光文主編。中華道統出版社 1998 年 9 月出版，硬皮精裝，780 頁。本書為楊光文所著《道教人物要覽》及賴宗賢選編《道教經典文選》之合印本。

楊光文（1952～　），四川省成都市人，1976 年畢業於四川師範學院中文系語言文學專業，隨即任職於四川大學。起初參與《漢語大字典》之編撰，後研習道教文化，參與《中國道教史》四卷本〈索引〉、〈大事記〉之編著，並著有《道教人物要覽》、《藏外道書目錄索引》兩種專書，合著《中國宗教名勝》、《道教文學藝術》、《道教長壽術》等專書，另發表學術論文 30 餘篇，現為四川大學道教與宗教文化研究所教授。

賴宗賢簡介，見李建德撰〈《道韻》提要〉。

本書包括〈索引：詞條目錄〉、《道教人物要覽》與《道教經典文選》兩部分。〈索引〉與《道教人物要覽》為楊教授前揭著作之正體字版本，合計 565 頁；後者中華道統出版社精選的道教經典精華之作及其提要說明，計 214 頁。

　　〈索引：詞條目錄〉依道教人物詞條首字筆劃編排順序，《道教人物要覽》所收人物，包括別名、道號、受封之賜號、謚號等，共收 3481 條，凡姓名或道號相同者，皆另立一目，使之獨立成條、不相混淆。紀年則以舊曆為主，並加注公元，方便讀者轉換。如「祖天師」張道陵之歷代封號，在「三畫：三」中，即分立唐僖宗所封「三天扶教輔元大法師」及宋理宗所加封之「三天扶教輔元大法師正一靜應顯祐真君」兩筆；「四畫：王」中，亦將全真道祖師王重陽、王害風分別立一詞條。如此的舉措，的確方便學界、教內同道及一般社會的常民大眾的檢索與閱讀。

　　《道教經典文選》所收經典，計有《道德經》、《南華真經（內七篇）》、《清靜經》、《黃帝陰符經》、《太平經》、《五斗米道經》、《周易參同契》、《度人經》、《抱朴子內篇》、《上清大洞真經》、《太上黃庭內景玉經》、《太上黃庭外景玉經》、《重陽立教十五論》、《悟真篇》等 14 種，涵括先秦道家、早期道教宗派（太平道、五斗米道）、外丹服食、上清、靈寶、內丹煉養、全真道等範疇，可見賴先生之用心。

　　然而，賴先生在選編時，各經提要未標示出作者姓名或節錄自何書籍，部分經典僅有提要而未附經典內文之選錄，如《太平經》、《五斗米道經》、《抱朴子內篇》、《重陽立教十五論》；並將《老子想爾注》稱作《五斗米道經》，若讀者未翻查提要，容易引發困惑。此外，在宋代以後，僅列出紫陽派張伯端祖師的《悟真篇》與全真道王重陽祖師的《重陽立教十五論》兩種，但張繼先天師的《明真破妄章頌》、白玉蟾真人的《道法九要》、張宇初天師的《道門十規》、全真中興之祖王常月真人的《龍門心法》等書，亦為宋、明、清三代的重要著作，可以看出雷法修持、道門源流、煉度規制、日用工夫等重要層面，卻未能見載於本書，成為遺珠之憾，是較為可惜之處。不過，賴先生的弘道精神與實際行動，仍是吾人所應稱讚並加以效法的。（李建德撰）

游子安著《勸化金箴：清代善書研究》

　　《勸化金箴：清代善書研究》，游子安著，天津人民出版社 1999 年 4 月出版，平裝 32 開，314 頁。

　　游子安（1962～），廣東省新會縣（今江門市新會區）人，1985 年香港中文大學歷史系畢業，1994 年取得香港中文大學哲學博士學位，專研中國歷史。曾任教於香港樹仁大學、香港城市大學、香港中文大學等校，並受邀擔任臺灣暨南國際大學歷史學系客座助理教授。主要著作有《勸化金箴：清代善書研

究》、《善與人同——明清以來的慈善與教化》（中華書局，2005 年 6 月），並主編《道風百年——香港道教與道觀》（利民出版社，2002 年 4 月）等書，研究領域包括明清善書、華南與東南亞地區之道教及民間教派、二十世紀宗教慈善史等，已發表相關論文數十篇。

《勸化金箴：清代善書研究》係游教授自其博士論文《清代善書與社會文化變遷》的基礎上改寫與擴充而成，全書共分五章，第一章〈導言〉，定義善書的核心價值、內容特色與涵攝範圍，並對善書研究史加以回顧，揭示本書之研究取向；第二章〈清代善書的發展與流行〉，以歷時性視角鳥瞰清代善書的發展，並分由朝廷教化政策、民間教派發展、地方善人活躍等面向進行分析；第三章〈清代善書的個案研究〉，提出江蘇崑山刊行《安士全書》的周夢顏（1656～1739，字安士），江蘇長洲廣泛刊行文帝、關帝系列善書的彭定求（1645～1719）與彭啟豐（1701～1784）、彭紹升（1740～1796）家族四代，江蘇無錫刊行善書《得一錄》並兼行善舉之余治（1809～1874），湖南寧鄉刊印反外來宗教型善書的周漢（1843～1911）等四個地域性的人物個案，以及關帝善書的主題式個案，對清代善書的流通進行分析，揭示善書與世局之間的關係；第四章〈清代善書流通及其意義〉，以刊行善書的場所、善書的勸諭對象、善書流通管道以及當時中外宣教書籍相互貶斥的現象為分析對象，說明善書已成為當時民間社會大眾的普及讀本，勸諭標的已由庶民大眾推擴到官紳士商，標舉職業道德規範；第五章〈結論〉則對全書論述加以回顧。

《勸化金箴：清代善書研究》之論述焦點，係以清代江南地區為主，所收資料，則係游教授訪查香港、北京、天津、西安、上海、廣州、臺灣的圖書館、宮觀寺廟與私家收藏所得 100 餘種善書。透過個案分析的方式，研究善書作者的社會、思想、宗教背景，並發現由善人、善書、善堂三概所構成的善書撰作體系，對於善書接受者的文化心理層面，有著頗為深入的分析。其中，游教授指出，部分由地方善人或民間教派團體開辦的善書局，如上海翼化堂善書局、上海明善書局、廣州文在茲善書坊等，對於清代中晚葉的善書流通、傳播史，皆有其一定程度的影響，在在值得加以深入研究。

因此，誠如歐大年（Daniel L. Overmyer）教授持論，在酒井忠夫（1912～2010）教授《中國善書の研究》（弘文堂，1960 年）之後，在善書研究史方面而言，《勸化金箴：清代善書研究》當可稱得上是「研究清代善書中，最全面、詳盡的一部」。（李建德撰）

四川大學宗教研究所編《道教神仙信仰研究》

　　《道教神仙信仰研究》，臺北中華道統出版社 2000 年版，上、下冊，精裝 25 開，842 頁，本書為該出版社《中華道統叢書》的第 18 冊。該書全名為「《道教神仙信仰研究——道學與中國傳統文化國際學術研討會暨四川大學宗教研究所成立二十周年紀念論文集》」，顧名思義為四川大學宗教研究所成立二十周年舉辦國際研討會，所出版的研討會議論文專輯。書前有創辦人卿希泰先生的序文，文中說明四川大學宗教研究所從 1980 年成立後的歷程與成就，於二十週年之際與台灣中華大道文教基金會賴宗賢博士等人，發起國際道教文化學術研討會，研討會舉辦時間為 2000 年 10 月 6 日至 10 日，地點在四川大學中國四川洪雅瓦屋山國家森林公園。該場研討會的與會學者有中國大陸、臺灣、香港、美國、日本、韓國等地學者共同參與，五天共舉辦七場會議，各場會議由林安梧、張新鷹、張繼禹、朱越利、中嶋隆藏、陳耀庭、鄭志明、湯偉俠、柏夷（Bokenkamp）所主持。

　　論文集，依研討會的論文性質分成六論，分別為：

一、本論：道教、三清與玉皇

二、主論：道教與神仙思想

三、專論：道教與西王母信仰

四、繫論：道教、帝君與相關信仰

五、雜論：道教變文及其他

六、衍論：道教與儒教之會通

　　本論，討論有關「三清」與「玉皇」的議題，由卿希泰〈道與三清關係芻議〉一文為開端，本文駁斥道教沒有自己理論體系的說法，說明道教三清尊神，為當時主要三派思想交融的產物，是道家道教「三一」基本觀與三清、三境、三天、三洞等思想融合發展而成的，絕非仿自佛教。其他有關「三清」議題的討論則以造像為討論主題，有李養正的〈「三清」造像考鑒瑣語〉與黃海德〈唐代四川「三寶窟」道教神像與「三清」之由來〉。此外討論三清與玉皇的關係則有多篇文章，如李遠國的〈三清、玉皇信仰略考——兼及道教的神學思想〉，蓋建民的〈玉皇與三清關係考略〉，前者以《翊聖保德真君傳》為例，說明到宋代道教神形成了以玉皇大帝為首昊天三界之尊的體系；後者則討論玉皇與三清尊神在道教神儁譜系中的關係問題，認為宋代之後三十六天的天層概念，多將玉皇層次提升到大羅天，大羅天又在三清之上，宋後玉皇地位自是高於三清。

　　主論，討論道教與神仙思想間的諸項問題，有王家祐的〈道教鳥母與崑崙山文化的探索〉，探討上古鳥母圖騰的西王母與崑崙山的密切關係，與母系信仰和鳥圖騰衍化的問題。詹石窗則結合道教歷史與經教義理，從朱熹詠道詩裡，討論朱熹詩中的道教與神仙思想的涵養。從形象著手討論道教神仙觀的有李剛〈略論道教神仙在道德上的形象示範作用〉與查慶、雷小鵬的〈道教神仙與古神話人物審美形象比較〉兩文。從思想層面切入討論的有張興發〈略論道教神仙信仰的思想淵源〉與石瓊以葛洪的神仙思想作為討論主題。

　　專論，以西王母為主要討論議題，樊光春從西王母信仰討論早期道教的神仙信仰。張松輝〈西王母形象演變詳考〉，則從獸形象的西王母考證到女仙的演變過程。蒲亨強從音樂的角度探究西王母，提出西王母為中國主管音樂的女神論點。楊莉以《墉城集仙錄》裡西王母為女仙之首的形象為題，論證西王母隨歷史文化與民眾信仰的變遷，不斷的被重新塑造。持相同看法的鄭志明先生，則專論台灣西王母信仰的意義，認為是一種民間集體性的信仰創作。

　　繫論，主軸在宋代崛起的玄天上帝信仰的相關議題，從蕭登福〈北帝源起及其神格的衍變〉從源起討論到宋代演變成玄天上帝等過程，到莊宏誼〈宋代玄天上帝信仰的流傳與祭奉儀式〉與中嶋隆藏〈北辰北斗信仰簡論〉都是玄天上帝信仰不同面向的討論。此外關帝信仰的相關討論議題，游子安是從善書的角度看清代關帝信仰的傳播，葉天發則以關聖帝君信仰作主題研究，是繫論裡的另一項焦點。

　　雜論，為道教國際化的成果展現，如安東凌以韓國的行使文學討論明代天妃信仰的傳播，認為這樣的傳播，一直到清領中原禁止朝鮮行使海路而終止。王育成以在美國紐約出售的東漢青銅神樹為討論主題，確定該樹為四川「燈樹」，與四川早期五斗米道有密切關係。最末的衍論，則以儒道議題為出發，如姜生與湯偉俠〈王莽改制與原始道教關係考〉，是以原始道經《天官歷包元太平經》為主軸，剖析王莽受此經的影響，進行改制；林安梧是以「存有三態論」與「存有的治療學」來說明中國傳統文化為「儒道同源」，提供儒道思維的新視角；龔鵬程以清代四川經學家廖平為代表，從其解經常把道家道教之學融入其中的現象，以此說明清代其實儒與道之間關係密切。

　　本論文集所搜集羅列的論文，既有廣度又有深度，且撰著者皆為道教研究的名家，諸篇文章除有創新見解外，從其論證方式，撰寫方式、運用的材料，都是一時之選，足以作為道教研究工作者的楷模與典範。（蕭百芳撰）

吳洲著《中國宗教學概論》

《中國宗教學概論》，中華道統出版，吳洲著，中華大道文化事業股份有限公司發行，2001 年 1 月臺灣初版，精裝，660 頁，37.8 萬字，全書先有〈序言〉、〈導論〉，而後五篇正文，末有〈結語〉。

作者吳洲先生，1970 年 11 月生於上海。1984 年至 1989 年就讀於南京金陵中學。1989 至 1993 年就讀於南京大學基礎學科強化部，獲學士學位。1993 年至 1998 年就讀於南京大學哲學系，獲博士學位。目前為廈門大學哲學系教授。除本著作外，其他著作如《緣起論的基本問題》，《法藏文庫・中國佛教學術論典》第二輯第十一冊，高雄：佛光山文教基金會，2000 年版；《中國佛教大百科全書－儀軌卷》（合著），高雄：佛光山文教基金會，1999 年版、上海古籍出版社，2001 年版；《唐代東南的歷史地理》，北京：中國社會科學出版社，2011 年版；《中晚唐禪宗地理考釋》，北京：宗教文化出版社，2012 年版。著名學者詹石窗教授認為其為學作風踏實、用功勤奮、學識深厚。目前主要從事中國哲學的教學與研究工作。

本書原始寫作構想，是在民間信仰學術討論會會後，有感於與會者在討論民間信仰與道教的關係問題並沒有詳加闡述，詹石窗教授與賴宗賢教授共同討論，希望將來在宗教學人才培養上，能夠通過這部書所闡發的問題展開研討。後委由時任廈門大學副教授的吳洲博士完成此一重要著作。《中國宗教學概論》，就是針對中國宗教最一般的理論問題，進行概要性的論述，同時就中國宗教中的各個教派發生、發展歷史、思想特質等方面進行簡括的闡發。另一方面就中國宗教學研究領域也提出了許多值得關注的新問題，在討論過程中也表現了相當的理論深度。作者基於其良好的哲學素養，在解讀宗教歷史現象時，閃爍著深入探索的思想火花，是值得推薦細讀的一部專門著作，更利於推進中國宗教學的學科建設。

宗教是古往今來全世界範圍內都很普遍的一種社會現象。而任何一門學術研究，從它的體系完整性方面去考慮，都必須始於對它的研究對象的界定。宗教學也概莫能外。而無論持有什樣的哲學和政治觀點，都應該坦然面對普遍存在的宗教現象，而絕不能讓偏見、情緒和積習擠兌掉冷靜的頭腦。其實，早在宗教開始採用比較方法去探求其研究對象的定義之前，人類就不得不以某種方式對包圍其生活的宗教現象不斷地做出判斷。

在各種宗教中，我們都能發現一些最基本的東西，除了觀念上的聖俗之分外，還有作為人格之投射的靈魂或精靈的觀念，在儀式上則有為禁慾苦行服務的各種誇張的形式，以及祭祀儀式、祝聖儀式、紀念儀式和禳解儀式等等，而我們在最發達的宗教中所發現的系統的制度和教會的組織，並不能為有關宗教的定義提供具有普遍意義的指導。也許任何單個的宗教，不管它的信仰和儀式類別擴展到什麼範圍，要想成為包羅萬象的現成的宗教大全，總還是顯得太狹窄了，單純依靠廣泛的論據並不足以加強理論的權威性，而定義的探求則需要獨具慧眼。

《中國宗教學概論》於導論之後分五篇二十三章。導論闡述「宗教」命題的定義，瞭解古往今來對宗教的認知與態度，進一步探討為何建立中國宗教學思想架構，透過回顧過去的研究方法，以啟發未來中國宗教整體發展的展望，第一篇，以宗教的分類、宗教的本質、宗教的要素、宗教的功能等課題，統籌出宗教學基本的問題思考方向。第二篇，第一章先以整體華夏文明，從新石器時代原始宗教至今整個中國宗教史，作通盤鳥瞰廣泛認識，後四章則分別詳述儒教、道教、中國佛教及民間宗教和民間信仰。第三篇，理解研究中國宗教所必須具備的物候學及陰陽五行模式，以之探求中國宗教的現世性、中和性、宗法性及包容性等特徵，有利於進一步瞭解到中國宗教的本質。第四篇，認識中國宗教的神靈譜系、思想與體驗及終極關懷等課題，再者回歸制度與倫理的探討。第五篇，探討農業生態環境、人口、移民、戰爭、政權更替及其他意識形態對中國宗教的交互作用影響。最後，在結語上作者總結中國宗教是為博大精深的思想體系，在文明的發展上是先鋒亦是後盾，並對我固有文化長遠的發展充滿信心。

透過種種論述，作者導引出另一個精煉的觀點，宗教是圍繞生與死的辯證法而展開的人類精神的超越向度，它通過超自然的預設情境，試圖幫助信仰者從世俗存在的有限性，所導致的罪惡或痛苦狀態中，獲得解脫或救濟。（熊品華撰）

蕭登福著《道教與民俗》

《道教與民俗》，臺北文津出版社 2002 年版，凡十二章，平裝 25 開本，592 頁。

蕭登福，現任台灣台中科技大學應用中文系教授，為台灣重要的道教研究學者。學術領域以道教、佛教、先秦諸子、敦煌學為主，經常至中國、香港、

新加坡、馬來西亞參加學術會議與講學，2005 年《六朝道教上清派研究》獲台灣編譯館獎、《道教地獄救贖與太乙救苦天尊信仰研究》獲台灣國科會頒獎，2006 年《上清大洞真經今譯今註》獲香港道教學院頒獎。其著作繁多有《道教與密宗》、《道教與佛教》、《道佛十王地獄說》、《先秦兩恨漢冥界及神仙思想初探》、等，專篇期刊論文有〈道教《黃帝陰符經》要義初探〉、〈《太上玄靈北斗本命延生真經》探述〉、〈讖緯古籍所見崑崙幽都與道教之仙鬼世界及生死壽命說〉等百餘篇。

　　《道教與民俗》，由道教的拜斗、安太歲、紙錢寄庫、守庚申、三魂七魄說、功過格等民間常見的習俗與觀念，來說明道教與民俗的關係，並論述它對佛教及日本的影響。分成十二章，第一章道教與民間信仰；為全書的導論章，有兩大主述內容，一先建立民間信仰的概念與諸神，認為民間信仰是以道教的神祇、科儀為主體，再吸收儒、釋兩教所構成。道教神祇影響民間較深有玉皇大帝、關公、媽祖、玄天上帝等，由佛教轉成道教神祇有哪吒、觀音、濟公等。二述往後數章所要討論的經書與民俗的關係，有南北斗經、《受生經》、《玉歷至寶鈔》、《玉匣記》、《庚申經》、《太上感應篇》、《太微仙君功過格》等。總歸道教裡五行、命相、風水、卜卦等術，以及節慶影響民俗甚鉅。第二章從《玉匣記》看道教的民間信仰；《玉匣記》屬擇日與禁忌之書，以相傳許遜所傳、現存最早的《續道藏·冠字號》版本討論擇日吉凶、諸神聖誕、行事宜忌、趨吉避凶等法。第三章拜斗與安太歲；從星辰信仰的南斗主生北斗主死概念，從《太上玄靈北斗本命延生真經》討論 12 生肖搭配北斗七星，以及拜北斗可以達延生、治病、扶衰、散禍、消災、懺罪等作用與拜法。另外民俗中安太歲，則以《元辰章醮立成曆》、《劉十甲子本命元辰曆》說明歲星與六十太歲，並以《太上靈華至德歲君解厄延生法懺》剖析安太歲的科儀方式。

　　第四章由道佛兩教《受生經》看民間紙錢寄庫思想；本章從道教的《太上老君說五斗金章受生經》與《靈寶天尊說祿庫受生經》，佛教則以《佛說壽生經》分別討論兩教因倡以紙錢來救贖薦拔，剖析紙錢寄庫思想興於民間的諸景象。第五章道教符、籙、咒探源；天神所使用具有法力的符、籙與咒，於道教科儀中占有極重要地位，民間將之混用以與神明溝通，達驅鬼治病、避禍、求長生。依此本章先究符、籙與咒之源，再論演變，並剖析符、籙、咒的使用方式與用途。第六章道教三魂七魄說探源；續前章討論符可制三魂七魄議題，在《太平經》等書可見三魂七魄名稱，到六朝《靈書紫文》建立三魂七魄名諱。

法術方面各家有異，作者選用六朝《洞真高上玉帝雌一玉檢五老寶經》、《內觀經》；六朝末或唐的《太上除三尸九蟲保生經》、《太清中貴真經》，宋之後的《雲笈七籤》、《靈寶無量度人上盤大法》討論法術，並討論三魂七魄對於佛教的影響。第七章三尸與守庚申；本章溯源至《抱朴子・微旨篇》論及三尸伺察人過，經六朝的發展唐後出現專門滅三尸蟲的論著，以《醫心方》、《太平御覽》、《雲笈七籤》、《永樂大典》等書討論藥餌、避穀、食氣、符咒、守庚申、存思各種滅三尸蟲的方式，與守庚生的方法對佛教及日本的影響。第八章《庚生經》校讎；延續前章對於「三尸與守庚申」的討論，作者指出對於民俗中的守庚申影響最深的應是《太上三尸中經》，已佚，只見於《雲笈七籤》中的部份文字，依此經而撰著今流傳於日本，為《老子守庚申求長生經》，因此作者利用《雲笈七籤》、《老子守庚申求長生經》兩經，以及曾引過該書的《永樂大典》、《玉函秘典》等經為元素進行校讎，以還原《太上三尸中經》。

第九章《太上感應篇》、《太微仙君功過格》等善惡功過說與民俗信仰；道教以善惡為標準的功過格，在民間非常盛行民間，其中又以講善惡感召天神降賜福禍的《太上感應篇》與計數善惡功過的《太微仙君功過格》為盛。本章從討論《太上感應篇》的撰著年的背景源由，各註本的內容，與該經反映的思想內涵；以及《太微仙君功過格》計數善惡的方式，到由兩經衍生的如《文昌帝君陰騭文》等其他勸善書，到對佛教《自知錄》、「功德表」的影響，對於民俗裡善惡功過的議題，作了全面的探討。第十章道教對日本佛教及神社的影響；前九章的論述裡，作者多處的說明道教對佛教、對日本的影響，鋪陳了本章的討論主題。日本的信仰以佛教與神道教為主，道教對佛教影響，作者認為由北極玄天上帝與北辰妙見信仰的混合不清、濃厚道教神的十王信仰衍生成十三佛信仰、源自十二生肖地支神的十二藥叉神將、護身符與香火袋以及庚申信仰中可見。第十一章西遊人物溯源——沙悟淨與密教中的深沙大神；延伸前章佛、道教的討論，作者以通俗小說《西遊記》中的密教人物沙悟淨為探討主角，一從沙悟淨外形與深沙大神的圖像相仿，二宋話本的《大唐三藏取經詩話》中有深沙之名，從此二特徵以唐代典籍裡的傳說、佛經的央崛摩羅、捲簾將軍、項上瓔珞等面向，討論沙悟淨與身沙大神兩者的關係，看此角色佛道融合的內涵與發展。第十二章《西遊記》與道教內丹修煉；本章承接《西遊記》裡佛道融合的討論，藉《西遊原旨》一書，探討《西遊記》中常將金丹修煉與故事情節緊密結合的現象，整理與論證小說內敘述孫悟空、豬八戒、沙悟淨三者都修

內丹而長生的議題，並認為讀者需先懂《參同契》與《悟真篇》，才能看懂書中的內丹修煉思想，以駁正《西遊記》並非抑道揚佛，而是佛道儒三教並融的小說。

　　道教屬於入世宗教，強調的是日常的修煉，自是與民俗關係密切。而民俗源自日常生活的匯集，自是包羅萬象，也是本書的撰述方向與特點，從道教的拜斗、安太歲、紙錢寄庫、守庚申、三魂七魄說、功過格、善惡禍福相感應、內丹修煉等民間常見的習俗及觀念都列入討論外，難能可貴的是皆能從原典討論其源流與發展，因此每一項民俗的信仰或活動，都能得到完整的知識與概念。此外，有些民俗議題非一章能夠論述清楚，作者皆能巧妙的安排兩章，以承接模式的作剖析。另外，又於每一民俗主題裡埋下伏筆，如佛道的融合現象、影響日本的狀況，皆在為最後三章討論日本與佛道融合議題鋪陳奠基，以此建構出完整的道教與民俗的體系，以呼應作者認為道教對於漢民族的影響，已深入生活各層面，為其他宗教難出其右。（蕭百芳撰）

黎志添主編《道教研究與中國宗教文化》

　　《道教研究與中國宗教文化》，香港中華書局有限公司 2003 年版，分三大部份，平裝 25 開本，357 頁。本書為香港中文大學宗教系過去數年來在道教研究的成果，代表了目前道教研究在香港中文大學宗教系的發展狀況和特色，分享「道藏經典」、「道派歷史」、「道教科儀」和「道門修真」四個道教知識範圍，藉此引發這四個道教領域的研究發展。

　　主編黎志添，現任香港中文大學崇基學院神學院教授，曾任中文大學文化及宗教研究系教授、系主任及道教文化研究中心主任，研究領域為六朝道教史、天師道正一法文經、道教煉度科儀、廣東道教史、香港正一及全真道教科儀。著有《廣東地方道教研究——道觀、道士及科儀》、《廣東地方道教研究》、《香港道堂科儀歷史與傳承》等專書，道教學術研究論文數十多篇，成果刊載於多份國際著名中國研究期刊。

　　《道教研究與中國宗教文化》，分成經典、歷史、修鍊與儀式三大部份，共九篇專論。第一部分經典，收錄四篇專論，第一篇為黎志添〈《女青鬼律》與早期天師道地下世界的官僚化問題〉；有別於一般學者把《女青鬼律》視為控制鬼怪的道教詔符，作者從早期天師教團對於道民的規律教條角度剖析，引《上清骨文髓靈文鬼律》說明《女青鬼律》，並未關注地下世界官僚層級與對

死者的救渡，而是天師道眾所該遵守的戒律。第二篇傅飛嵐〈天師道上章科儀——《赤松子章曆》和《元辰章醮立成曆》研究〉；以六朝天師祭酒所用的相輔科儀手冊《赤松子章曆》和儀典《元辰章醮立成曆》，剖析天師道的上章科儀的作法，並歸納出在科儀的章文被標準本後，經收集後就編成了《赤松子章曆》，供作儀式的使用與傳授。第三篇王承文〈敦煌古靈寶經與陸修靜「三洞」學說的來源〉；作者認為「三洞」學說對道教的整合、道藏的編纂，甚為重要，以此論陸修靜以國家認可的方式，確立三洞經書的分類，其「十二部類」、「三十六部尊經」源自古靈寶經，故陸修靜的「三洞學說」為古靈寶經的承繼與發展。第四篇王宗昱〈評張萱清真館本《雲笈七籤》〉；重新考證於明代流行的張萱清真館版本《雲笈七籤》，發現許多問題，並以《太清金液神丹經》與孫思邈丹經的問題為討論案例，藉此提供以《雲笈七籤》為題材作研究或是史料論證時，注意所引用的版本，與其原著的出處來源。

　　第二部份歷史，收錄二篇論文，第一篇楊莉〈從邊緣到中心：唐代護國女仙與皇室本宗情結——兼論李唐皇室與地方政府及道教界的互動關係〉；本文不以主要統治者皇帝作為討論政教關系的主題，而以唐代女道士黃靈微為切入點，討論從睿宗至僖宗的黃靈微、邊洞玄、董上仙、謝自然與薛玄同五名昇仙女道士，與地方官、唐代天子三者環環相扣的互動關係，藉此反映出唐代女道士的群體力量，使其成為護佑皇室的女仙。第二篇王崗〈明代王侯與道教關係探究；以蘭州和昆明為例〉；本文摒除以朝廷討論政道關係，而以蘭州與昆明兩地的王侯為研究對象，藉兩邊境地區與地方上有名望的世襲王侯，從其王侯在地方上的角色與地位，並以蘭州肅王與玄妙觀、雲南黔國公與昆明虛凝庵二個案例，討論明代王侯與地方道教的關係，個案顯示地方上的知名觀庵，透地方王侯的長期支持與保護，得以良好的發展。

　　第三部份修鍊與儀式，收錄三篇論文，第一篇莊宏誼〈北宋道士張伯端法脈及其金丹思想〉，本文以張伯端為中心點，上溯張伯端的師承，與下傳的法脈，透歷史資料、經典文獻與個人的修鍊體驗的三方內容，剖析張伯端金丹思想的內容與特色，藉此說明南北兩宗的區別，並非「男女雙修」與「清靜孤修」，而在「修煉實踐中會出現完全不同的體驗」。第二篇劉紅〈儀式環境中的道教音樂〉；強調道教音樂不能單純以音樂現象作討論，而應注重音樂的宗教現象，因此本文將道教音樂置於道教儀式裡的特定環境，先釐清此種概念，再從儀式與音樂關係中，討論道教音樂在儀式中的位置、角色與意義，重新定位道教音

樂實為整體儀式所不能代替的一個部份。第三篇李豐楙〈收驚：一個從「異常」返「常」的法術醫療現象〉；以台灣位於城鄉中介的台中縣大雅鄉正一道觀，其道士施行「收驚」儀式作為分析的個案，詳述收驚儀式的場地與法術操作過程，認為收驚儀式實為一項重要的民俗醫療，建立在施術者與民眾的互信默契，具有穩定調整身心的機制，宗教師能從「異常」巧妙運用道教術數，快速的返「常」，進而重建被治療者的身心整體秩序，顯示收驚師具有宗教、心理與治療作用，展現千年來精神性醫療者的角色。

　　本書所收錄的九篇專論，皆為該主題的重要論文，都具有開拓該領域，並提出新研究觀點的特性。此外，研究的對象與範圍，也突破以往朝廷政治的色彩，開始注意地方、邊界、女道士、民俗儀式，走入社會與人群，提供道教研究的新方向。故讀此書可獲得道教知識外，每位學者的研究方法與論點的突破，更為本書中的無價之寶。（蕭百芳撰）

游子安著《善與人同：明清以來的慈善與教化》

　　《善與人同：明清以來的慈善與教化》，游子安著，北京中華書局 2005 年 4 月出版，平裝 32 開，358 頁。

　　游子安簡介，見李建德撰〈《勸化金箴：清代善書研究》提要〉。

　　《善與人同：明清以來的慈善與教化》全書共分六章，第一章〈導論：四百年來的慈善與教化〉，先說明「善與人同」的出處與在民間的意思，再對善書加以定義，介紹明代蓮池袾宏（1535～1615）、袁黃（1533～1606）刊行的善書，並界定論述範圍為明末至近代的 1600～1940 年，而後指出全書的撰作結構；第二章〈勸善書的類別與流通〉，關注於《太上感應篇》、《文昌帝君陰騭文》、《關聖帝君覺世真經》等「三聖經」在清代民間社會的流通情況、注釋版本與對蒙學的影響，並分析「功過格」、「圖說式善書」的源流與功用，進而舉出談德元（1857～1910）創立的廣州文在茲善書坊、張雪堂（1837～1909）興辦之上海翼化堂善書局以及上海的佛學書局、明善書局為例，討論晚清以來的善書流通管道；第三章〈明清以來的善人、善書與善事〉，舉出余治（1809～1874）、顏茂猷（明崇禎七年〔1634〕成進士）、許纘曾（1627～1700）、石成金（1659～？，乾隆四年〔1739〕尚健在）、黃正元（清康熙五十二年〔1713〕成進士，乾隆二十年〔1755〕尚健在）、王一亭（1867～1938）、釋印光（1861～1940）等刊行善書、勉力善行者為例證，進行個案分析；第四章〈善書、民

間信仰與社會教化〉，舉《暗室燈》、《玉歷鈔傳》、《保富法》、《保富確言》、《桂宮梯》等善書為例，討論善書呈現的民間信仰觀、戒殺放生、命運觀、地獄觀、報應觀、社會教化規範、財富觀、文昌信仰、敬惜字紙習俗等觀念；第五章〈華南地區的道堂與善堂〉，介紹廣州、香港、梅州、澳門等地的重要道堂與善堂，並分析善書在香港的傳播、流通方式，並以香港首倡印送善書之從善堂，梅州傳播呂祖信仰的贊化宮，澳門的鏡湖醫院慈善會、同善堂、雲泉仙館等標的，作為個案分析之對象；第六章〈結論〉則提出民間道堂、乩壇、善書長期倡言的道德規範，並不因社會結構轉型而喪失其價值，相反地，這些民間長期約定俗成的觀念，更能呈現中國人自身的道德傳統，而其慈善活動的發展，亦可觀照明清迄近代社會變遷之縮影。

誠如韋慶遠教授在書前序言提出的評價，游教授《善與人同：明清以來的慈善與教化》一書，對於近百年珠江三角洲及香港、澳門慈善事業的論述，可以為華南地區社會史研究補充不可或缺的重要面向，彌足珍貴。再者，游教授分析的香港從善堂，由於刊行《玉皇救劫真經》（又名《玉皇真經》、《玉皇上帝消劫真經》等）之故，對於近代華南地區的民間玉皇信仰傳播（導致臺灣出現道教徒信奉《高上玉皇本行集經》，而民間廟宇誦持《玉皇真經》的差異化現象出現），有其影響力存在，但長期未受到關注，因游教授的論述而能「發潛德之幽光」，亦可看出本書之價值。然而，少部分行文略有商榷處，如介紹廈門了閒道社時，游教授提及該社誦念《文昌大洞仙經》，稱此經為文昌帝君於明嘉靖中葉在皇宮道壇降乩，由侍鸞道士錄存而成，若能將行文調整為「該社誦念的版本」，當能更加完美。（李建德撰）

鄭志明著《道教生死學》

著者：鄭志明；出版：文津出版社（2006）；336p。

全書共 14 章。第 1 章緒論，總述道教的生死關懷。第 2 章至第 4 章探討《老子》《莊子》的醫療觀、生命觀與安寧療護。第 5 章至第 8 章，探討《太平經》《抱朴子》《陰符經》《養性延命錄》等的生命觀、醫療觀與生死關懷。第 9 章探討道教科儀音樂的生命關懷。第 10、11 章探討《道德真經廣聖義》及《靈劍子》的生命觀與修持觀。第 12 章從《道法會元》探討宋元符籙法派的生命修持觀。第 13、14 章探討《峴泉集》、《性命混融論》的生命觀。

道教對生命的關懷乃是經過長期的理論與經驗的累積，有著豐富人體修道的神學體系，重視人在天地宇宙中的精神地位，與中國哲學有相互傳承與發

揚的關係。不過道教真正吸引民眾的不在於深奧的天人理論，而是各種人體修持的密訣與工夫，是落實在身體的鍛鍊功法上，大談養生與送死之道，肯定生命經由修養可以達到精神不死的境界，認為人體能以長壽的養生工夫，契入到道的長生境界，完成了人體與道的合一願望。

　　道教是人類極為獨特的宗教形式，以「人體」作為信仰核心，甚至只關心人體的「生」，對「死」一點興趣都沒有，期待能長生不死，人體可以永存。人體包含了肉體與靈性，肉體或許是有限的存在，靈性可以經由神力的交感，成為宇宙的新核心，真正獲得了長生不死。

　　道教的生命關懷依舊偏重於精神形態的展現，相信「道由人顯」，進而「重人貴生」，強調形體的健康長壽，提出了各種養生的技術與方法，其最終的目的，則在於人的靈性與天地自然的相應共生，人的生命與宇宙是互依共存的，以有限的肉體成就了精氣神一體的超越存在。（簡一女撰）

孫亦平著《道教的信仰與思想》

　　《道教的信仰與思想》，臺北東大圖書股份有限公司 2008 版，凡六章，平裝 16 開菊本，252 頁。

　　孫亦平，南京大學歷史學博士，現任南京大學哲學系、宗教學系教授、中國宗教學會理事，美國哈佛大學、香港浸會大學訪問學者。研究專長有宗教學原理、中國道教和佛教。主要著作有《杜光庭思想與唐宋道教的轉型》、《杜光庭評傳》和《佛教高僧傳》等，主編《西方宗教學名著提要》，期刊論文百餘篇，主持多項國家級哲學社會科學基金研究專案，學術成果屢次獲獎，廣受學界肯定。

　　《道教的信仰與思想》分成六章，先論述道教的信仰與理論，再討論道教仙學、倫理觀、社會觀的意涵，以及與科學間的關係。第一章道教信仰的基本特點；認為道教吸收自然崇拜、祖先崇拜、鬼神崇拜與神仙信仰，由此建立出特有的神仙譜系。依此將道教信仰特點歸於五個面向，一是成仙得道的追求，二是由老子到太上老君的信仰，三是以三清尊神玉皇大帝為最高神，四是《真靈位業圖》將神仙位階系統化使道教走向上層社會，五為神仙居處之地為洞天福地，對應於人間實境成為信眾修鍊成仙之地。第二章道教理論的主要內涵；道教的內涵有宇宙觀、生命觀、道性論等涉及龐廣，諸理論的立論皆在說明得道成仙信仰的合理性，作者以五項理論作論證。一是造化天地的道，是從無到有，具法自然的特性。二為如何稟道受氣獲形神，以得道成仙。三從道法自然

的宇宙理論，尋找永恆生命，因而衍伸出貴生惡死觀。四是從心性層面發展出清靜自然，修心可成仙之論。五是魏晉重玄發展成道體與道性論，透有無雙遣，來解決有限與無限的肉體矛盾。

第三章道教仙學的文化精神；成仙為道教信仰的目標，如何成仙，有五個方向，一是漢代《太平經》的「精神主生」，講求保養精神就能長存。二是魏晉追求「形體永固」，促使服藥養生成為流行。三是唐代承服藥之風，轉以修道即修心，從心性找成仙之道的內丹興起。四是元代全真派承內丹，以性命雙修煉氣煉神，以達全真為仙之境。五是宋代淨明道，以忠孝立本，終至淨明，為儒釋道三教合一的成仙之道。

第四章道教倫理的基本特徵；道教的特殊性除得道成仙外，在成仙之前需先修人道，再修仙道，因此在人道方面須擔負起社會義務，加諸因果報應的觀念，使道教有著勸善止惡的教化功能。依此作者歸納出四個特徵，一為先修人道再修仙道，而能無欲無為達仙境。二是因果報應觀，行善能免除承負，得道成仙。三是強調勸善可止惡，促成功過格的產生。四是從《元始無量度人上品妙經》的「齊同慈愛，異骨成親」的倫理觀，可見道教對萬物的慈愛的想法。第五章道教社會觀的獨特內蘊；作者強調道教的理想社會，是一處平均安寧穩定的社會。在此社會的個人是無欲，帝王的「經國理身」，為無為而治之社會下理想內蘊之一。萬物皆為道所化，道教提倡貴生，因此以道教佐國的國家，戒殺抑兵國家因而能長治久安，為理想社會內蘊之二。道教講求陰陽調合天人合一的視角，帝王子民都能順應陰陽之理，可達天下太平之境，為理想社會內蘊之三。第六章道教之術與中國古代科技；此章強調道家思想為古代科學技術之根本，道士所從事的道術既是宗教生活的一部分，也試圖解釋自然的運行，以達長生久視的目的。有四，一為符籙、丹鼎、行氣、導引、存思等成仙道術，包含了天文、地理、物理、化學、心理學等，體現中國古代科技精華。二為冶煉外丹，從不斷的煉丹過程中，掌握了丹砂、金、銀、汞性質。三為修煉內丹，主將人體視為小宇宙，從修精、氣與神，進而法天地以達成仙之道，為養生氣功的先驅。四是因從法天則地、守道自然的想法，因而注重天文地理觀察，促成堪輿風水與天文曆法之知識。

本書如作者所述「道教是以『得道成仙』為基本信仰的中國傳統宗教」，可見全書六章皆以「得道成仙」為主軸，緊扣此基本信仰，旁徵引證，說明無論從信仰、理論、仙學、倫理觀、社會觀還是科學視角，道教都在追尋得道成

仙，與尋找讓生命無限存在的可能性，故以「得道成仙」貫穿道教信仰與思想的論述，為本書的特點之一。雖以「得道成仙」為主軸，但各章的論證卻自成體系，引用經書資料細微，能精準的討論道教各種思想，使其成為單一主題的討論，為本書的特點之二。對於道教的歷史脈絡與其道派發展，皆能系統且清楚的說明，為本書的特點之三。六章所選主題皆為道教的重要關鍵特色，讀本書即能全面認識與了解道教，為本書特點之四。（蕭百芳撰）

周西波著《道教靈驗記考探：經法驗證與宣揚》

《道教靈驗記考探：經法驗證與宣揚》，周西波著。臺北文津出版社，2009 年 6 月。

作者為國立嘉義大學中文系副教授，研究領域在敦煌學、道教、民俗等方面，著作有《杜光庭道教儀範之研究》等。

本書定義「靈驗」，意即透過耳聞目見之接觸，以證明神蹟顯現之實有、神力展現之可信。靈驗的產生，乃基於人之種種意志、行為與神界交感而引發神界之回應結果，故又有感應、靈應、感通等之稱。本書探究之道教靈驗記為：杜光庭《道教靈驗記》、無名氏《清靜經註》、零篇散卷的靈驗記、敦煌寫卷 BD1219 所載道教俗講內容，及無名氏所編《玄天上帝啟聖錄》五部份。形式上包括專書、附經、法會宣說等。本書即探討各種靈驗記的內容類別、題材來源及其影響，以呈現道教靈驗記的構成方式與傳播情況，並分析其敘事結構、文辭、義旨等，彰顯此類作品在宗教文學研究中的價值與意義。研究成果可歸納為四大結論：

一、以幻化的神蹟，經由見證，達到教化的功能。杜光庭《道教靈驗記》指出神鬼之說的意義，主要在於其乃如同國家之刑憲，具有獎勵行善、遏阻惡行的作用，達到維護善良風俗，穩定社會秩序的目標。所以編寫傳播靈驗記，可以警惕人心，知所依循。杜光庭此作可視為其彰顯道教教義的表現，對後世道教靈驗記的產生，應有促進作用。

二、佛教靈驗記、志怪傳奇作品、歷史事件、民間信仰傳說是主要題材來源。杜光庭《道教靈驗記》書中大部分的故事與佛教靈驗記的重疊性不高，有許多可能是採集自民間信仰傳說，內容層面廣泛，較具有道教本色，後世道教靈驗故事基本上可自其中找到相應類型，此書宛如道教靈驗記的總綱。其他靈驗記則可分為二大類，一以經典為主體，一以神明信仰為中心。

三、因應各個階層的角色身分，展示不同生活需求，尤其重視官僚階層的作用。在故事角色上，以官僚階層最多。主因官僚階層對道教事務的維護或破壞，具有較大的影響力，且其行為在平民階層常能發揮示範帶動的作用。同一故事角色的安排，大抵包含主角、信仰對象及見證者為模式。信仰對象主要具備仲裁者的功能。

四、以寫實外衣包裝神怪本質，文辭由典雅趨於通俗，形式由單純敘事融入詩詞、史贊、奏章等，且不乏敘事精彩之作品。靈驗記強調的是信仰的應現有靈，信而有徵，故以寫實外衣包裝神怪本質。大部分採第三人稱全知敘事的方式，但亦見第一人稱者。杜光庭為駢文大家，其作華美典雅，至後世如敦煌寫卷者，則較具通俗口語的傾向。（林翠鳳撰）

游子安著《善書與中國宗教》

《善書與中國宗教》，新北市博揚出版社 2012 版，凡四大類目共 14 篇論文，平裝，383 頁。該書為作者游子安的自選集，主要收錄作者近年來所撰寫的論文，屬博揚出版社《宗教學者經典系列》叢書之一。作者於自序時提到所收錄論文的標準，是依《宗教學者經典系列》叢書收錄的標準為依據，以重要性、影響性與親近性三個標準來選錄論文。

游子安，香港中文大學哲學博士，現任香港珠海學院中國文學系助理教授，曾任香港中文大學文化及宗教研究系助理教授、道教文化研究中心副主任，亦曾於臺灣國立暨南國際大學歷史學系擔任客座。研究領域以明清勸善書，香港、華南與東南亞地區道教及民間宗教，二十世紀宗教慈善史為主。長期的田野考察結合文獻資料為其研究方法。作者自序言善書研究為其學術的關節點，1999 年的《勸化金箴——清代善書研究》為此領域的重要代表作，2005 年的《善與人同——明清以來的慈善與教化》，除探討善書與民間信仰的關系外，研究地域則擴及至廣東。另有《爐峰弘善——嗇色園與香港社會》等書。

《善書與中國宗教》主要收錄作者近年的論文，依其作者的研究成果，分成「勸善書」、「神明信仰」、「道教、德教、孔教篇」與「從嶺南到東南亞的宗教傳播」四類。「勸善書」收錄了〈明末清初功過格的盛行及善書所反映的江南社會〉、〈修省者的畫像：善書筆下的黃正元與劉山英〉、〈敷化宇內：清代以來關帝善書及其信仰的傳播〉與〈從宣講聖諭到說善書——近代勸善方式之傳

承〉四篇論文；四篇勸善書的論文安排是依時間順序，從明末清初到近代，此外四篇勸善書論文，也分別從四個方向依當時代的勸善書特點切入作探討，首篇討論流行於明末清初的功過格，是一種商品經濟發展下道德淪喪下的產物，藉由功過格來導正社會風氣。另一方面也因經濟的發展，鄉紳地主也藉由功過格對地主與佃僕進行協調溝通，更有因財富不均發展成勸諭富者散財以積德的想法。第二篇主在討論善書兼具儒家內省與陰騭的觀念，融入明末清初改過遷善的時代風潮裡，黃正元等善書著者借己以勸人內省的歷程。第三篇討論從北宋發端的關羽信仰，到清代為其登峰期。本文從善書流通的角度，依時間討論關帝善書具有慈善活動與道德教化的作用，選用清初《覺世經》、清中葉的《關帝桃園明聖經》、《返性圖》、民國《洞冥寶記》作案例，論述從善書的演變可見關帝於民間信仰中尊崇的地位。勸善書的最末一篇主以《了凡四訓》討論從明末至今善書的傳播方式，可以窺見善書傳播方式有閱讀案頭本、有說唱的宣讀本，極具多樣化。

　　本書第二部份「神明信仰」，討論媽祖、濟公與黃大仙，並以作者所居地香港作為討論的主要地區。在〈天后信仰與香港廟宇的特色：從非物質文化遺產談起〉一文，從香港天后信仰的廟宇功能、神祇、建築、文物管理與教育等方向作討論；〈以醉醒迷——南宋以來濟佛信仰與現代扶鸞結社〉除論南宋濟公被民間奉為治病消災、扶危濟困有求必應的神祇外，也討論香港濟公信仰的廟宇建置、扶鸞結社、各道堂與佛會的近況；〈二十世紀上葉粵港地區黃大仙信仰的承傳與演變〉討論二十世紀從廣東傳至香港的黃大仙信仰，剖析形成消長與傳承的現況，認為在港有求必應，使「靈籤」與「藥籤」成了黃大仙信仰的特色，也成了黃大仙信仰「普濟勸善」宗旨實踐方式之一。

　　第三部份「道教、德教、孔教篇」，有三篇以作者地域關係為範圍的論文。〈道教與社會——二十世紀上葉香港道堂善業〉；討論了上世紀香港的道堂善業，主在樂善濟眾、默默耕耘，對於社會關懷由港傳播至各地。〈從碑記談廣東西樵雲泉仙館的源、流、變〉；作者藉由雲泉仙館的源、流、變看近百年間粵港道教的發展與脈絡。至於跨地域的華人宗教善團的德教發展，則在〈六十年來相港德教團體的歷史與發展〉一文裡，從源流到在港的地域分佈、供奉的神祇到扶鸞救劫善書的出版與佈道，都有詳細的介紹。並強調香港尊孔團體從1909創孔聖會起，成為1930年孔教學院的源流，在中國文革大肆破壞傳統文化的近代裡，香港的孔教學院保存孔學，有一定程度的貢獻。

第四部份「從嶺南到東南亞的宗教傳播」，作者從對香港道教的討論，延申到港鄰近地區東南亞的討論。〈道脈南傳：從嶺南先天道的傳承與變遷〉；該文是以「藏霞」一脈的道堂為主線，討論二十世紀從粵港到越南先天道的歷史與現況特點，香港先天道居中的角色極為重要。承前文，〈香港先天道的脈源與發展——兼論道統在港、泰地區之延續〉主論清末香港的開港，成為先天道由粵傳播至東南亞的重要關鍵，並說明傳播到南洋的三條脈絡，而「藏霞」除是香港先天道的祖洞，更是東南亞堂道的主要脈源。〈清末以來呂祖信仰的傳播——從廣東梅州呂帝廟到泰國曼谷贊化宮〉，以泰國信仰為討論焦點，呂帝信仰因道侶的南遷，將信仰南移，其從廣東梅州傳播至泰國曼谷建贊化宮，討論該宮弘揚祖廟的精神，致力善業與扶危濟困，貫徹如一的情況。

全書特質有四：其一討論善書為其最大特色，曾為酒井忠夫所稱許，為善書領域的重要研究。此外，作者對於世界文化遺產的關注也反映在他所撰著的論文裡，如〈天后信仰與香港廟宇的特色：從非物質文化遺產談起〉與〈二十世紀上葉粵港地區黃大仙信仰的承傳與演變〉二文皆屬此類。其三因作者的地域關係，關注的道教都以香港為主軸，透過本書可以了解香港目前的道教信仰諸現況，與新興起的宗教。其四本書第四部份透香港討論東南亞宗教的現況，此一議題也提供道教研究者，一窺較為罕知的東南亞道教現況。（蕭百芳撰）

鄭志明著《道教生死學》第二卷

著者：鄭志明；出版：文津出版社（2012）；426p。

此書共 14 章。第 1 章緒論，探討「道」、「神」、「人」一體性的生命與生死關懷。第 2、3 章，探討《西昇經》及《老子想爾注》的生命關懷、意義治療、與精神療癒。第 4 章至第 8 章，探討《洞玄靈寶諸天世界造化經》、《洞玄靈寶玄一真人說生死輪轉因緣經》、《洞玄靈寶太上真人問疾經》、《洞真太上說智慧消魔真經》、《太上玄靈北斗本命延生真經》的消災解厄、輪轉因緣、醫治護命與本命延生。第 9 章探討《赤松子章曆》的生死儀式治療。第 10 章探討《雲笈七籤·稟生受命》的胚胎生命觀。第 11 章至第 13 章，探討《太上慈悲九幽拔罪懺》、《黃帝陰符經解》、《道德真經三解》的拔罪度幽、人身成道、與內丹養生。第 14 章探討明代陸西星雙修丹法的生命關懷。

　　道教本質上是一種重視人體生死的宗教，重視生命的養生與送死，特別關注身體的修煉與本命的永生。道教的理想境界是「長生成仙」，落實在學道積道的心性體悟上，開發出各種成就性命的修持理論與齋醮法事。道教的龐大教義體系可以說是離不開「生死」的範疇，要求人們務必真實面對生死的種種課題，從人身的形證入到人心之神，是一套滿足民眾精神需求的具體宗教形式。

　　道教在理論的建構上是以超克生死為主要核心，更關注個體生命的永生或解脫的終極歸宿，經由齋醮的禮儀設計，用以化解生死歷程中的各種疾病與災難。道教的齋醮是配合養生送死的生命禮儀，教導人們從生存與死亡的種種困境中能自我超拔出來。道教的齋醮科儀雖是專為人們修道與行道規劃而成的具體儀式，幫助人們進行心性的涵養與成長，以精神性的體驗來成就永生的安頓。道教齋醮的目的是經由禮儀操作系統來強化人與天地鬼神的精神感通，是以綿密複雜的儀式程序來擴充人們的心靈，平安走過從生到死的歷程，能安頓死後的終極靈性，以長生的成就來濟生度死。（簡一女撰）

第六章　道教史、文物考古及綜論

趙家焯著《道學與道教》

　　《道學與道教》這書乃道家文化為中國文化主流，為東方文化之基礎，中國自古以道立國，民族之生存，國家之興亡，全賴道統來維持。作者就道家之遺著經典，加以闡譯，就「《道學與道教》」、「如何認識道教」分章淺說，俾使道統高深玄理，得於講述中窺輪廓。固幽深瓊邈之義，有待學者自行發掘，而粗淺入門，由此可以登堂矣。

　　趙家焯在其《道學與道教》一書稱：目前台灣的道教組織主要有道教居士會和中華道教會。前者為純宗教性組織，後者為宗教性兼政治性組織。趙家焯稱道教居士會為台灣道教之最高組織，成立於 1957 年，會址在台灣的天師府內。該會的居士通稱大居士，由天師就道教各教派的教徒中，凡符合下列資格者，經審查合格的予以聘任。條件如下，一、對本教研究確有心得者。二、對本教宣揚維護著有成績者。三、曾在各教派中受職者。四、道行高超者。五、曾經開道行教者。六、信奉本教三十年以上者。

　　趙家焯中將，省保安司令部參謀長。道號存神，湖南桃源人。畢業於北平民國大學政經系、陸軍大學一級將官班第一期、湖南建國法政專門學校。歷任湖南省茶陵縣、江西省新淦縣、貴州省普定縣縣長，福建省立研究院中華學術院道教文化研究所所長，社會科學研究所所長，群治法學院及政工幹校碩士班教授，福建省政府專員室主任，福建省設計考核委員會委員兼副組長，湖南省政府參事顧問。在軍職方面，歷任連、營、團、旅、師、師部、軍部、省保安司令部參謀長。1947 年 11 月 21 日任少將，後又任集團軍司令部高級參謀，

中央訓練團將官班力行委員會主任委員等職，軍階升中將。1976 年任立法院立法委員。還曾任中華民國道教會、臺灣省道教會理事長，道教世界總廟總主持。1981 年 9 月去世。著有《政略學及政略原理》、《道教通銓》、《道學重溫》等。

　　以道教為大宗的台灣民間信仰，表現出濃烈的尋根意識，成為民間社會相互聯繫的文化紐帶，在日常生活中發揮著穩定社區的功能。作者為此，這裡情願另覓蹊徑，取一種將二者之同異合觀的眼光，書中分為兩部分，一為道學、二為道教，對於道學區分為道之意義、孔老之道、道之區分，道教部分則為道教與其他宗教的比較論述，與軍中宗教問題的介紹。

　　《道學與道教》完成了其道學與道教之間的理論，而從宏觀的角度來看，則《道學與道教》所展現的思想特色主要表現在其對心性修養的強調，中國春秋時期和魏晉六朝時的情形：物慾橫流，奇物滋起；樸真毀棄，狡詐遍地；腐鼠成金，奢泰流行；強梁稱雄，衝突不斷。面對全球的亂象，深受老莊和道教影響的中國人，很自然地、符合民族思維傳統地，要回到先聖先哲那裡尋求幾乎已經冷藏了的民族智慧。道教之呈現復興之勢，不能不說與此有著密切關係。但是，道教也因此而需要應對一系列挑戰，主要的有以下兩個方面。一是後世道教漸漸與道學的核心理念和宗旨在一定程度上有所疏離；二是世界已經進入現代和後現代，科技高度發達，文化多樣性逐步為人所知並認同，相應地，人文社會科學和哲學也發生了重要的轉型。這對道教從宇宙觀、神仙道，到符籙、齋醮形成了無形的壓力。先說第一個問題。道學的核心，簡約地說，就是人們耳熟能詳的《老子》的人法地，地法天，天法道，道法自然和道生一，一生二，二生三，三生萬物等精闢論說。在關於現象界的描述的虛擬，包括莊子恣肆馳騁、無禦遨遊的想像和對世俗束縛、名利齷齪的厭棄，無不由此生發又得到極大昇華，重視實踐與理論的可行性，並主張以漸修的方式進行修持。同時面對其他宗教理論的強力挑戰，其藉由建構《道學與道教》的思想體系，融攝道教的概念而將之置於道門之下，並凸顯出道教在兼顧形神上的理論優越性，進而回應佛教理論，展現出道優於釋的立場。孔老之道，《易經》而又結緣於《易傳》的老子、孔子學說是中國傳統教化中缺一不可的精神酵素。二者間的張力顯然是必要的，然而，長期以來，學者們對儒、道兩家的非此即彼的揀擇，反倒在其中築起了一道無形的壁壘。與或棄或取相應的褒貶對孔、老學說分野的演繹是引人注目的，而且，已經足夠長的學術聚訟似乎仍在繼續。

無論從神明對像看，還是從儀式、載體看，道教對台灣民間信仰都具有重大影響。道教已融入台灣民間信仰生活之中。這既是華族社會移民習俗延續的結果，也是中華民族包容文化的精神結晶。（熊品華撰）

李叔還著《道教要義問答大全》

《道教要義問答大全》，李叔還著，平裝，1972 年出版。前有序文四篇，本文為 333 條問答題，約 10 萬餘言。

李叔還，號乾道人，原籍雲南，從小遷至福州，後隨國民政府遷臺。抵臺時初居台北，後移居高雄，先後創辦正心崇德堂、集玄合一堂、天壇斗堂等，任堂主。李叔還為台灣道教嗣漢天師府首席大法師，道教居士會大居士，高雄教區道紀司，高雄市道教會理事長，並與六十三代天師張恩溥大真人一起推廣道教文化和斗堂文化。現今台灣近半數道教宮廟所使用之「斗堂禪和樂」，均由李叔還與六十三代天師推廣而來。六十四代天師張源先也曾經拜在李叔還老師門下為弟子，所以尊稱李叔還老師為「天師弟子，天師師」，即是說李叔還老師作為六十三代天師與六十四代天師交接過程中的重要傳承長老。李叔還頗善於書法，其著述甚豐，其著作有《健康長壽龍門修養法》（1975）、《道教典故集》合著（1975）、《道教大辭典》（1979）、《宗教辭典》（1981）、《道教真理講義》（1983）等著作。而其留下的斗堂秘籍，有《正一穹窿玉斗全科》、《玄門雜錄》，則是道教信仰的重要資料。

作者因感道教素乏宣傳，信徒未諳教義，不求甚解，致貽外教人士之譏。乃參照五十四代天師張繼宗所著《崆峒問答》體例，搜經據典，擇要揀精，於民國五十九年（1970）編撰《道教要義問答集成》一書，共分 12 類，問答題合計 248 條，印行問世。後於民國六十一年（1972）續纂新條，擴充篇幅，改名《道教要義問答大全》，修訂出版。對於道教之哲理、教義、道統、法儀、學術、秘典、名稱，以及先聖來歷，道門常識等，博採廣徵，列舉齊全。全書共分道脈本源、天道系統、道教源流、道教宗派、道教史略、先天真聖、後天仙真、社稷神靈、古制祭法、道門學術、天師世系、玄門辭典、道林集考、玄苑餘談等 14 類，問答題合計 333 條。針對道教神祇的介紹，即分為先天真聖、後天仙真、社稷神靈等三個類別，初學道門讀者可迅速明瞭道教神祇的概括。而總體來說，全書可說是集合道教要義之大全，闡明道家奧秘之重要著作，內容豐富，為道門人士必讀之書，也符合初學道教基礎知識需要。

即至今日，後進學者、研究者，大量參考本書所列問答、並公開引用其論述者，不知幾凡。

　　道教為中華民族最古老之宗教，發源最早，歷史有四千六百餘年之久，歷聖發揚光大，已深入社會各階層，信奉之人遍於全國，凡拜神祀祖者皆是。道教為多神教，而信奉之神祀又多不相同，甚至信徒對所崇奉之神來歷，亦多不詳。惟是，道家經典，浩如淵海，各派宗師，口傳心授，並非全部公開。修道者，承先師之傳統，向神道以求精進，其始也慕，其終也成。成神之要：一曰、法施於民，二曰、以死勤事，三曰、以勞定國，四曰、能禦大災，五曰、能捍大患；成其大者，曰大成，成其小者，曰小成。仙功則於清靜、自然、無為、及順化中得之。書中所列舉，剔要勾玄，推淺入深，如道教源流、學術、宗派、諸神、仙、聖之來歷事蹟，以及古制祭法，玄門要典等，皆為學道者所應知。

　　道教始源於黃帝，發揚於老子，成教於張道陵天師。戰國及秦漢諸儒，皆崇黃帝老子之學，稱為道家。唐宋以降除宗道教學術思想外，亦轉為信仰崇奉，普及於中華民族，故道教是為中國固有的宗教。至若其他宗教，如景教（今之基督教）、釋教（今之佛教）、回教等，則皆屬外來宗教，非中國之固有也。道教是以「忠」、「孝」為本，以「敬天法祖，利物濟人」為務。與其他宗教不同之點，則是道教本自由、平等、和平的原則，以為學道、修道、與行道，毫無拘束，故見其美處。道家修養工夫，分「出世」與「入世」兩門；出世的工夫，重於「養性修真」，旨在超凡入聖。入世的工夫，重於「忠、孝、慈、儉」，旨在修己利人。出世可兼修入世；入世亦得兼修出世，並無畛域界限，不偏於一門也。道教乃敬天法祖之多神教。舉凡先天真聖與後天仙真，及地方社稷神靈，各依人民的欽仰崇拜，而自由祀奉之。拜先天真聖者，得兼祭後天神靈；祀後天仙真者，亦可兼奉先天真聖，並無限制。

　　作者在題答部分，辭簡義賅，引證則毫不馬虎，如以道教哲學與玄學如何分別之問，則答以「哲學原亦科學之一，是為建立知識總體之秩序，而使之體系化的學問；亦即研究宇宙、人生、知識等根本原理之學。道教哲學，是根據《易》之原理，既如上述，《易》云：「形而上者謂之道，形而下者謂之器」。故西洋哲學，有以研究自然現象之一切存在根本原理之學，為「形上學」，又名「玄學」者，蓋即為研究超驗的實在學理之純正哲學也。中國的「玄學」，即「形上學」，則幾乎專指道家之「哲學」而言！因為研究幽遠超妙之哲學，

即是「玄學」。《老子》云：「玄之又玄，眾妙之門」是也。晉時玄學大興，崇易經、老子、莊子三書為「三玄」，以為「玄學」的中心題材，如《抱朴子》之〈暢玄篇〉云：「玄者自然之始祖，而萬殊之大宗也」，則知道家哲學與玄學，根源則一，旨趣實同，似難分家。」由此，可以瞭解作者之學養，中西兼通，引證文獻之用心。（熊品華撰）

金師圃著《道家道教》

《道家道教》，金師圃著。臺北中國文化大學出版部，1985年4月。

作者為中央陸軍軍官學校（即黃埔軍校）第16期學員，對日抗戰期間立功，獲頒陸海空軍褒狀，官至陸軍少將。退伍後擔任樹德工專教授，主講中國歷史、老莊哲學、儒家學說。曾任國家出版社社長，大道雜誌社副社長。著有《道德經淺釋》、《讀史摘錄》等。

本書上篇言「道家」，下篇言「道教」。上篇敘述道家思想的興起與發展，尤其姜尚、管仲、楊朱、老聃、列禦寇、莊周等人對道家出力特多，成就最大。下篇敘述道教的教義、皈依規則、道教創立以後的發展史、道教的源流圖、道教的宗派經典，以及道教所重視的符咒、金丹、齋醮、神仙說等，啟示世人「神仙為第一等人」。

作者認為道家哲學重言天道，道教則重言神道。前者為天統之學，而後者為宗教神統之學。其間有相關而各自分立之義，是道教並非道家，道家與道教有所不同。道家的道「甚易知甚易行」，道教的符咒煉丹修仙服餌「作法」等則「難以知難以行」。若想學道家的學問，從現在就可以「勤而行之」；如果想學道教的修煉，必須一開始就要特別慎重，必須求良師，必須持之以恆，終生苦練，至死不休，並應皈依道教，虛心學道，潛心修煉，方克有成。

道教的符咒、煉丹、修仙、藥餌是否有效益，作者謂雖未目見，然記籍所載，較而論之，的確利多於弊。譬如符咒，幾千年來在大陸各地到處傳說，確實曾治好過很多疾病，民間對其信服不衰。又如煉丹是否可以長生不老，固難斷言，惟依歷代天師道正一教譜系表看來，六十四位天師中有很多活了八、九十歲，可見長期有恆的去煉，雖不能不老，但可以慢慢的老，不死雖不可致，而緩死可致也。

又如修仙，抱朴子的「神仙可求也」的說法，嵇康則認為古來所謂神仙「以特受異氣，稟之自然，非積學所能致也」。人如「導養得理以盡性命，上或千

餘歲，下可數百年，可有之耳，而世皆不精，故莫能得之。」此說不反對神仙可求，只是沒有恆心者「莫能得之」。作者則謂除希望求仙者應「導養得理以盡性命」，力求上壽外，並望讀者了解：神仙就在吾人心胸中。如能認定吾人今日所處的世界就如神仙世界一樣，吾人經常保持住清虛靜泰，少私寡欲，曠然無憂患，寂然無思慮，無為自得體妙心玄。保持住和神仙一樣的意境心情，則神仙就在吾人的一念之間，神仙不必外求。

作者謂道教的服食藥餌必須得法得當，即使不能延年益壽，也可以減少疾病。神農謂「上藥養命，中藥養性」。信任何教都不可過分迷信，應相互為用，才能裨益世道。（林翠鳳撰）

南懷瑾《中國道教發展史略述》

《中國道教發展史略述》，南懷瑾著，老古文化事業股份有限公司出版，1987 年 12 月臺灣初版，平裝，151 頁，10.2 萬字，全書先有《引言》，而後八章正文，末有附錄三篇。老古文化並將其收錄於《南懷瑾全集》（精裝珍藏版）中；2003 年復旦大學出版社亦將此著述收錄於《南懷瑾選集》第六卷，精裝發行。

南懷瑾（1918 年 3 月 18 日～2012 年 9 月 29 日），生於浙江樂清縣南宅殿后村，為中國傳統文化的積極傳播者，有「禪學大師」、「國學大師」之稱譽。其著述極為豐富，有《禪海蠡測》、《易經雜說》、《老子他說》、《論語別裁》等三十多種著作，先生自幼接受中國私塾傳統教育，讀遍諸子百家各種經典，精研儒、釋、道，也通曉醫學、卜算、天文、拳術、劍道、詩詞等。生平致力弘揚中國傳統文化，曾於歐、美、日等各國講學，而其講學及著述啟發了無數中外人士對中國國學的認識。

道教為根據中國固有文化所創生之宗教，作者以實際歷史的斷面剖析道教立教的過程，將其劃分為十個演變時期。

中國上古文化一統於「道」。乃原始觀察自然的基本科學，與信仰天人一貫的宗教哲學混合時期。約當西曆紀元前四、五千年，中國上古史所稱的三皇五帝，以至黃帝軒轅氏的階段，為道教學術思想之遠古淵源所本。

精神文明與物質文明開始發達，從此建立民族文化具體的規模；而以政治教化互為體用，是君道師道合一不分的時期。約當西元前二千二、三百年開始，即唐堯、虞舜、夏禹三代，為道教學術思想的胚胎階段。

　　儒、道本不分家，天人、鬼神等宗教哲學思想萌芽的時期。約當元前一千七、八百年開始，自商湯至西周間，為道教學術思想的充實階段。

　　儒、道漸次分家，諸子百家的學說門庭分立，正逢東周的春秋、戰國時期。約當西元前七百餘年開始，是儒家與道家各立門戶，後世道教與道家學術思想開始分野的階段。

　　諸子百家學術思想從繁入簡，分而又合。神仙方士思想乘時興起，配合順天應人的天人信仰，帝王政權與天命攸關的思想大為鼎盛時期。約當西元前二百餘年開始，自秦、漢以至漢末，三國期間，為道教學術思想的孕育階段。

　　漢末、魏、晉時期，神仙方士學術與道教宗教思想合流，約當西元一百餘年開始，為道教的建立時期。

　　南北朝時期，因佛教的輸入，促使中華民族文化的自覺，遂欲建立自己的宗教，藉以抗拒外來的文化思想，約當西元二百年開始，為促成道教建教的成長時期。

　　唐代開國，正式宣佈道教為李唐時代的國教，約當西元六百年間開始，是為道教正式建立的時期。

　　宋代以後，歷元、明、清三朝，約當西元九百年間開始，為道教的演變時期。

　　二十世紀的現在，道教實已衰落至極。

　　本著述本文皆以道教發展史為中心。為闡明道教學術之本源，係首先簡述周、秦以前儒道等學並不分家之要點。其次，略述周末學術分家，神仙方伎與老、莊等道家思想混合，為漢末以來道教成長之原因。再者，引述魏、晉、南北朝以後至於現代道教之發展，及與道家不可或分之微妙關係。雖其內容本質，原為不一不異，但道家與道教學術思想之方向，畢竟有其嚴整之界限。唯因包羅牽涉太廣，雖不能盡作詳論，但仍可於瞭解歷史的演變過程中擇其大要，窺見概略，並以提供研究者知所入手，抑亦由此而瞭解秉中國文化創立之道教為何事。

　　綜觀人類各民族文化與文明的起源，其初泰半是從觀察自然，認識宇宙事物的表面現象；由於對庶物的信仰崇拜，而建立人文的哲學思想，更進而確定精神文明的基礎，諸如此類，幾已成為世界人類文化發展的共通原則。然而，作者認為遠古中華民族，則另當別論，從相傳的古籍與歷史考證資料，可知上古中華民族，一開始即孕育出良好的原始科學、哲學及宗教合一的文明；時間

經歷五千餘年，空間縱橫一萬公里，列舉世界科學發展，諸如天文、數學、化學、物理等，無可否認的，應推中華民族發展的最早。作者更進一步明確指出，道教前途命運的興衰，將視中華文化儒、釋、道的三大主流是否真正合一，以及東西方文化的融會貫通而定。並期諸來哲，抑或形成一光芒四射的人類宗教亦未可知。（熊品華撰）

丁煌總編輯《道教學探索》

《道教學探索》，丁煌總編輯，1988 年 12 月發行創刊號，截至 1997 年 9 月，共發行十期。前五期（1988 年 12 月至 1991 年 12 月）由成功大學歷史學系道教研究室、臺灣省道教會臺南市支會（後改制為臺南市道教會）合作編印，臺灣省道教會臺南市支會出版，時任臺南市支會總幹事「冀寧道人」郭瑞雲擔任發行人；第六期（1992 年 12 月）迄第九期（1995 年 12 月），道教總廟三清宮亦參與合作編印，而第八期（1994 年 12 月）起，合作編印單位則由臺南市道教會改為道教學探索出版社，直到第十期（1997 年 9 月）為止。除第十期之外，每期卷首皆收有郭瑞雲針對該期所收文章內容提要之〈序言〉一篇，以及專題論文、海內外各界投稿專文數篇。

丁煌，字君濤，江蘇省泰興縣人，1964 年考入中國文化大學歷史學系，1968 年自該系畢業，曾擔任成功大學、中興大學講師，後於成功大學歷史學系升等副教授、教授，開設中國目錄學、道教史、宗教學、隋唐五代史、中國民俗學、道教發展史專題、道教思想史專題研究、宗教哲學等課程。丁教授曾赴東京大學東洋文化研究所進修，取得博士學位，並應邀擔任四川大學等校客座教授、吉林社會科學院歷史所客座研究員、日本東京大學外國人研究員、韓國成均館大學大東文化研究院訪問學人。於成功大學退休後，除在該校歷史學系兼任外，亦曾於高雄輔英科技大學擔任人文社會學院院長。

《道教學探索》所收篇章的作者，包括當時海內外的道教研究耆宿，如窪德忠（1913～2010）、吉岡義豐（1916～1979）、蘇海涵（Michael Saso，1930～，書中譯為麥克・R・薩梭）、施舟人（Kristofer M. Schipper，1934～）、司馬虛（1941～1994，書中譯為邁克・史翠克曼），亦有現今仍活躍於道教學界的國際學者，如蜂屋邦夫（1938～）、胡孚琛（1945～）、劉仲宇（1946～）、李遠國（1950～）、李剛（1953～）、詹石窗（1954～）、張澤洪（1955～）、丸山宏（1959～）、姜生（1964～）、郭武（1966～）等。丁教授並於書中對邀稿

或投稿的海內外學者略作簡介，使臺灣學界得以瞭解海內外道教學術研究的現況，在這方面，具有不可磨滅的貢獻。此外，此刊物亦具有獎掖成功大學及海內外青年學者投入道教研究領域之功，應給予高度肯定。

在《道教學探索》出版之前，臺灣的道教界曾陸續發行《道學雜誌》（1958年12月創刊，至1978年共出版30期）、《天道》月刊（就筆者目前所見，自1973年10月創刊，至1974年5月止，共出版7期）、《道教文化》雜誌（1977年9月創刊，迄1998年12月止，共出版66期）、《道教之光》雜誌（1982年創刊，迄1987年止）、《道教通訊》（1986年創刊，迄1989年止，共6期）等刊物。《道學雜誌》由趙家焯（1902～1982）道長創辦，《天道》作者群之主體為福州來臺的斗堂史貽輝（1913～2000）道長等人，《道教文化》由龔群（鼎悟，1918～1999）道長創辦，《道教通訊》骨幹為廖忠廉（鼎坤，1934～1995）道長與張智雄（鼎芳，1945～）道長，以上五位道長都與六十三代天師張恩溥（1904～1969）有著極密切的關係。丁教授並非道教徒或神職人員，卻能荷擔提振道教學術研究的重責大任，就這層面而言，丁教授對道教研究的付出，更是吾人所應致敬的。（李建德撰）

蕭登福著《先秦兩漢冥界及神仙思想探原》

《先秦兩漢冥界及神仙思想探原》，蕭登福著。臺北文津出版社，1990年8月初版，2001年1月二版。初版與二版的差異，除極小限度地訂正訛誤、新增入少部分史料外，最重要的是作者自我修訂對道教創教問題的觀點。初版採用舊說，以為道教創自東漢張道陵。經作者撰寫《周秦兩漢早期道教》（文津，1998）一書詳加論辯後，確信張道陵創教說係出自北周末隋初釋道安之倡言，其目的在醜化道教，並造成佛在道前的錯覺。釋道安之前，並無張道陵創教說存在。因此將初版時下篇第三章貳「五、道教形成之因」，在二版時加以訂正並更名為「五、兩漢道教的承先與啟後」。

本書上篇「先秦兩漢冥界之探討」，下篇「先秦兩漢之神仙思想」。

上篇指出殷人重鬼好祀，鬼能左右世人生活，需恭敬禱祀。周世承其遺風，以為人死後魂盛者升天為神，魄盛者滯地而為鬼。冥界主宰者為天帝，故有賓于天，訴于天之語。人鬼與天神、地祇，同樣有禍福生人、賞善罰惡的能力。逮至戰國，方士神仙之說興起，人可經由修煉而成仙，於是鬼的地位隨仙之興起而陸降。遂使鬼的管轄權由天帝降為泰山神，蒿里則為魂魄聚斂處。東漢時

佛教傳入中國，然影響尚未深，因此作者認為，終兩漢之世，鬼的地位不如商周，但不至於有剝皮火烤之苦。在漢世，人死後歸處有二，一為天上，一為地下。天上為仙人及諸神所在，一般人死後僅能生活於地下。漢世以為冥界是人世生活的一種延續，地下諸鬼也有一如人間般的生活。泰山、蒿里、梁父都是此時重要的冥神。此為先秦兩漢冥界演變情形。

在神仙說上，下篇研究稱神仙思想起於戰國齊威、宣王之時，後經秦皇、漢武之崇信而漸為世人所重。戰國至兩漢，所推崇之仙人有黃帝、西王母、女媧、赤松子、韓眾、羨門高等。天界之主宰，在周世以前以「天帝」稱之，天帝所在為北辰。至秦以白青黃赤四天帝代表天界，郊天即祭此四帝。漢高祖時增祀北帝（黑帝）而為五帝，自高祖至武帝郊天祭之。元鼎五年始改祀太一而降五帝為太一佐，至成帝又捨太一而改祀天帝，恢復周世對天的稱呼。此外，作者指出民間所流傳天界之主神，又有伏羲、女媧、東王公、西王母等。道教則以老子為天界主宰。至於神仙修煉術，先秦所重者為不死藥之追求，及餐食玉英、導引、食氣、清靜無為等方術。至漢更有黃白丹鼎、藥餌、符籙、禱祀、存思、房中術等，求仙之方甚多。研究認為，先秦兩漢的這些神仙方術之說相互融匯，逐漸產生儀軌、經典，隨著道教的傳播，神仙術便脫離秦及西漢以來依附於帝王貴族之情形，而與民眾的生活結合為一體。在政治昏闇時，甚至能起而與帝王抗衡。（林翠鳳撰）

劉精誠著《中國道教史》

《中國道教史》，文津出版社 1993 年版，凡六章，平裝 25 開本，522 頁。該書為台灣文津出版社邀請中國歷史博物館的研究員劉如仲與李澤泰先生，以政治制度、社會經濟、哲學宗教、文化藝術與科學技術五類項，所主編的《中國文化史叢書》中的一書。

作者劉精誠，原為華東師範大學歷史系教授，1996 年退休。專精於魏晉南北朝史，主要著作有《魏孝文帝傳》、《話說中國》、《空前的融合》、《中國貨幣史》，以及本書。《中國道教史》分成六章，章的安排依照朝代時間，而每一章的小節則為該朝道教發展的特質。第一章道教的起源；分成思想淵源與實際道教活動兩個方向來討論。思想淵源從原始時代的鬼神與巫術說起，再漸進的討論春秋戰國時期的神仙崇拜與燕齊地帶的仙術、黃老思想、陰陽五行與墨家思想，以此說明道教是融合中國傳統的各方思想，與傳統文化關係密切。此時

期道教的實際活動延續思想淵源裡的仙術與黃老思想等的討論，剖析戰國秦漢盛行求仙的方仙道，與漢初統治者推行黃老之術，漸與陰陽五行結合後形成道教的雛型。第二章漢末道教的創立；該章從道教創立的背景切入，認為道教的形成雖受當時迷信彌漫社會、佛教傳入與社會動盪的因素影響外，更提出此時出現許多成熟的經典，如《太平經》、《老子想爾注》，足以成為教派的理念，才是道教形成主因。此外本章還加入了《周易參同契》的討論，將此書界定在地主帝王與下眾間的方士，供應上層有關於養生方術鍊丹之需求之書。第三章魏晉南北朝道教的發展和改進；此章依朝代與道教發展的過程，討論魏晉道教發展概況、南朝道教的變革與北朝道教的發展，且將影響整個道教發展的時代人物葛洪、陸修靜、陶弘景與寇謙之，穿插入各節，採以人物描繪道教發展，並帶出宗師們的重要地位，如葛洪《抱朴子》的神仙方術、金丹術與醫藥學方面的貢獻；又如陸修靜則在《陸先生道門科略》中可見，對齋戒儀範的完備、道經的三洞分類與創建南天師道，有其不可抹滅的地位。第四章隋唐道教的興盛；此章雖如前依舊以朝代為小節的主軸，分別說明隋代、唐代與五代十國的道教，但是整章的重點主在討論唐代的道教。唐代因其姓氏與老子同姓李，受到統治者的扶植，成為三教之首。又因統治者的崇奉，相信丹藥可以長生不死延年益壽，對於外丹的支持使得外丹無論是丹的名稱、鍊丹的專書、鍊丹的名家、流派等皆有亮眼的成績。杜光庭為其中的代表，撰著大量的道教經書，尤其是道教齋醮科儀的整理與編纂，更為讓後世有據可循。第五章宋元道教的分派，此章並未細分各朝代的道教，而是以南北宋為主軸，將金與元代納入南宋，討論新道派的產生。這樣的小節分法主要在呼應章名「道教的分派」，且新的道派集中在南宋、金與元時，乃因國家的分裂造就道派的分宗。北方有全真道、真大道、太一道、後全真道，南方則有正一派、茅山派與淨明派，於元代由正一統其宗。第六章明清道教的衰落；此章直接分成明代道教與清代道教來討論衰退的現象。就明代而言，道教在元代分宗後，北方太一道與南方的正一道皆獲統治者的支持，而有穩定的發展。但是在明代因為統治集團的貪腐，且對道教採取抑制手段，只能有局部小區域的發展。就清代而論，因清朝統治者對於道教不甚熟識，帝王藉理學的忠孝思想來箝制人民孝忠，導致道教無發展的空間，代之而起的是民間宗教的崛起。

　　道教在中國，從上古的巫術迄今發展時間悠久，且分流宗派繁多，因此中國道教史的著作，都是頁數龐大的巨著。本書以朝代為畫分主體，精簡的控制

在六章論述中國道教的發展,為其特色之一。採用宏觀與縱貫的角度,用代表該朝代最重要道教事蹟,來介紹道教在各朝代的發展,為其特色之二。每一章撰寫有其節奏,一是先論該朝代的道教概況,輔以討論統治者對該朝道教發展所扮演的角色;二是再論該朝的重要道派,以及在此期間具有重要貢獻的道教人物:利用此方式,而使《中國道教史》一書雖精簡,卻無疏漏,為其特色之三。魏晉南北朝史為劉精誠先生的研究專長,此時恰為道教發展成型的重要階段,因此《中國道教史》裡魏晉南北朝道教發展部份,相較於其他章節較詳實完善,為本書的特色之四。總括而言,本書精簡的討論中國道教發展,抓住各朝的重要事件人物作討論,堪可作為想認識道教歷史與發展的入門之書。(蕭百芳撰)

劉鋒著《道教的起源與形成》

《道教的起源與形成》,劉鋒著。文津出版社 1994 年 4 月出版,平裝,170 頁。

劉鋒(1957～),山東省費縣人。1991 年畢業於山東大學歷史系,以《道教的起源與形成》獲得博士學位。除本書外,另著有《中國古代海港史》、《宗教與傳統文化》、《譚鍾麟傳》等專書,以及〈道教與化學之關係〉等單篇論文數十篇,並與臧知非合著《中國道教發展史綱》一書。1991 年,所著《宗教與傳統文化》一書,獲得山東史學優秀成果獎。曾任職於山東出版集團旗下之齊魯書社,2010 年通過出版人員職業資格,現為中共山東出版集團黨委委員、董事、副總經理。

《道教的起源與形成》以〈緒論〉、第一章〈道教產生的認識根源及其萌芽時期〉、第二章〈早期道教的形成〉構成。另附三篇曾於 1993 年陸續刊登於《齊魯學刊》、《知識生活雜誌》的文章,分別為〈簡論道教與農民起義及唐代政治之關係〉、〈道教與中國的長壽養生術〉以及〈試論道教與中國古代的科學技術〉。

本書〈緒論〉指出道教是立基於中國古代文化之上而土生土長的傳統宗教,中國古代的哲學、文學、藝術、化學、醫學、藥物學、養生學等人文、自然學科,都曾受到道教的影響。研究道教的形成、發展以及其思想、理論,有助於全面了解乃至於加深理解中國的哲學思想、社會歷史、文化傳統、自然科學史等方面。

　　第一章區分為四節，依次分析原始宗教思想，戰國陰陽五行學說，先秦神仙思想、方仙道和秦始皇、漢武帝之迷信案例，戰國中晚期至西漢之黃老思想，論述這些思想對於道教產生的影響所在。

　　第二章分為兩節，分別討論早期道教經典《天官歷包元太平經》、《太平清領書》、《周易參同契》、《老子想爾注》的出現，以及五斗米道、太平道的創立。前節對《太平經》、《周易參同契》、《老子注》的重要思想展開分析，後節則敘述「祖天師」張道陵一系的「五斗米道」與張角一系的「太平道」信奉的神學理論與教團傳播的過程、祭祀方式，認為東漢正式形成的道教，其實踐經驗與宗教理論，在世界宗教史、中國思想文化史、中國古代農民戰爭史等層面，皆具備重要的地位。

　　綜觀全書，劉先生以其史學專業學養，對道教的前有所承與早期發展之歷程，作了通貫的梳理。對於想了解早期道教經典及原始道教相關思想的一般社會大眾而言，本書是值得用以入門的一本。惟作者仍認為道教遲至東漢晚期「始正式形成」，則易有忽略道教係華夏「民族宗教」地位之風險，蓋道教之於中國人，即如婆羅門教之於雅利安民族，猶太教之於猶太民族一般，洵難以推定其形成之年代。倘能將行文調整為「至東漢時期，始有五斗米道、太平道等正式的宗派團體出現」，則較為持平之論。否則，容易蹈入劉勰、法琳、道宣等奉佛文人及僧眾出於爭勝立場而刻意推遲道教形成年代之窠臼。（李建德撰）

卿希泰、唐大潮編《中華道教簡史》

　　台北市中華道統出版社，1996 年 2 月初版，460 頁。

　　卿希泰（1927〜2017），四川三台縣人。1951 年四川大學法律系畢業。1954 年中國人民大學哲學研究生畢業。1959 年負責創建四川大學哲學系，1980 年負責創建四川大學宗教研究所，並任所長、教授、博士生導師。現任四川大學文科傑出（資深）教授，國家工程二期四川大學宗教與社會研究創新基地首席科學家，宗教研究所名譽所長，全國首批社科重點研究基地四川大學道教與宗教文化研究所學術委員會主席，四川大學學術委員會委員，中國宗教學會顧問，CSSCI 和中文核心刊物《宗教學研究》主編；蓬瀛仙館道教文化資料庫主編；《儒釋道博士論文叢書》主編，該叢書到 2007 年為止已出版了七十卷；《中國宗教與中國社會》系列叢書主編，現已出版十多卷。

　　唐大潮，1956 年生，湖南省澧縣人。1982 年畢業於四川大學哲學系；1988、1994 年畢業于四川大學宗教學研究所，分別獲哲學碩士、博士學位。現為四川大學宗教學研究所副所長、教授、碩士研究生導師，《宗教學研究》常務副主編。主要研究方向為儒釋道三教關係史、宗教勸善書，代表著作有《明清之際三教合一思潮》、《近現代中國道教》、《勸善書今譯》等。

　　全書共計八章，二附錄。第一章，〈道教產生的歷史背景和思想淵源〉；第二章，〈漢魏兩晉南北朝道教〉；第三章，〈隋唐五代北宋道教〉；第四章，〈南宋金代道教〉；第五章，〈元代道教〉；第六章，〈道教在明中葉以前的基本狀況〉；第七章，〈清代民國道教〉；第八章，〈道教的基本信仰及其他〉。在第一章中，認為社會危機、統治思想的宗教化與佛教的啟示和鑑戒，是道教產生的背景；而道家、儒家、墨家、神仙思想和方術，以及古代宗教思想和巫術等，則是道教產生的思想淵源。第八章除論述歷代道教諸派的理論雖有差異，但都以「道」為其基本信仰，而「長生成仙」則是道教徒追求的終極目標。此外，並介紹道教宗派源流與特點、道教對中國傳統文化如哲學、文學、美術、音樂、民俗等之影響，以及道教的仙境、宮觀、組織、戒律及清規。第二章至第七章，主要透過朝代之畫分，說明道教在各時期發展之情況。附錄一，〈道教在臺灣的傳播與發展〉，轉錄自卿希泰主編的《中國道教史》第四卷第十二章第三節，介紹道教在臺灣發展之情況、信仰，以及重要宮觀外，並且介紹如軒轅教、三一教、一貫道、天帝教等新興道派；附錄二，〈中華道教歷史年表〉。概括而言，道教對天人信仰的崇敬是中華民族大道文化的根，全書將中華道教的歷史演進，及與朝代興衰史的關係，做有系統的整理，呈現中華民族道教文化的全貌。（江達智撰）

詹石窗主編《中華大道》

　　《中華大道》一書是一本由台灣的中華大道文化事業公司出資，四川大學宗教學博士賴宗賢先生統籌，福建廈門大學宗教學研究所詹石窗教授主編的專業性道教研究雜誌，集合了蕭萐父、卿希泰、李剛、潘顯一、姜生、張澤洪、蓋建民、石衍豐、丁若木、唐大潮、黃夏年等，出版本篇書籍，賴宗賢先生在1997 至 2003 年間，共出版了《鐘呂仙脈與丹道養生》、《鐘呂信仰與文學藝術》、《玄武精蘊》（一、二）、《金丹派南宗》（甲、乙、丙）、《方域道跡考原》、《淨明閭山派與養生哲學》、《三玄與丹道養生》（甲、乙、丙）等 12 個專輯。

　　道家學風淺議闡述道家之學，源於柱下，依附隱者，流播民間。在先秦，已蔚為南北諸流派，旨趣不全相同。但道家諸派，皆祖述老聃，闡揚道論，以特有的思想風骨和理論取向，輕物重生，反抗異化，主張反樸歸真，追求精神自由，從而形成了道家獨特的共同學風。

　　道教與我國當前倫理道德的建設問題、論道教研究的現實意義（卿希泰），要解說道教與我國當前倫理道德建設的關係，首先還得簡單地從我國傳統文化與社會主義精神文明建設的關係這個前提說起。因為道教是我國傳統文化的三大支柱之一，而倫理道德又是精神文明的一個重要組成部分。

　　重玄派解釋《老子》有兩大特徵，一是援引《莊子》來闡釋老子思想，二是援引佛教哲學，特別是吸取了佛教三論宗和天台宗的思想闡發老子玄理。這就發展了道教的教理教義，使更具思辯性。另一方面，重玄派也給佛教思想以影響，如三論宗的著作中即多次提到「玄」和「又玄」的概念。

　　究竟何為重玄派注重玄理思辯，在隋唐佛教道的理論之爭中，多由重玄派人物代表道教方面參加，重玄派也因此在當時道教中佔重要地位。直到唐末五代，蜀地尚存較濃的重玄之風，但重玄派整體上已趨衰微。南宋時邵若愚、董思靖等解老，都明重玄之義，宋代道教一些《老子集注》中大量引重玄學說遺風。重玄學派是道教中以「重玄」思想註解《道德經》而聞名於世的一個學派，並非有組織的道派。所謂「重玄」，語出《道德經》第一章「玄之又玄，眾妙之門」。重玄派的最初形成當是魏晉玄學的產物，魏晉時孫登以重玄為宗解釋《道德經》奠定了這一學派發展的基石。魏晉以降，陸續為道教學者所闡釋，並吸取了佛教中觀思想。唐代是重玄學派的鼎盛時期，有一大批以重玄為宗的道教學者，中以成玄英、李榮等最為突出，經他們的努力，重玄派成為道教老學中最有影響的流派，唐玄宗李隆基注釋《老子》亦採用說。

　　論道教倫理對儒家綱常倫理的彌補功能（姜生），道教倫理乃是應於早期中國封建倫理的危機而產生，它標誌著中國倫理思想的新進展。面對危機的形勢，道教倫理對綱常倫理進行思想性和操作性的彌補；這種彌補主要通過三種形式來實現。一，道教倫理使傳統倫理思想融入道教的修道模式之中；信仰者的基本社會倫理義務，成為他所必經的第一個修行步驟。於是，道教倫理對信仰者形成至為深刻的思想影響力和行為控制力。二，道教倫理思想，把社會綱常倫理準則同道教的宗教神學相契合，使社會倫理規範被轉換為宗教神學形式，形成新的倫理觀念。三，把中國傳統醫學同道教的宗教體系奇特地結合在

一起，使道教生命倫理滲透出科學精神，則是中國乃至世界它宗教和哲學流派所比之不及的獨具特徵。

齋醮為道教的重要儀式，經過劉宋陸修靜的整理，唐張萬福、杜光庭的完善，齋醮科儀逐漸形成一個完善的體系，使得道教日益擺脫自我為中心的修煉，發展成為廣大民眾提供精神服務和終極關懷的制度性宗教。人類學的田野調查發現，儀式在族群包括宗教在內的各種活動中佔據著重要的地位。科儀是中國道教綿延千年的根本所在。國內學界對科儀的研究主要在唐以前，對宋代的科儀卻重視不夠，殊不知，宋代科儀才是後世科儀的直接來源。本書可以說是一本快速進入道教研究的實質好書，書中可分為中華道論、道教史、書評、道教之師與宗教常識、道經注釋、動態、信息的分類。（熊品華撰）

蕭登福著《周秦兩漢早期道教》

《周秦兩漢早期道教》，蕭登福著。臺北文津出版社，1998年月6月。

近世撰寫道教史者，都說道教創立於張道陵，但作者遍查北周前史料，如王充《論衡・道虛篇》、《後漢書・祭祀志》等，甚至梁・僧祐《弘明集》所載眾多佛、道二教徒相互論戰之詞等，都無張道陵創教說。綜觀北周前載籍，只見以老子代表道教，而沒有以張道陵創教為教主的情形出現。

作者認為由史料來看，道教創始於先秦戰國，不創始於張道陵。以張道陵為教主，實不如以老子或黃帝為教主來得妥切，符合史實。本書因由道教神仙信仰、修煉法、科儀、壇場儀制、先秦道家與神仙的關係、道教經典、道教理論、派別等諸方面，並引證先秦兩漢史籍及地下出土文物，來論述道教不始於張道陵。且不是道教攀附道家，而是道家攀附神仙鍊養。

作者研究指出，道教初期是先流行於上層社會，而非下層社會，《史記・封禪書》、《列子・說符》、《韓非子・說林上》等文獻中好道喜仙者均是帝王諸侯，西漢諸帝亦均好道。至東漢始轉入民間，才逐漸形成教團，張道陵三張父子只是當時眾多教派中的一個而已。作者謂此足證道教不起於三張。

考察早期道教盛行於上層社會，秦漢兩代的國家祀典，大多參酌儒書及方士之說而設定，其中又以受方士壇儀的影響較深。東漢以後，民間道教財力規模不比先秦西漢，但其道場壇圖及儀制沿承，與秦漢以來國家祀壇相近者多，依然有脈絡可循。

作者以道教經籍來看，《漢書・藝文志》收神仙十家二百五卷、房中八家一百八十六卷，散見於《漢志》五行、雜占、醫方等類別中之道書甚多。西

漢《史記・秦本紀》、秦代阮倉《仙圖》、西漢劉向《列仙傳》等，以及湖南馬王堆漢墓、江陵張家山漢墓等出土文獻，都可確定撰成於戰國或西漢。西漢末以來盛行的讖緯書，與道教關係也至為密切。張道陵為東漢末年人，在張氏以前，道書早已大量存在，道教自是不始於三張。東漢前道經的數量，絕不少於同期的佛經。作者指出，唐代法琳等人詆毀道教經典晚出，是極其幼稚無知的說法。

　　一般稱道教為張道陵所創者，實始於隋唐時期佛道二教的相攻。由北周末隋初的釋道安《二教論》倡始，唐初的法琳《辨正論》、道宣《廣弘明集》煽其風，遂積非成是。其用意在借醜化張道陵，而矮化道教，用以達成佛先道後，佛優於道的目的。然竟至被世人所誤信相傳。

　　本書除闡明道教不出自三張外，旨在論述張道陵前中國道教發展情形。由於先秦、西漢迄張道陵前之方士道，和張道陵後之道教，並無明顯區分，以張道陵來斷代，不如以朝代來斷代妥切，其中尤以道經撰作年代之推斷更難，本書因以東漢為界，探討先秦兩漢道教發展的情形。又由於世人已習慣於北周釋道安之誤說，而以三張以前為方士道，今則宜正名為初期道教，或早期道教，因以為書名。（林翠鳳撰）

賴宗賢著《臺灣道教源流》

　　《臺灣道教源流》，賴宗賢著，中華道統出版社 1999 年 2 月出版，精裝，為中華道統叢書系列第十一種，305 頁。

　　賴宗賢簡介，見李建德撰〈《道韻》提要〉。

　　《臺灣道教源流》係在賴先生博士論文的基礎之上增補完成，全書除〈緒論〉外，共分八章。首章〈緒論〉由地緣、血緣、神緣三面向談臺灣與中國大陸的關係；第一章〈臺灣道教神仙信仰的源流與傳播〉，分述媽祖、瑤池金母、順天聖母、女媧娘娘、九天玄女、玉皇上帝、玄天上帝、關聖帝君、王爺、保生大帝、福德正神、三清道祖、孚佑帝君、城隍等信仰，每節先敘述其源流，再舉出臺灣較重要、著名的廟宇；第二章〈臺灣的醮祭與符咒〉，先透過文獻考釋齋醮的定義、源流與儀範，再舉臺南西港慶安宮瘟醮、苗栗獅潭靈洞宮慶成醮、江蘇茅山黃籙齋儀、宜蘭礁溪協天廟祈安清醮為例，並說明醮儀運用的幾種符咒；第三章〈巫術文化在臺灣的興起〉，先界定巫覡的宗教屬性，並考釋巫術的溯源與傳播過程，再將僮乩（乩童）、尪姨（靈媒）、觀落陰、鸞乩、

靈乩等，劃歸巫術之範疇；第四章〈臺灣鸞堂與勸善書之造作〉，先引證文獻說明臺灣鸞堂的源流，再介紹 1930 年代形成之「儒宗神教」，並說明個別鸞堂組織的教訓、堂規與其著造善書之案例；第五章〈新興道派的傳入與發展〉，先敘述白蓮社、寶卷、彌勒信仰、無生老母、大乘教、先天道等宋元以來陸續產生的民間新興教派及其產物，並介紹一貫道、天帝教、軒轅教等三個臺灣的新興道派；第六章〈觀音信仰與民間道教的關係〉，先介紹觀音修持法門與其身世考述，再說明觀音與道教女神的關涉，並對其道場與主要寺廟進行簡介；第七章〈道教內丹源流及臺灣丹道養生文化之發展〉，先考述內丹道的源流，再介紹大江西派、崑崙仙宗在臺灣推廣的丹道養生文化；第八章〈餘論〉，介紹道教會的成立始末、臺灣的宗教政策與道教發展，以及民間道教的演變階段。

總的來說，在本書尚未出版之前，涉及臺灣道教源流之文獻，多為道壇父子相傳或師徒傳授的抄本，屬於教內資料，而此書能以學術視角出發，並兼顧信仰、實務層面，整體考證工夫頗為紮實，值得肯定。唯部分界定容或有所疑慮，蓋一貫道、天帝教、軒轅教，在學界多被視為新興宗教，但賴先生則將之視為道教的新興道派，則容易引起宗教認同的歧見，是美中不足之處。（李建德撰）

余美霞著《東漢畫像石與道教發展——兼論敦煌壁畫中的道教圖像》

《東漢畫像石與道教發展——兼論敦煌壁畫中的道教圖像》，台灣南天書局 2000 年 5 月初版，211 頁。該書為俞美霞女士於中國文化大學中文研究所的博士學位論文。

俞美霞，現任台北大學民俗藝術與文化資產研究所副教授，民俗學、文學與民俗藝術、民俗藝術田野調查理論與實務、器物學、美術工藝皆為其研究專長。在這些器物、工藝與民俗藝術的研究，從 1995 與 2005 分別撰著《戰國玉器研究》與《玉文化探秘》，且從 2003 年迄今都是浙江省社會科學研究院國際良渚學中心的客座研究員，可知俞女士上古時期的玉器更為其精研領域。

《東漢畫像石與道教發展——兼論敦煌壁畫中的道教圖像》一書，有八章。第一章前言；為全書的根基，除為確立研究範圍與方法的界定，還介紹與畫像磚相關的研究狀況與畫像石分部的地理位置。第二章畫像石是道教墓葬思想的反映；此章從畫像石反映出墓葬制度的意義談起，再探究畫石中的題材

如仙人、四靈等屬於具有道教語彙之圖像，另從對墓主生平介紹的諡詞用語，神仙思想之濃厚，而斷定畫像石是為道教初期發展的產物。第三章早期道教發展的源流與典籍；此章主要討論早期道教經典《太平經》、《列仙傳》與《神仙傳》，以此三書作為全書畫像石與道教發展關係密切的佐證。第四章早期道教興起的重要人物與地區分佈；此章是從目前畫像石主要分布的地區山東、河南、四川與陝北四地，介紹在此四區的早期道教人物，如甘可忠、董奉、于吉、宮崇為當時山東地區的重要道教人物，河南與陝北則以太平道的張角與駱曜為主軸，四川則主述五斗米道與張陵。第五章武氏墓的探討；因為目前出土最多畫像石的地區為山東，又以145～175年間的武氏祠為代表，故本章主以「武梁祠」、「武榮祠」、「武班祠」與「武開明祠」四祠的畫像石為討論對象，依序的將畫像石拓本與畫像石中的人物、動植物等圖像，有條理的逐一列出。第六章畫像石是道教長生、致太平思想的反映；此章為本書的重心，主在說明畫像石與道教發展的關聯，從「神仙圖像」、「人物圖像」、「生活圖像」與「草木方與生物方」四個畫像石類型來論述道教講求的「長生」論，故上至神仙，下至人間的帝王、與日常生活的食、住、樂等方面，都是長生與致太平的反映。第七章畫像石對學術研究的啟發與影響；從研究盲點與研究啟發兩個方向來建構畫像石對於學術研究的影響。盲點部份指出，畫像石的研究不該狹隘的將畫像石內容直白的與當時生活狀況畫上等號，且為畫像石的厚葬風俗作辯解。啟發的部份則是從漢盛行的畫像石，討論對於魏晉道教發展的影響。第八章畫像石與敦煌壁畫中道教的道教圖像；此章試圖從敦煌壁畫中找到畫像石的影子，並說明畫像石影響了敦煌壁畫。

　　一般畫像石的研究都是從畫像石反映漢代社會，為漢代生活的寫照為出發點，因此將畫像石列為漢代政治、思想、文化、藝術與科技等方面，輔助文字研究的重要史料。俞女士突破了一般畫像石的研究方向，直接從道教的層面看畫像石的發展，並說明其實兩者為一體兩面，相輔相成。道教講求長生不老，登仙羽化的思想是與畫像石反映了墓主死後的世界，意義相似。因此畫像石裡除了一般生活景像的圖畫，在墓室的頂端會有把守天門的西王母與東王公，本書對此以道教長生不死成仙的概念分析，如在第五章對武氏墓的探討，論述該墓室的重要特色，西王母與東王公除以道教神仙討論外，也認為西王母、東王公於墓室位置是符合道教的五行與方位。對此也討論了早期道教發展地區，如道教人物甘可忠、董奉、于吉皆活動於山東與蘇浙一帶，五斗米道的張陵出身

蘇北後於四川創教，以河南為主軸的張角太平道，勢力擴及青、徐、幽、冀、荊、揚、兗、豫八州，這些地區正好與畫像石分佈地區吻合。

本書以《太平經》的致太平觀點來討論畫像石，主要的立基點在於畫像石與道教發展相穩合地區都與《太平經》相關，如相傳《太平經》是由山東方士于吉取得，四川五斗米道奉持的經典之一為《太平洞極經》，以及以《太平經》為宗的河南太平道，因為能從畫像石的地域與道教發展地區作結合，才能夠有特出於其他畫像石研究的討論，看到東漢畫像石與當時道教發展的緊密關係。（蕭百芳撰）

邱福海著《道教發展史》

《道教發展史》，邱福海著，淑馨出版社出版。原書共四冊，第一冊為《道教的形成階段（上古至東晉）》，第二冊為《道教的興盛階段（南北朝至唐）》。第三冊為《道教的「盛極而衰」與改革》，著重於唐末至宋亡的道教變革期；第四冊為《道教的式微與質變》，論述元明清三代的道教發展。臺灣僅出版第一、二冊，為淑馨出版社與浙江人民出版社合作出版《世界文化叢書》之第43、44種。第一冊平裝32開，270頁，2000年8月出版；第二冊平裝菊16開，342頁，2004年5月出版。

邱福海（1950～），山東省壽光縣人，後旅居紐西蘭。邱先生自幼受其尊翁薰陶，嫻習經史百家，並精於鑒賞，力倡「玩古尤須研史」，認為古人習俗、風尚、信仰、國力、制度、工藝等一切面向之變異，可於文物窺知端倪，故公餘之暇，常受邀講授鑒賞之學，後將其心得著有《古玉新探》、《古玉簡史》四冊，並撰有《媽祖信仰探源》等書，陸續由淑馨出版社出版。

第一冊《道教的形成階段（上古至東晉）》共分五篇，每篇下分數章，部分章內復有各節。第一篇〈道教形成的時代背景〉，探討漢代統治思想的宗教化與當時的神仙信仰，並輔以東漢晚期政治腐敗、民生困苦、佛教催化、「化胡」之說鼓舞等外緣因素，認為道教形成於漢末；第二篇〈道教的根源〉，認為道教之根源，係來自巫術、易占、陰陽五行、方仙道與黃老道的融合；第三篇〈道教的形成〉，探討兩漢道家著作《淮南子》、《老子河上公章句》、《太平清領書》與早期道教宗派太平道、五斗米道、帛家道、李家道；第四篇〈道教理論的具形與發展〉，介紹《抱朴子》與上清派《上清大洞真經》、靈寶派《無量度人上品妙經》，以及先秦道家著作形成的「四子真經」──《南華真經》

（《莊子》）、《沖虛至德真經》（《列子》）、《通玄真經》（《文子》）、《洞靈真經》
（《庚桑子》）；第五篇〈道教形成階段對中土文化的影響〉，分析《黃庭內景玉
經》、《西升經》、《清靜經》、《黃帝陰符經》對魏晉文人、道士、儒者形成的文
化影響層面，並分析道教的神、仙界定說及三茅真君、許真君信仰，進而探討
當時的遊仙文學。

　　第二冊《道教的興盛階段（南北朝至唐）》共分五篇，每篇同樣析為數章，
部分章內復有各節。第一篇〈南北朝階段道教的清整與定型〉，分別介紹北朝
寇謙之（365～448）的北天師道、北魏滅佛、北齊滅道、周武滅佛以及南朝陸
修靜的南天師道、導引道教論戰的顧歡（425～488）、兼修道釋的陶弘景（456
～536）等歷史事件及重要高道，進而說明「三清」概念的形成；第二篇〈道
教在隋朝的沉積與發展〉，介紹隋代原先道佛並行的政策，以及迷信外丹方術
的隋煬帝；第三篇〈道教發展臻於鼎盛的盛唐〉，介紹初唐道先於佛的宗教政
策、孫思邈（581～682）、成玄英、李榮的貢獻，武周時期的道教盛衰，以及
開元、天寶期間的道教各宗派發展；第四篇〈道教在「安史之亂」後的發展〉，
介紹安史之亂以後，中晚唐迷信外丹的帝王，以及本階段對於道教發展較有貢
獻之人物；第五篇〈結語〉，說明從外丹到內丹的轉型。

　　總的來說，邱先生自認為本身並非道門中人或道教信徒，但其閱讀《道藏》
十餘年而獨力撰成本書，本就是一項耗費心力甚深的貢獻，應給予一定程度的
肯定。書中固然有部分論述流於「前理解」較重（例如稱道教受佛教影響甚深，
又認為道教形成始於漢末），較未能考量到道教的「民族宗教」屬性。但具教
外人士身分的邱先生又歸結出「任何一個華人，不論宗教信仰如何，要瞭解自
己的民族特性，就應該先瞭解道教」、「中土人民少不了道教，中土人民需要道
教」的觀點，當可稱得上旁觀者清、擲地有聲的論述，值得加以重視。（李建
德撰）

莊萬壽《道家史論》

　　《道家史論》中的〈道家起源新探〉是從諸子起於異國異文化論的推衍，
作者較早的從新舉證探究道家不是江漢的楚學，而是淮北的東夷文化。向來學
者都認為道家是楚學，經本論文全面探討後，的確老莊思想有若干與長江流域
文化有關。然而就全體道家思想而言，卻與楚文化迥然不同，特別是無神思想
與楚巫鬼信仰的對立，而相反的與周史官有密切的關連，包括史官的人文思

想、歷史經驗、辨證法思想。此外道家所批判的聖智、仁義、法令，皆為北方才有的社會問題，而道家的太一與寬柔思想，亦為北方淮水一帶所專有。本文窮究本源，道家起於殷遺民為首的東夷族知識階層，他們於亡國之後，在周王室或諸侯國充當史官，累積了理性的知識，批判華夏族的文化，而成為道家的先驅。如老子就是晚期史官集團的代表，與莊子等道家學者多住淮北殷商淮夷舊地，戰國合併於楚國，因此成為楚人，所以足證明漢書藝文志所稱「道家者流，蓋出於史官。」是正確的。

而〈道家流變史〉，是全面梳整道家流變之大略，可分為六期。這篇文章本是作為大英百科全書的「道家」之用的，道家以老莊為巨擘，然始則起於西周的史官。本論文縱論道家流變之跡，起於西周，終於魏晉，凡分六期：

一、形成期：西周史官的原始道家。

二、成熟期：春秋史官老聃的思想。

三、全盛期：戰國下半葉道家的多元發展。

四、黃老期：漢出的黃老思想。

五、科學期：東漢王充和張衡的道家思想中的科學精神。

六、蛻變期：魏晉的道家思想。

〈太一與水之思想探究〉，是第一篇對楚簡「太一生水」的思想史詮釋。〈太一生水〉在思想史缺乏承先啟後的脈絡，該簡被斷為戰國中葉作品，失之太早，莊萬壽在〈太一與水之思想探究〉於〈太一生水〉楚簡之出土，本論文乃重新探討太一與水之關係及發展。戰國秦漢太一既是天地萬物的創造者、典章禮樂的本源又是眾星拱之天極星神。而水是道家的第一，老莊皆出於淮河水鄉而受楚宋影響的〈管子水地〉亦以水為萬物之準則，太一與水的牽連有必然性，然而諸古籍皆未始有生水的思想簡文的詞彙、結構、思想卻最近似於《鶡冠子》。本論文進而推論太一星神的崇拜，與東南道家淮水楚宋故地有地線關係，而出土於楚地的〈太一生水〉即屬於個別地域文化的思想，與燕齊以北方水德為中心的觀念不同。「太一生水」在思想史上缺乏直接承先啟後的脈絡，而形成應在太一與水兩個獨念之後，竹簡被定為戰國中葉，似嫌太早。

〈學庸與黃老之關係〉一文，定為學庸皆受黃老影響，尤與淮南子文句雷同尤多，疑二文之編集，與漢初淮南子同時，大學、中庸是宋明以後儒者所引用的重要經典，視為孔、孟之學的理論基礎。然學、庸文句及表現之觀念，實含有非孔孟一系之思想，前人對此頗多論述。由於晚近多種黃老帛書之出現，

使戰國晚期至秦漢之際的學術壁壘為之淡化，中界乎道、儒之說者，有助於對
學庸之再認是，因此本文乃從哲學史之立場，擷採古籍及新出土資料，以重新
探索大學、中庸與上古諸思想學說之關係。全文主要兩部分：上為與儒家之關
係，著重於荀派學說及秦漢間思想的反映。下為與黃老之關係，乃本論文之主
要部分。分別就學庸中若干文句思想，以哲學思想、歷史、社會諸層面，一一
考述，以顯現與秦漢間黃老思想之關係。唯因證據不易，本文提出現象多於結
論，對若干論點，並不遽以斷代，或指出具體的傳承系統。

〈列子新證〉是 1984 年在京都大學的公開演說，以為〈列子〉依舊是戰
國或秦漢間作品，不是偽書。而〈列子校正〉約百條，是校書家從未舉出的。
而注《列子》的張湛，史書無傳，作者是復原傳記，又從注列子體例中澄清他
並不是偽造《列子》的人物。《道家史論》是作者在萬卷樓出版一系列「莊萬
壽文集」的第一本。

〈阮籍與嵇康〉，乃首次以心理分析與未用過的文獻來重新解剖阮籍的性
格言行，獨見受學術界的引用。最後三篇《列子》，作者是台灣最早用地氈式
的方法研究《列子》。（熊品華撰）

蕭登福著《讖緯與道教》

《讖緯與道教》，蕭登福著，文津出版社 2000 年 6 月出版，為該社《文史
哲大系》第 151 種，平裝菊 16 開，715 頁。

蕭登福簡介，見李建德撰〈《六朝道教上清派研究》〉。

《讖緯與道教》全書共十一章，第一章〈導論——讖緯源起〉，先分析讖、
緯之義界與面世年代，再對兩漢的讖緯成書先後作繫連，進而分析元、明至今
的讖緯輯佚成果，並就讖緯沿承先秦子書、兩漢經說、子書之現象及讖緯相互
抄襲的成果進行考訂。第二章〈漢緯及古籍中天地生成、天人感應說與道教之
關係〉，分析漢代讖緯呈現的宇宙生成說、生命形成觀、天人感應理論，並就
這些思想對道、佛二教之影響加以梳理。第三章〈古籍、讖緯所言天界情形與
道教九天說之關係〉，對於漢代典籍、讖緯敘述的天地距離、天帝宮廷配置加
以分析，並就道教靈寶派「九天」與周代以來的「九天」進行比較。第四章〈兩
漢讖緯中之五天帝與道教五老五帝說〉，分析讖緯中的五方天帝、分具神格與
人格的三皇異說，並說明「五帝子」與孔子在讖緯中的感生神話，再就道教對
讖緯中三皇、五帝諸說的容受與轉型現象加以分析。第五章〈古籍、讖緯陰陽

五行說與道教之關係〉，分析先秦古籍、兩漢讖緯所載陰陽五行之說，並討論這些觀點對道教的影響。第六章〈兩漢讖緯書中北斗說與道教北斗崇拜之關係〉，旨在討論讖緯記載的北斗諸星神名諱與職司對道、佛二教之影響，並梳理讖緯呈現的北斗對帝王執政良窳的反映。第七章〈讖緯、古籍所見崑崙、幽都與道教之仙鬼世界及生死壽命說〉，先說明古籍、讖緯中的崑崙山與道經中的崑崙、玉京山之差別，再梳理讖緯、古籍中記載人死後前往的世界，並討論這些資料對於漢代以後道教經典的影響，進而論述讖緯中職掌記錄人之生死、壽夭、善惡的神靈。第八章〈讖緯及古籍中所見道教神祇名諱、術與道教經書〉，論述讖緯記載的道教神祇名諱、靈鬼事蹟、方術與經典之內容。第九章〈六朝道教二教讖記中之應劫救世說——論李弘與彌勒〉，梳理六朝道、佛二教提出的李弘應劫濟民、彌勒出世成佛的預言讖記，以及民間依附這兩種說法而發生的民變。第十章〈從兩漢讖緯看道佛二教之讖記預言書〉，對漢代的預言讖記、道教重要的讖語及典籍，以及佛教的預言書加以臚列，並進行述評。第十一章〈臺灣現今社會中所見宗教方面的預言災疾讖記書〉，對當代臺灣透過扶乩或其他各種方式「著造」而成的宗教預言，加以介紹。另有十篇附錄，依次分別為《推背圖》、《乾坤萬年歌》、《馬前課》、《孔明碑記》、《藏頭詩》、《梅花詩》、《透天玄機》、《燒餅歌》、《金陵塔藏碑》及《黃蘗禪師詩》。

　　透過蕭教授此書的論述與考訂，吾人當可瞭解，兩漢讖緯對先秦、漢代典籍與治經大儒諸說的承衍現象，並可推測其師法家學之授受淵源；更可得知六朝上清、靈寶兩派經典所載的存思、身神、壇儀等項，在文獻學上考鏡源流的脈絡。由是，則本書對於六朝道教文獻辨章學術方面的啟迪，是極為可觀的貢獻。（李建德撰）

黎志添主編《香港及華南道教研究》

　　《香港及華南道教研究》，黎志添主編，香港中華書局 2005 年 4 月出版，平裝 16 開，585 頁。

　　黎志添，1983 年取得香港中文大學宗教系榮譽文學士、1988 年取得東南亞神學研究院神道學學士，並赴美國攻讀研究所，於 1990 年取得芝加哥大學神學院哲學碩士，1993～1994 年赴日本京都大學人文科學研究所研究六朝道教史，並以道教研究於 1995 年取得芝加哥大學哲學博士學位。現任香港中文大學文化及宗教研究系教授、道教文化研究中心主任、中國文化研究

所副所長等職，研究領域包括西方宗教學理論、六朝道教史、天師道經典、道教科儀、香港及廣東道教史。專著則有《廣東地方道教研究——道觀、道士及科儀》（香港中文大學出版社，2007 年）、《宗教研究與詮釋學——宗教學建立的思考》（香港中文大學出版社，2003 年）等；編有《香港及華南道教研究》（香港中華書局，2005 年）等書，另撰有學術論文數十篇，登載於國際各大重要期刊。

　　《香港及華南道教研究》一書，為香港中文大學宗教系（後於 2004 年 9 月改名為「文化及宗教研究學系」）於 2003 年 12 月 11～13 日舉辦「香港及華南道教研究國際學術研討會」之後結集而成的論文集，全書分為六大主題，共收二十四篇論文。

　　《香港及華南道教研究》所收主題及論文詳目，依次為「香港道教歷史、儀式及現況」，收入劉仲宇〈香港宮觀《早晚功課經》之討論〉、黎志添〈香港新界建醮儀式研究——道壇、道士及科儀本的歷史〉、游子安〈香港先天道百年歷史概述〉、郭武〈香港道教現狀管窺——以蓬瀛仙館、青松觀、圓玄學院為考察中心〉、侯杰、李釗〈解讀香港道堂中流傳的善書〉、劉紅〈香港與大陸之道教音樂的比較研究——有關發生環境的分析〉與田仲一成〈香港新界粉嶺葛氏、金錢侯氏元宵鄉儺〉等七篇；「羅浮山道教歷史」，收入李剛〈評陳教友《長春道教源流》的全真道史研究〉、王承文〈唐五代羅浮山道教宮觀考〉、尹志華〈關於羅浮山道教歷史的若干問題辨析〉、蓋建民〈金丹派南宗內外丹合修思想探微——兼論南宗在羅浮山地域的傳播〉及詹石窗〈從符號養生看羅浮山道教詩詞的內容與價值〉等五篇；「華南道教儀式及傳統」，收入陳耀庭〈「大三清」與太乙煉、斗姥煉的比較研究——兼論華南道教與江南道教科儀的異同〉、志賀市子〈近代廣州的道堂——省躬草堂的醫藥事業以及其適應戰略〉、楊莉〈鮑姑火傳遠——鮑姑艾傳說及其民間文化土壤〉等三篇；「道派在華南的發展歷史」，收入卿希泰〈南宋時在南方興起的一個金丹道派——紫陽派的形成及其傳系和特點〉、王見川〈近代（1840～1949）變局下的張天師——兼談其對華南道教之影響〉、范純武〈道教對於民間俗神的編納——以華南道派地祇法和張巡信仰的關係為例〉等三篇；「臺灣、新加坡及澳門道教歷史、儀式及現況」，收入李豐楙〈王醮科儀與迎王祭典——臺南地區瘟神信仰與地方傳統的交流〉、李世偉〈解嚴前臺灣仙道團體的結社與活動（1950～1987）〉、王忠仁〈從靈寶皇壇看海南道教在新加坡的傳承〉與吳炳鋕〈澳門道教與科儀〉

等四篇;「香港道門的理念和實踐」,收入盧維幹〈道教未來弘教路線與西方文化〉、鍾明祥〈傳統、現代及未來道教宣教模式在香港〉等二篇。

《香港及華南道教研究》全書具備三大特色,一是呈現道教學者與道門中人的經驗分享與交流,二是綰合華南道教的歷時性考察與當代不同地域的共時性比較研究,三是論述對象包括正一、靈寶、紫陽、全真、先天等歷代各宗派與地方民間崇拜之神祇,可見會議主辦方與各篇章作者的匠心獨運之處,在在值得高度肯定。(李建德撰)

吳銳著《神守傳統與道教起源》

臺灣:東大圖書公司,2008。166 頁。

作者 1967 年生,中國人民大學哲學院哲學博士,現為中國社會科學院歷史研究所中國思想史研究室研究員。專長領域為中國上古史,尤甚著重神守、社稷守、炎黃鳥夷等專題。著有《中國思想的起源》三卷、《錢玄同評傳》、《杏壇春秋》等書。

書分八章,第一章〈神秘主義:石器時代偉大的精神創造〉,第二章〈遠古的梵蒂岡和商周的天朝小國〉,第三章〈為什麼宗教只能抑制不能消滅〉,第四章〈秦漢神守傳統的復活〉,第五章〈道教起源的外因〉,第六章〈道教內容的完備及其繼承性〉,第七章〈將老子納入道教經典:道教的英明決策〉,第八章〈結語〉。

作者認為生活在遠古時代的人們,並不滿足於自己所在的現實空間,於是另外構想出精神空間,產生了偉大的宗教和藝術,形成了類似梵蒂岡那樣的宗教社會實體——神守。作為中國土生土長的宗教,道教直接延續了仰韶文化以來的神守傳統,在東漢初年於部份地區,形成了鬼道教民的政教合一組織。道教將道家最高經典納入其中,大大地提昇了道教的形而上層次,以此強化道教在學術面與歷史面上的可靠性,本書從考古的眼界出發,帶領讀者一窺道教的起源歷程。

書中所謂的「神守」即「巫覡體系」之意,作者從七千年前的陶土彩繪「蒙面人」開始,認為是代表「天」的意思,對於「天」的崇拜而有鬼神的信仰崇拜,這即是文明的開端。由對鬼神的信仰而產生「神守」,男者曰覡,女者曰巫,巫覡即是古代部落中文化、記錄、醫藥的掌管者,也是代表族群向鬼神溝通者,或稱為祭司,而部落的領導者即是最高的巫覡,可稱之為「社稷守」,實為政教合一的先驅。到了後來,王權與祭司分離,但大祭司通常也負責調和

陰陽的工作，這演變成後來的宰相一職。巫覡的傳統與道教的起源關連性是本書探討的重點。

作者認為新石器時代有六個精神文明中心，一為渭水流域的仰韶文化，以魚為圖騰，發展為夏、周二個朝代。二為岷江流域，以崑崙山為宇宙中心，三為以東泰山為中心的大汶口文化，四為內蒙古的紅山文化，五為湖北石家河文化，出現類似太極圖紋，六以太湖為中心的良渚文化，在玉器上刻畫神秘紋飾，或稱為神徽。這六個精神文化內容部份為後來的道教所吸收，形成「太山府君」的觀念，太山府君的形成即是將道教的起源，而這都與這些文化的發生相連，本書即是從考古以發掘道教如何起源於上古時代的鬼神崇拜。（藍日昌撰）

郭正宜著《道家道教環境論述新探》

《道家道教環境論述新探》，郭正宜著，臺北：萬卷樓圖書股份有限公司，2008 年 7 月初版，21 公分（32 開本），平裝，300 頁。

郭正宜，臺灣台中市人。2014 年於國立成功大學中國文學研究所獲得博士學位，在學術上持續關注道家、道教、環境倫理、生態哲學等，曾任台南市哲學會理事，《道家道教環境論述新探》為其相關研究成果的集結。期刊論文如：〈晚明詩話中的詩經學初探〉（《成大中文學報》第二十七期 2009 年 12 月）及〈承負說與代際正義──以環境倫理學為考察脈絡〉（《成大中文學報》第十九期 2007 年 12 月），均列於 THCI Core 等級，同時對國際漢學亦有涉及，曾以英文在國際研討會中發表有關越南研究的主題，新作《晚明日用類書勸諭思想研究》為其博士學位論文。此外，為因應資訊社會的需求，在修習學士後影視傳播暨數位媒體設計學士學程之後，獲得資訊學士學位。計畫案方面，曾執行「行動式客家觀光旅遊智慧學習系統─以美濃地區為建置對象」、「文化創意行動科技應用課程」及「強化人文藝術及社會科學基礎應用人才培育中程計畫–人文藝術及社會學科經典研讀課程計畫」等，並獲相關單位的補助。

近年因為地球生態環境的巨變，環境保護遂成聚焦的議題，而遵循自然的道家環境思想亦受矚目，《道家道教環境論述新探》一書在此思潮之下，對當前的地球環境狀態提出反省，其中更參酌大量外文文獻，使道家經典中的生態哲學與環境倫理學概念及做法，與今日西方世界的相關研究產生連結，從而見出道家思想在全體人類需求上的相應性。全書以問題為導向，就道家道教生態

哲學中的護生思想、承負思想、自然觀及三才相盜的「盜賊思想」進行深刻的探討,共分為九部份:首章〈緒論〉乃簡單回顧西方環境倫理學與生態哲學的東方轉向,並闡述全書的思路及結構。其次則是問題的研究:〈生態道家何處尋——道家環境論述研究述評〉乃立足於「生態道家」的觀點上,考察廣義的道家思想所提出的環境論述與反思,並檢視相關文獻的歷史意義。〈繽紛的國度——從莊子的觀點來談生物的多樣性〉乃從「萬物齊一與生態中心主義」出發,探討如何從《莊子》中汲取當代生物多樣性的生態智慧,以及「無用之用」的價值。〈成玄英《莊子疏》護生思想初探〉,本文從文獻的整理中,認識到隋唐以前道書訓誡中所論及的護生思想,是站在以人類中心主義的立場,屬於消極性的護生,至《莊子疏》才轉為以生態中心主義為主的立場,由此也彰顯出成玄英《莊子疏》護生思想之地位與價值。〈承負說與代際正義——以環境倫理學為考察脈絡〉係以環境倫理學為考察脈絡,來探討承負說與代際正義的關係。〈早期神仙道教自然觀初探——以《抱朴子內篇》為討論中心兼論傳統自然觀中之觀念與行動的論爭〉,從檢討學界在自然觀的論爭中疏忽了對道家自然觀的注意入手,探討了葛洪《抱朴子內篇》中的自然觀,歸納出早期神仙道教的自然觀乃是反映出極端的以人類中心主義為主的觀點。《陰符經》之生態環保思想初探〉檢討了當代學界對於《陰符經》「盜賊思想」中的環保與生態思想的各種面向,並思考、檢討詮釋《陰符經》的各種新舊面向。附錄一:〈《陰符經》「三才相盜」各代詮釋舉隅〉乃以舉隅的方式,來呈現《陰符經》各朝代的詮釋面向,可為〈《陰符經》之生態環保思想初探〉的補充。附錄二:〈地方感與大地僧團——史耐德佛教環境哲學再探〉旨在探討佛教深層生態運動代表人物史耐德的環境思想,此文曾在 2003 年與其博士生導師林朝成教授共同發表於《佛學研究中心學報》第八期。

本書以環境論述作為探討道家道教在生態哲學上的思想呈現,正是當今道家哲學新方向的開展,並且貼切的符合當今社會對於環境生態的要求與反省,頗有創發之功。(陳昭吟撰)

丁煌著《漢唐道教論集》

《漢唐道教論集》,丁煌著,北京中華書局 2009 年 1 月出版,平裝 16 開,280 頁。

丁煌簡介,見李建德撰〈《道教學探索》提要〉。

　　《漢唐道教論集》共收六篇論文，茲略述其摘要於次。

　　〈漢末三國道教發展與江南地緣關係初探——以張陵天師出生地傳說、江南巫俗及孫吳政權與道教關係為中心之一般考察〉，原刊載於《成功大學歷史學報》13 期（1987 年 3 月），頁 155～208。本文之撰作，係因反對當時學界多認為孫吳政權與曹魏同採壓制道教之政策而發，故先稽考江南地區與早期道教之關涉，並討論「祖天師」張道陵之生平資料與當代中外學者之研究成果，其次論述孫吳政權與道教之關係，進而持論張道陵之道法應傳習自東方而非巴蜀，也非赴蜀而後受法、創教，應係早已兼綜各種道法，迄蜀地而創制較具系統之組織而已。

　　〈唐高祖太宗對符瑞的運用及其對道教的態度〉，此篇原刊載於《成功大學歷史學報》2 期（1975 年 7 月），頁 277～296。本文就史料、現存詩文所載，分析唐高祖、太宗父子二人即位前後對於符讖、圖籙、祥瑞之差異態度，以及父子兩人原先佞佛，後於貞觀十一年（637）始轉而扶植道教的原因。

　　〈唐代道教太清宮制度考〉，此篇原分為上、下兩部分，依次刊載於《成功大學歷史學報》6 期（1979 年 7 月），頁 177～220；《成功大學歷史學報》7 期（1980 年 7 月），頁 275～314。本文先敘述唐玄宗繼位前後的道教發展，並分析太清宮制度出現的時代背景，進而考釋太清宮之名稱、沿革、五代至元末之太清宮發展，而後說明唐代長安、洛陽、亳邑等三處太清宮（洛陽稱太微宮）的地理位置與其規制，臚列唐代太清宮之組織（崇玄學、玄元皇帝廟）、職官、司役、皇帝朝獻記錄與規制，進而綜論其影響。

　　〈葉法善在道教史上地位之探討〉，此篇原刊載於《成功大學歷史學報》14 期（1988 年 3 月），頁 1～78。本文先稽考碑刻、寫卷、傳世文獻等相關史料，確定唐玄宗時期出現的葉法善（616～720）資料，並依之建構葉氏先世、鄉貫、學道歷程、受籙師承、道法考述，而後說明葉氏思想、性格、著述、傳授弟子與佈教活動，並分析葉氏在中宗被毒殺後政局丕變之關係，兼論葉氏信仰之形成與歷代發展，最後總評葉氏在道教史的地位。

　　〈道教的「沐浴」探究〉，此篇原刊載於鄭志明主編《道教文化的精華：第二屆海峽兩岸道教學術研討會論文集》（嘉義縣大林鎮：南華大學宗教文化研究中心，2000 年 7 月），頁 413～442。本文先分析「沐浴」與早期巫覡祭祀禮俗結合的原因，再討論道教「沐浴」儀式與巫俗之關係，並說明「沐浴」之法儀與禁忌，進而考述道教「沐浴」所用之藥物。

　　〈臺北藏明宣德《上清靈寶濟度大成金書》初研〉，此篇原名〈國立中央圖書館藏明宣德八年刊本「上清靈寶濟度大成金書四十卷」初研——道藏失蒐書系列研究之一〉，原刊載於《成功大學歷史學報》15 期（1989 年 3 月），頁221～254。本文先介紹臺北中央圖書館庋藏明宣德八年刊本《上清靈寶濟度大成金書》之相關資料，再說明周思得（1359～1451）在世期間的宗教政策背景，並對周氏生平、學道師承、著作、思想、焚修棲居所在地大德觀進行考述，進而分析周氏所傳靈官法（張繼先、王文卿、林靈素、薩守堅）與《上清靈寶濟度大成金書》之傳授淵源（陸修靜、田靈虛、王古、楊希真、甯全真、林靈真、丘月庵），認為《上清靈寶濟度大成金書》所載資料，仍可作後續深入之多方面研究。

　　綜觀《漢唐道教論集》，吾人可以透過丁教授在文章中歷時性、共時性的視角，對道官制度、地域宗派發展、高道行誼風度、道典流變、俗尚文化、帝王宗教政策等面向，有深入的認識，因此，就道教發展史研究而言，本書具有極高的學術價值。（李建德撰）

鄭燦山著《東晉唐初道教道德經學：關於道德經與重玄思想暨太玄部之討論》

　　《東晉唐初道教道德經學：關於道德經與重玄思想暨太玄部之討論》，鄭燦山著。臺北：臺灣學生書局，2009 年 12 月初版，約 32 多萬字左右，平裝橫排 25 開本，535 頁。此書主論分上下兩篇，全書〈上篇〉前列有〈李豐楙教授序〉、〈自序〉及〈緒論〉、〈序章〉；〈下篇〉之後則有〈餘論〉及〈附錄〉共四篇單篇文章（包括《《寶玄經》之年代、經系與相關考證〉、〈道教「玄」與「重玄」觀念考〉、〈道教道德經傳本暨「太玄部」經典之考辨〉、〈南北朝唐代道教「太玄部」經典輯佚〉等主題）及〈參考書目〉。而在〈上篇：東晉唐初道教道德經的詮釋〉中，依重點時序分章為：〈第一章、道教重玄思潮之形成原因〉、〈第二章、東晉道德經之詮釋〉、〈第三章、南北朝道德經之詮釋〉、〈第四章、唐初道德經之詮釋〉、〈第五章、道教重玄思潮之思想史意義〉；另〈下篇：南北朝唐代道教「四輔」中之「太玄部」〉部分則包括：〈第一章、太玄部經教系統〉、〈第二章、太玄部的傳授儀式〉、〈第三章、太玄部經教之道法〉等重點綱目。

　　鄭燦山，1966 年生，臺灣臺南人，國立臺灣師範大學國文研究所博士。曾任教於澎湖科技大學通識教育中心、玄奘大學宗教系所，2014～2015 受聘

為韓國外國語大學校中國語文學系客座教授。現職為國立臺灣師範大學國文系所專任教授，研究領域為道教思想文化與制度、儒道哲學。

此書立足於「道教」主體性而展開「道教道德經學」的研究。主要研究有兩個重點：一為《道德經》注疏學，二是以《道德經》為核心所整合而成的經教系統──「太玄部」經群。前半部偏向對道教思想與教義，特別是「重玄」概念與相關議題之闡述；後半部主要探討《道德經》變成「道教」制度性傳承之「聖典」，而與「太玄部」經群在道教內部傳授的實況。還涉及「太玄部」授度制度的問題，包括傳授儀式、教階法位的授予，乃至「太玄部」經群的內容、修行與實際運用等面向。作者認為透過比較，可看出「玄學之世間理性」與「道教的宗教信仰」實涇渭分明，尤其從對「老子」與《道德經》的態度，就可看出道教中人對於「聖者」與「聖典」的「神聖性」崇拜。尤其到了南北朝時期，整合成型的「道教」已確立《道德經》的「聖典」地位。所以東晉南北朝道教史，之於《道德經》而言，可說是一條藉著注解《道德經》與建立制度化的「太玄部」之雙軌鋪成的「邁向聖典之路」。作為一本學術研究論著，本書內容十分紮實、且將「仙道派老學」從「東晉到唐初」這一斷代之發展狀況確實釐清，補足了中國思想史對相關重點議題之忽略，是研究中國道教史及中國思想史必要參考的一本專書。（賴慧玲撰）

曾維加著《道教的社會傳播研究》

《道教的社會傳播研究》，曾維加著，臺北：文津出版社有限公司，2010年8月初版一刷，21公分（32開本），平裝，306頁。

曾維加，生於1973年7月，四川樂山人。2004年畢業於四川大學道教與宗教文化研究所，獲哲學博士學位。2007年南京大學哲學宗教學系博士後。現為西南政法大學哲學系教授，中國哲學碩士生導師。主要從事中國哲學、道家、道教、民間宗教以及宗教學原理的教學和研究工作。在《世界宗教研究》、《宗教學研究》、《社會科學研究》、《南京社會科學》、《四川大學學報》等國內重要學術期刊發表學術論文二十餘篇，出版專著除本書外，另與楊孝容共同校注《西南和平法會特刊校注》（成都：巴蜀書社，2013年1版），及譯著《唐代道教：中國歷史上黃金時期的宗教》（濟南齊魯書社，2012年1版）。研究項目有：主持國家社科基金項目"巴渝道教與民間信仰的歷史與現狀研究"，並主持省部級專案4項。

關於道教研究，一般學者大多從道教史的角度切入，以分析其源頭、發展與流傳，本書卻與眾不同的使用了宗教傳播的觀點，由巴蜀特有的三星堆文化談起，延伸到民間的方士傳統，以致於道教的成立及後來的發展等。在緒論中，作者確定了宗教構成的四大面向有思想觀念、情感和體驗、行為活動和組織制度，而這些正是宗教傳播的內容與過程。故本書乃以此一定義為基礎，分別從道教傳播符號的形成、道教傳播與社會的關係、道教傳播系統及特色等三個面向來分析道教的發展。首章〈道教傳播符號的形成〉為第一部份，主要說明道教的源頭，從傳播的觀點而言，本書認為道教的源頭有三：一是三星堆信仰，其宗教符號為神樹，其後遂發展成為道教中的通天之樹與長生之樹；二是方士傳統中神仙信仰，主要是由考古出土物的探討，以印證方士信仰中與後來道教相關的食住行等長生技術，這些內容隨著方士由民間進入宮廷，因而推播到社會高層；三是老莊典籍當中所記錄有關神仙思想的語言符號，如道、氣、不死、保精、積善等辭彙被道教接受之後，隨著衍化，最終成為道教的哲學核心。其次在〈道教傳播與社會〉中，主要是說明道教與社會之間的相互影響，依照內容分為上下兩章：第二章〈道教傳播與社會（上）〉，從戰爭、政治、災難等三方面分析道教傳播的概況，主要的論述範圍集中在漢晉六朝的時空，涵蓋了五斗米道與巴蜀巫鬼信仰的互動，佛教東傳與道教的衝突與相融，新舊天師道的變化，天災——特別是地震，對於道教思想、儀式傳播的推波助瀾等；第三章〈道教傳播與社會（下）〉，則是從地方與族群信仰的角度，探討道教與民間信仰之間的互相傳播，地方信仰如「泰山府君」、「華山使」、「廬山神」、「河伯」、「蠶神」、「灶神」等，族群信仰如蜀地的「鬼道」、賨族、壯族、白族、納西族等西南民族的信仰等。終章〈道教的傳播系統及傳播特點〉則著重在道教傳播的語言媒介如咒語、口訣；文字符號媒介如道經、道符等，以及具體呈現以利傳播的意象化教理教義、醫療、煉養、科儀法術等各方面的描述，在組織形態上則整理了歷來道教組織的形式，如教團形式有官民制、師徒制、宗族式，宮觀制則以樓觀道為例來探討等。最後則分析了道教傳播的特點，包括：以血緣家族為紐帶、以人倫忠孝為血脈、以人口遷移為契機等三項。作者認為，道教在傳播過程中將社會各地的道德觀念、價值體系、生活方式、人際關係、文化崇尚等與道教信仰相融合，因此道教的傳播也是一個與社會共同發展的過程，其傳播行為與社會環境是相輔相成的。

全書除了使用宗教傳播的概念做為論述的切入點之外，將道教的源頭與巴蜀三星堆文化相連結，並大量運用考古出土物作為論證；或是在道教傳播與社會的關係上，以上下兩章條理分明的包羅了道教與社會在歷史中傳播互動的因素，其注意層面不可謂不廣，均有可觀之處。（陳昭吟撰）

黎志添等《香港道教：歷史源流及其現代轉型》

《香港道教：歷史源流及其現代轉型》，黎志添、游子安、吳真著。香港中華書局，2010 年 4 月。

黎志添，香港中文大學文化及宗教研究系教授、道教文化研究中心主任。專著有《廣東地方道教研究——道觀、道士及科儀》等。

游子安，香港中文大學文化及宗教研究系助理教授、道教文化研究中心副主任。專著有《善書與中國宗教：游子安自選集》等。

吳真，中國人民大學文學院副教授，香港中文大學文化及宗教系兼任助理教授。專著有《為神性加注：唐宋葉法善崇拜的造成史》等。

本書是第一部全面闡釋一個城市的道教傳統和發展的專著。著作目的是要讓對道教感興趣的普羅讀者掌握和明瞭：道教在香港地區過去百餘年來的發展、傳承、演變、現況和種種宗教活動。全書共五章，分為三部分。第一部分共三章，分別闡述形成今日香港道教整體面貌的三個主要傳統及其歷史的演變，包括：呂祖道堂、正一派喃嘸道館和先天道道堂。第二部分介紹香港道教科儀的傳統。第三部分簡析道教團體和香港社會變遷的互動關係。

作者研究考察香港道教聯合會現有會屬道堂九十多間，多數供奉呂祖為主壇神祇。每間道堂各自採用不同的派詩字輩，反映其道脈來源的多元性。香港道壇大多是在 20 世紀 20 至 40 年代以後，從廣東地區的祖堂分支傳入香港。特色在其集體宗教活動常常體現為扶鸞降乩、道場法事、神誕齋會、慈善濟世及刊派善書等的融合。最早將道教儀式傳統帶入香港的，當是清代中期正一派的職業「喃嘸道士」。

此外，觀察民國初年就已傳入香港的先天道，在現今香港道教聯合會中約占四分之一會員。在中國被歸類為「民間宗教」的先天道，在香港取得了「道教」的身分。其宗教修行的特色是三教合一，即行儒者之禮，持釋家之戒，修老子之道。

　　道教是「儀式型的宗教」，作者歸納香港道教科儀的傳統可分二類：一是由職業性的正一派火居道士（俗稱「喃嘸先生」）主持的道教齋戒科儀，主要是殯儀館的喪葬功德法事，和新界鄉村周期性的大型太平清醮儀式。二是道堂的道教法事科儀，由經過經懺科儀學習的道堂入道弟子入壇主持。道堂弟子統稱為「經生」，但按科職類別，又可分為高功、都講（俗稱「二手」）、監齋（俗稱「三手」）及其他散眾。道堂與正一派在科儀傳統上差異很大，主要表現在科儀的節次安排、背後的儀式理念、行儀演習的做法，以及使用的科儀經本上。

　　1970 年代後香港現代化與都市化的轉變，許多道堂順應社會，都由信眾的私人團體轉變成公開的慈善團體，並註冊成為法人代表有限公司。香港道堂也為 1980 年代後中國內地的道教復興貢獻極大，包括宮觀的修復重建，及公共福利事業的捐助等。（林翠鳳撰）

張美櫻著《道教生命文化析論》

　　《道教生命文化析論》，張美櫻著，臺北市蘭臺出版社出版發行，2013 年初版，平裝，325 頁，約 27 萬字。作者張美櫻，乃輔仁大學中國文學系博士，現任佛光大學未來與樂活產業學系助理教授，其研究領域涵蓋道教文學、道教養生、道教術數、道教文化、道教經典及公羊傳等領域，其著作相關者有《列仙、洞仙、神仙》三仙傳之敘述形式與主題分析及〈重陽立教十五論中的養生觀〉。

　　作者撰寫本書之動機，係源於魯迅說中國的根柢全在道教，李約瑟說中國人如果沒有道，就像大樹沒有根一樣。這麼好的道教，作者竟在其教學過程中發現在現代社會一般人民及學生的認知，道教存在的意義與價值，他卻視其是種迷信，就因道教在現代社會一直被誤會，使得學習道教文化、了解道教的文化，迷思出現，所以作者覺得應撰寫一本道教文化的書，以資釐清與重塑道教之價值。

　　張美櫻指出道教文化的核心為神仙信仰與鬼神文化，神仙信仰在於生命永恆的追求，道教對鬼神的關注則聚焦於與人們禍福吉凶，仍落到生命焦點上。這也是道本無言，寓道於法、寓道於術正是道教文化的特色。故本書的目的即在於透過學術專書的論述，將道教生命文化中的生命內涵呈現出來，從而能夠讓人們理解道教生命文化中的精華，佐助處理個人的生命問題。因此本書

的生命文化議題，聚焦於生命的根源、人們對生命最為關心的養護與救濟問題及對道教最為好奇的生命預測與生命修煉部分，依從生命發展的程序，討論道教的生命結構、生命預測、生命養護、生命救濟、生命修煉五大生命文化之內涵。

同時基於人象天地，氣法自然的生命根源認識，道教有著天人合一、天人同構、天人一體的生命觀，從人稟氣分靈於道，具備道性，得氣最靈，符合天地之象的形體結構。作者從道→氣→神→萬物的宇宙觀，看待人的生命從道而生化為具體生命，內含著到的屬性與規律性，可以說人的生命源頭是道，而道具反覆的特質，則道教對於人生命的追求，即是人→神→氣→道的生命轉化。進一步，作者提出天人合一思想，在道教生命文化中，出現以易學、陰陽五行之理演繹的現象，因此道教的生命文化中充滿著易學及陰陽五行學說的運用。本書的研究重心，在於呈現道教經典中所展現的生命文化內涵，及蘊涵於其中的天人合一、易學、陰陽五行元素，以此作為筆者研究道教生命文化的開端。

作者歸納整本書的邏輯與價值，指出道教的生命文化內涵，以天人合一為核心，本著以道為本原的宇宙觀，藉由易學、陰陽五行之理，展現天道無窮的變化規則，在氣的運化中，體現人與天道之間既統一又獨立的同構關係。天人之間的差異代表人與道的分離，天人之間的同構，代表人與道的和合，人的生命從受氣開始與道分離，從出生開始即走向與道和合的生命旅程。使生命道化回歸於道是求道之士的生命目標，生命道化即是尋求天道的過程，人道以天道為準則，明天道而盡人道是人落實天人合一的理念於現實生活中的具體行為，也是道教認為人生在世應該依循的準則。

嚴格來看，作者撰寫本書著墨甚深，有很明確又嚴謹的理論架構，來貫穿整本書的思維體系，加上其疏理的資料原典甚為豐碩，對後學者同時也作延續性的研究助益甚多，尤其是啟發性之導引作用，究竟與証明了道教文化有其深厚的內涵，對一般社會價值之撥亂反正，應可收以正視聽之效。（熊品華撰）

鄭燦山著《六朝隋唐道教文獻研究》

《六朝隋唐道教文獻研究》，鄭燦山著，新文豐出版公司 2014 年 12 月初版，菊 16 開本，平裝，324 頁。

鄭燦山，1966 年生，臺灣臺南人，臺灣師範大學國文研究所博士，曾任教澎湖科技大學通識教育中心、玄奘大學宗教學系，2014～2015 年受聘為韓

國外國語大學校中國語言文化系客座教授，現職臺灣師範大學國文學系專任教授。研究領域為道教思想文化與制度、儒道哲學。出版專書《東晉唐初道教道德經學——關於道德經與重玄思想暨太玄部之討論》，單篇論文〈從諸子傳說到道教聖傳——先秦兩漢的老子形象及其意義〉、〈內丹與胎息——唐初道教「精氣神」概念之轉變及其意義〉、〈唐道士成玄英的重玄思想與道佛融通——以其老子疏為討論核心〉、〈《河上公注》成書年代及其思想史、道教史之意義〉等。

《六朝隋唐道教文獻研究》收錄六篇文章，以及一篇附錄。第一篇論文〈南朝道士陸修靜論靈寶齋儀與《道德經》之著作考〉，首先探討兩部重要靈寶道經：《太上洞玄靈寶法燭經》、《洞玄靈寶齋說光燭戒罰燈祝願儀》的齋儀。根據學者考察這可歸入陸修靜之作品，作者推論陸修靜可能編撰一部原始文本而造後來之經，這在上述二經可見部分的端倪。其次在靈寶經的轉經說法方面，這可能是受漢晉儒學講經的影響，因此影響佛道二教，進而陸修靜將《道德經》融入靈寶齋儀，讓儀式更加重視講經說法，顯示陸修靜在身處東晉末劉宋之際，面對道教發展的新時期，必須重新整理道教教義學的問題，故改良道教齋儀成為陸氏的貢獻。第二篇論文〈《玉皇經》與玉皇信仰〉，分析從北宋起的玉皇崇祀，包括宋真宗、宋徽宗等人的崇道，表現在玉皇大帝的崇祀。作者參考其他研究考察中國古代的天、帝、上帝信仰的起源，乃至唐、宋，可看出天子祭天的傳統。其後作者討論《高上玉皇本行集經》（簡稱《玉皇經》）的年代，同時他對比謝聰輝教授的研究進行反省與檢討，文中指出謝氏舉證的資料較為薄弱，缺乏直接的材料，而使用外圍、間接的史料來佐證，在歷史考證的研究方法上是一大缺陷。於是作者耙梳相關文獻，推論《玉皇經》是依仿《佛本行集經》編造而出，很有可能是在五代以迄北宋才成書。再者，「玉皇」的神格與「三世天尊」有密切關係，這來自陸修靜的說法，大抵受佛教影響。作者認為道教內部對「玉皇」的崇祀在陶弘景之後，隋朝之前逐漸形成，《玉皇經》的出現，也是其中的原因之一。

第三篇論文〈《養性延命錄》作者孫思邈新考〉，作者討論幾位學者對《養性延命錄》的研究（如湯用彤、朱越利、王家葵、任繼愈等），企圖證明該書作者應為孫思邈而非陶弘景，鄭燦山根據史書記載以及詳細的文本解讀，得出孫思邈編集《養性延命錄》的可能性，遠高於陶弘景，成書年代約在唐高宗在位期間，對於中國道教中古史的研究寫下新的一頁。第四篇論文〈道教辭典的

編纂及其意義——關於唐初《道門經法相承次序》的討論〉研究道教史上第一部具有辭典性質的道書,《道門經法相承次序》,這部書融合道教義學書與辭典的內容,具重要意義。作者綜觀道教歷史的發展並整理歷代道經的過程,認為梁朝以後「道教學」越具規模,七部道書和七階道法、教階漸成定制。作者以《無上秘要》、《道教義樞》、《道門經法》進行討論與比對,分析道教教義學變化,從「三寶」、「三炁」、「三天」、「三清」、「三洞」等關鍵概念,找尋道教教義發展軌跡。文末作者深思道教史的史觀建構方式,提醒學者必須注意正史以外的材料,如此才能完整。

　　第五篇論文〈唐代道教三篇《坐忘論》考證〉,作者選定「坐忘」作為討論核心,以文獻學角度出發,材料以《道樞》選錄的三篇《坐忘論》與《正統道藏》所收錄的版本,兩者進行對照。作者認為道藏本《坐忘論》之作者應是唐初趙志堅,並非習稱的司馬承禎,這是立基於朱越利、中嶋隆藏的研究基礎之上所考察而出。他強調「坐忘」之概念在當時已十分流行,向來偏往心性論發展,卻卻較少在道教注重的身體觀與身體論述方面,這是學者日後必須注意的研究問題。第六篇論文〈《秘傳正陽真人靈寶畢法》的基礎性研究〉考察中國道教史上一部具關鍵性地位之道書:《靈寶畢法》。作者分析該書成書性質及其篇章結構,這是屬於道教修煉的範疇,書中牽涉鍾離權思想及傳授道法的內容。至於成書年代,根據朱越利推斷可能是在北宋神宗、哲宗時期,然而作者以為是在後晉石敬瑭朝天福元年(936)之前。其後作者將《靈寶畢法》比對靈寶道經,得出在內丹修煉上兩者有所差異,不過同樣承續漢代元氣宇宙論原理,值得注意。再者《靈寶畢法》運用大量漢代卦氣說,作為修煉內丹道理,證明唐代道士使用八卦學說發展內丹思想的根據,與其他靈寶經有類似之處。在六篇論文之後,作者有附錄〈漢唐《道德經》注疏輯佚〉一篇,全文將近百頁,作者參照前人研究成果,蒐羅各種《道德經》注本與其他經典的注本,整理漢唐之間的《道德經》注疏情況。

　　整體來說,依據作者在序言所做的說明,全書收錄文章多屬文獻學研究性質,以及道教經典文獻之考察,反思道教思想史的研究課題。作者認為已故哲學家傅偉勳教授所提出的「創造的詮釋學」(creative hermeneutics)可作為思想史研究者的借鏡,藉此形成研究的客觀性。因此鄭燦山教授的這部道教文獻研究,論文的思考脈絡便是與上述所提之研究方法緊密相連,是當代道教研究的創新典範。雖然書中所收錄之論文,多為舊稿新修,但是仍對後輩有相當大的

啟發，無論是善用學界既有的學術成果或是根據文本的脈絡而得出的新見解，在在看出作者幾十年來的治學嚴謹，與考證功夫的紮實，值得有心志學者看齊。（熊品華撰）

第七章　道儒釋三教會通

孫廣德著《晉南北朝隋唐俗佛道爭論中之政治課題》

《晉南北朝隋唐俗佛道爭論中之政治課題》，孫廣德著，臺灣中華書局 1972 年 5 月出版，分精裝、平裝兩種，197 頁。

孫廣德（1929～），山東省青島市人，二戰期間輾轉就讀於青島、湖南兩地之中學，後於 1949 年隨國民政府軍隊播遷來臺。渡臺之初，先考取專修班，畢業後，復進入第一期預備軍官訓練班，並被分發至臺灣省教育廳任職。由於熱衷教育，遂申請轉任教職，先後於臺東中等學校、花蓮師範學院服務。此後，孫教授又先後取得政治大學政治學系碩士、博士學位，成為臺灣大學政治系教授，並曾任政治大學、東海大學、中山大學、中興大學、政治作戰學校之兼任教授。除本書外，孫教授曾著有《墨子政治思想之研究》、《晚清傳統與西化爭論》、《政治神話論》、《先秦兩漢陰陽五行說的政治思想》（博士論文）、《中國政治思想專題研究集》、《清末民初的民主思想論集》、《明清政治思想論集》等書。德配李晬女士則任職於臺灣大學園藝系，夫婦作育英才甚廣。2008 年 5 月，臺灣大學社會科學院更為慶祝孫教授 80 華誕而舉辦「2008 中國政治思想國際學術研討會」，其弟子則一同編寫《孫廣德教授八十華誕慶賀文集》。

《晉南北朝隋唐俗佛道爭論中之政治課題》將儒者與道、佛二教之間的爭論，分為若干問題，並以之為中心，作為全書內容之架構。是書共計七章，首章〈緒論〉，說明佛教傳入與道教成立之始末，介紹六朝隋唐道、佛二教盛行的狀況及其原因（權臣篡竊、戰亂頻仍），並分析二教教義及儒家之思想；第二章〈倫理問題〉，針對儒者、道士以「孝順父母」、「蓄養妻子」兩問題向佛

教徒展開質疑,而佛教徒進行辯駁的歷項爭論進行述評;第三章〈君臣關係〉,分析東晉成、安二帝時及唐初高祖、太宗、高宗三世的爭論,前者即著眼於沙門對王者是否應加以禮敬?後者則為高祖時,太史令傳奕上奏廢佛僧及高宗制勅沙門致拜所引發之議題;第四章〈華夷之辨〉,探討華夷思想影響下的儒者與道教徒,面對佛教展開之爭論情況;第五章〈其他課題〉,環繞在財經、勞役、兵役等社會議題,以及佛教興盛對於朝代強弱、朝政治亂的影響;第六章〈歷朝之毀教〉,稽考北魏太武帝滅佛,北周高祖、北周武帝佛道並滅,以及唐武宗滅佛之始末,並分析其原因包括華夷之防、財經問題、沙門良莠不齊、二教神職人員背離教旨等項,再說明朝廷滅佛旋即恢復的原因;第七章〈結論〉,針對這些爭論現象作出較為中道的歸結。

綜觀全書,孫教授引用梁僧祐《弘明集》、唐釋道宣《廣弘明集》及清嚴可均所輯《全晉文》、《全梁文》、《全北周文》、《全隋文》等文獻,並參酌史書及前行著述,進而以爭論問題作為各章架構,皆可見其用心。且孫教授更能在1970 年代初期即認識到「一般皆以為道教創於張道陵,實則張道陵之前已有道教之雛型。」並舉秦代茅濛、西漢三茅君、東漢于吉等證據,雖未能直接舉出將道教創始繫於「祖天師」張道陵係劉勰等奉佛文人的後出詆毀之作,但亦可得知孫教授係兼備史識與史德之學者。(李建德撰)

吳耀玉著《三教蠡測》

《三教蠡測》,吳耀玉著,新文豐出版公司,1976 年初版,平裝,804 頁。

吳耀玉教授早年修習哲學,後任教於大專院校,深研儒釋道三家之學。《三教蠡測》一書乃吳教授基於三教合流、相資匯通之立場,回應現實世態炎涼、爾虞我詐橫流,欲整世風,唯有發揚三教之旨,取長補短,立正教息邪說,力挽狂瀾,期以謀求世局之安定和平。然以三教義理淵博,掛一不免漏萬,故是書強名曰「蠡測」,實亦作者一片赤子真誠之謙遜說辭,蓋該書博大精深,於儒釋道三家之歷史源流、義理宗派與實踐工夫,皆有悉備之闡析,更有佛道、儒佛合參並三教相資相輔之論,皆顯其自得之見也,頗有可觀。

《三教蠡測》一書共分五篇,含緒論、結論部分共計十六章。

〈緒論〉共計三章,闡述中國古代思想文化源流,以及三教各自發展合流之概況。三教合流之勢,濫觴於西漢,融會於魏晉,浩瀚於隋唐。隋唐以後,三教合流灌溉中國文化園地,呈現一番新氣象。道家之丹鼎派可名曰新道學,

儒家之宋學可名曰新儒學，佛家之大乘教可名曰新佛學，三者相激互盪，共同促進中國思想文化發展之欣欣向榮。

　　第一篇道家概論共計四章，第一章首述道家之得名與範圍，對於道家之名稱及其學術範圍作出明確之定義。二至三章分述老莊哲學思想、方士文化與丹道修煉與各派簡介。

　　第二篇佛教概論共分五章，一至三章闡述佛教思想之歷史源流與發展，從原始佛教、部派佛教及至大乘佛教之興起。第四章則依佛陀觀、菩薩觀、涅槃觀、真如觀闡析大乘與小乘之區別。第五章則概述中國佛教十宗之歷史與教義。

　　第三篇儒家思想概論共分七章，第一章略述儒家之由來及其道統。二至七章則分述周儒、漢儒、唐儒、宋儒、明儒、清儒之歷史發展及其主要代表人物與學派之義理與文化影響。

　　第四篇、第五篇乃作者在前述理解三家思想文化之基礎上，秉持會通之立場分述道佛合參與儒佛合參。三教雖各有宗旨，各有歸趨，然其教理、儀式有不謀而合者，亦有相資互潤者，基於敬異愛同之懷，存異求同而有合參之論。

　　結論總結全書提出儒道佛三家合參之論，指出「養心」、「培德」與「力行」為三家共法。儒曰獨善其身兼善天下，佛曰上求菩薩下化眾生，道言內聖而外王，三家所言修己治人之方，不出養心、培德範圍之外。養心為三家所重，儒曰正心、佛曰明心、道曰煉心，名異實同。修心莫如養心，治人莫如培德，養心為培德之本，養心培德非徒空言，皆以力行為要。（劉見成撰）

褚柏思著《三教新論》

　　臺灣：新文豐出版社，1981。309 頁。

　　作者 1909 年生，卒年不詳，號佛林居士，上海中國公學大學法律系畢業，歷任北平北方日報總編輯、南京軍事新聞通訊社總社長、華中軍政公署政務委員、越南西貢中正中學校長。後因亂轉赴越南，始研讀三教典籍，尤著重於佛教典籍。1966 年捐贈位於臺灣高雄縣大樹鄉麻竹園之地給星雲法師，即今佛光山之地。後再捐贈所有佛教著作給佛教團體。

　　書分三卷，〈儒教新論〉、〈道教新論〉及〈佛教新論〉，〈儒教新論〉下分七單元：〈總論〉、〈儒教試論〉、〈儒教再論〉、〈儒教哲學論〉、〈儒教行法論〉、〈儒教的文化與生活〉、〈儒家的人格修養與人生境界〉，討論儒教哲學、儒家

對人格修養的關注與所欲達成之人生境界。〈道教新論〉下分四單元：〈道教新論〉、〈老莊與道教〉、〈道家的修養與境界〉、〈道家的健唐長壽之道〉，討論老莊與道教、道教的修養境界問題。〈佛教新論〉下分九單元：〈佛教概論〉、〈原始佛教論〉、〈小乘佛教論〉、〈大乘佛教論〉、〈人間佛教論〉、〈禪宗與禪宗學新論〉、〈佛禪人物的圓成及其風姿〉、〈佛家的健康長壽之道〉、〈成佛之道〉則自原始佛教談起，佛教各階段的演變，禪宗的出現與佛教的健康長壽之道。

此書雖稱三教新論，實則重點在於儒家及佛教，作者自言幼時習詩書，長受新式教育，這都是儒家系統。而立之年後，才開始學習道家老莊之說，因而有歸隱之志。不惑之年，碰到政治動盪的變革，遂僑居越南，開始思考生命生死問題，遂轉而學習佛教，最後累積所得撰成此書。

作者對於道教道家的論述並不多，不過他認為傳統的道教中若去掉丹鼎符籙等，接續全真派的義理，發展成天道教，與儒家的人道教配合發展，將能儒道佛各擅勝場。再者作者認為老莊雖是學術性，但其本體思想在於破我執，其用在於利生，以無為為經世之大用，老莊之學並不忘世。同時，道家雖是學術性，但被道教所攀附，且為佛教所援引，這在本質上似乎又有宗教性。按照作者的期待，若道教能發展出天道教，將可三教並衡，同時也可與天主教並立。（藍日昌撰）

李克莊著《中國經緯──孔子運鈞與莊子神治思想》

臺灣：中國文化大學出版部，1982。165 頁。

作者生平不詳，軍旅出身，後來在臺灣文化大學任教，七十餘歲撰述《將帥運心法──莊子與兵家之間》、《中國經緯──孔子運鈞與莊子神治思想》二書，融孔子中庸之道與莊子思想與兵學討論之中。

此書由兩篇構成，即上篇〈孔子運鈞論〉為一篇，下篇〈莊子神治思想〉為一篇。上篇分為二章，第一章〈仁與忠恕之道〉，下分二節〈論仁〉及〈忠恕之道〉，討論仁之意義及功用，即孔子教仁之方法及目的。第二章〈君子之修養〉，下分七節為〈君子之學問──大學〉、〈君子生活哲學〉、〈君子治國平天下之道歸根於誠〉、〈誠之功能與運用〉、〈美國應實踐中國中庸之理以征服世界〉。此中以誠與中庸之道論述征戰之事，論述明清之際的作戰中，明敗清勝之理。下篇分三章，章之前有前言，論述三皇五帝時期及戰國時代的政治情形，莊子神治之方如何運於政治之中。下分三章，第一章〈託心志於無窮之域以與

天地精神往來〉，下分二節為〈逍遙遊〉、〈齊物論〉，第二章〈不譴是非以與世處〉，下分二節為〈神用之方——養生主篇〉、〈臣道〉，第三章〈上與造物者遊下與外死生無始者為友〉，下分二節為〈聖道〉、〈帝道〉，最後為總結論，不立章節。

何以將孔子及莊子之道融入軍戰之道，此因作者出身軍旅之中，親身體會近代亞洲的爭亂肇因中國的危亂，中國自顧不暇，無力保護鄰邦，以致戰亂不已。唯有復興中國，中國以忠恕之道建國，積極面是己欲立而立人，己欲達而達人，消極面則是己所不欲，勿施於人。中國的精神即在於平等互惠並存，均享繁榮。因此當今之世，唯有復振孔子之道與莊子之道於中國，推之於亞州各國，亂事方得以定。這是作者作此書的經緯。

所謂中國經緯即文經武緯之意，孔子運鈞討論戰爭之道，即武緯，莊子神治以論兵即文經之意。因此，此書內容實為藉孔子與莊子討論戰爭用兵之道。既為論政用兵之道，施政者當有三謀三略，三謀者為予人謀，予己謀及與天下謀，這是從楚漢相爭論勝敗之道。三略者為哲夫三略乃取天下之法，君子三略為治天下之法及聖人三略為讓天下之法。有取天下之道、治天下之道，最後是讓天下之道，以精神感召天下，使治天下之人皆可安心治理天下之法。

而均者鈞也，鈞為製器之陶輪，即今所謂製陶器之轉盤，所以運均之意謂政治家運用權力以行治化，而運使權力必需中正無私。因之，此書非僅討論孔子之道與莊子道，實為嘗試將儒道之學融入兵學之中。個人以為此書具歷史意義，但欠缺參考價值。（藍日昌撰）

杜而未著《儒佛道之信仰研究》

臺灣：臺灣學生書局，1983，3 版。178 頁。

作者是早期的台灣人類學者兼神父的身份，曾任教於臺灣大學人類學系，從民族學中的文化傳播論角度，論證古代中國的宗教起源及流傳，取材以神話為主，主張中國古代的宗教皆為月神崇拜神話的變形，甚至天、道、帝等也是月亮神話的轉形，因此儒家中的上帝、老子及莊子中的道等皆是月亮神話的變形。

此書分三編，上編〈儒家之信仰對象〉，下列十三章，分別為〈尚書中的天帝〉、〈詩經中的天帝〉、〈易經的天帝〉、〈論語的天帝〉、〈對天帝的誤解〉、〈天上神與土地神〉、〈特論土地神〉、〈關於靈魂〉、〈駁胡適論靈魂〉、〈帝所與

幽都〉、〈易經的神道〉、〈新儒家論太極〉、〈天無形體論〉。有篇附錄為〈史前大神原無形像〉。這主要論及《尚書》、《詩經》、《易經》及《論語》中的天帝、天神觀念，兼論及土地神及儒教之靈魂觀念。中編〈佛教之信仰對象〉，下分十三章，分別為〈印度大神及其演變〉、〈特論梵天帝釋與佛陀〉、〈論無常與無為之常體〉、〈因緣論〉、〈佛教的基本問題〉、〈靈魂問題〉、〈阿怛摩泛神之錯謬〉、〈黎俱吠陀中之閻王〉、〈大黑天〉、〈號稱金剛的諸神〉、〈地獄〉、〈樂土〉、〈印度與月宮傳說〉。附錄常存之本體論。此編主要討論印地天神的演變、因緣論及佛教對靈魂的討論。下編〈道教之信仰對象〉，下分十八章，分別為〈道家與天神〉、〈道的原意〉、〈元始天尊〉、〈玉皇之形成〉、〈玄天上帝〉、〈土地廟與土地公〉、〈雷公〉、〈太陽太陰〉、〈南斗六司北斗九皇〉、〈擲筊原義〉、〈魂的傳述〉、〈輪迴與涅槃〉、〈仙境樂土〉、〈所謂成仙方法〉、〈地獄〉、〈地藏及十王〉、〈三教合一說〉、〈儒佛道信仰對照〉。附錄為〈拜拜種種〉。此編討論道的原意、天尊的形成、玉皇的形成及雜論雷公、太陽太陰諸神。三編分別討論三教之信仰對象。178 頁中分為 44 章，每章篇幅短小。

書中認為儒家的宗教是直承原始遊牧文化的天神信仰，簡潔而高尚，儒家中亦有許多神，而都受到天帝管理。佛教與道教諸神皆與原始的農業文化相關，而且都有尊卑之別。三者都屬於泛神論的宗教體系，但佛教又不欲承認有神。本書即依此研究三教的自然神學，自然神學可分教律、修行及教義三種體系，儒家非宗教，又無教律，佛道有教律及修行指導，而本書所欲討論者實為教義神學。

在此書中所欲討論的教義乃是神及靈魂的問題，例如三教的神其屬性為何？人是否有靈魂、典籍中如何解釋、人之身後是否有所謂的樂土或冥獄等。作者認為這一切都與月亮神話有關，月亮神是全人類的共通神話，在中國南方及印度都有這種月亮神話的傳說，因此，儒佛道之中頗多月亮神話與宗教的結合。全書依此義而展開論述，作者其他相關著作亦都以月亮神話來解釋中國的宗教、神話及傳說等。（藍日昌撰）

蕭登福著《道教星斗符印與佛教密宗》

《道教星斗符印與佛教密宗》，蕭登福著。新文豐出版公司，1993 年 4 月。

星斗崇拜，是道教思想科儀主要特色。道經中常見星神主宰生民禍福吉凶之說，如北斗註死，南斗註生，東斗主人算紀等。道徒之禹步踏罡，仿自北斗

七星。道教符印之文，常刻繪星斗之形及篆書。道士吸取日月精氣，觀想星神口吐雲氣，進入修行者身中，用以修仙證道。以二十八星宿來與地上之郡國相配，占卜人事吉凶，逆料未然。以供養北斗及本命宿，來禳災解厄，治病延生。這些都說明了星斗崇拜與道教有極密切的關係。

　　作者指出，道教以符、籙、咒、印為仙聖高真之語言文字及信物。符為天上神仙所使用之文字，咒為仙聖要語，籙為鬼神名冊，印為徵信憑證。以其皆出自於天上之仙聖大神，因而可以命令小鬼神，要其依令行事。且藉由天上大神的力量，可用以除妖、滅魔、驅鬼、治病，進而修道成仙。星斗崇拜與符籙咒印，形成了道教思維的主要架構，也深入了中土人民心中，成為民俗與文化的一部份。佛教傳入中國後，頗受中土文化的影響，再加以中西兩方文化交流，不僅受佛教影響，佛經中也常出現中土宅第風水、星占吉凶諸說，密宗其起也晚，受中土風習及道教影響更深。

　　作者研究認為，在星神崇拜上，道教的貪狼、巨門、祿存、文曲、廉貞、武曲、破軍、外輔、內弼、天相、天梁、天樞、天機等等星神名諱，不僅出現在密教典籍中，被認為主人生死禍福，用以禳災解厄，除死籍，註生籍。同時，道教的北斗七星神，也被視為佛菩薩之化身。再者，黃道附近，吾人所常見之天上諸星群，中土將其中較為主要者歸納為二十八宿，西洋則將之歸為十二星座，兩者在群星的歸屬與劃分上，有極大的不同，不能混為一談。但密教典籍中，卻常將兩者牽合為一。作者析道，二十八宿原為中土產物，而密教則將二十八宿拿來與一個月三十日循環相配，並且雜取中土漢代王、相、休、廢、囚、死、建、除、滿、平、定、執、破、危、成、收、開、閉等五行生剋觀念，來占卜時日吉凶，禳祭星神。這些都可以看出佛教在星神崇拜上，深受道教的影響。

　　在符籙咒印方面，作者謂密教除了直接襲用道教神符和印篆之形製外，並將咒語以硃砂、雄黃書寫於紙帛器物上，或配戴，或張貼，或吞服，其作用與道教之符籙印不異。又密教常誦咒加持五色絲，結成咒索，在繫於臂上、手上、腰上、身上，用以避鬼治病。其規制疑由道教神符有以啟之，也殆亦沿襲《風俗通》所載漢代習俗：「五月五日以五彩絲繫臂者，避鬼及兵，令人不病瘟。」而來。此俗唐、宋時，中土仍盛行之。

　　本書為作者研究佛道二教相互關係之系列著作，書中所引用之佛經道經，除敦煌寫卷外，大都為《大正新修大藏經》及《正統道藏》二書所收者。（林翠鳳撰）

蕭登福著《道教與密宗》

臺灣：新文豐，1993。618頁。

本書為作者《道教術儀與密教典籍》一書之導論，由此引出結集成書，書分上下篇，上篇〈關於密宗〉分成二章，第一章〈密教源起及密教無上瑜珈與印度坦特羅派、中土道教房中導引之關係〉，第二章〈密宗之金、胎兩界大曼荼羅〉，這二章是介紹密宗的起源及發展。下篇〈道教與密宗〉分十四章，分別從密宗曼荼羅與道教宮觀、道壇的關系，二者術法中皆重視童男童女，道教符籙對佛教密宗的影響，道教噀水、叩齒、咽津、藥餌、辟穀、食氣、黃白冶鍊、稱名啟請法、靈籤占卜、宅葬吉凶對密教的影響，道教術法中的劍與鏡、巫蠱、人偶、存思法、神祇名諱與禁忌習俗等與密教的關係。

佛教的發展自釋尊涅槃之後，歷經原始佛教、部派佛教、小乘佛教、大乘佛教時期，大乘佛教階段又發展出不同的體系如般若學、法華學、華嚴學、攝如等，密學是大乘發展的最後階段。密學結合了原始印度信仰而著重在咒語曼荼羅、儀軌等，與初始佛教已有很大的不同。

作者認為六朝唐宋之間佛教經論不少受到道教的影響，甚至是直接抄襲道教經典者，這些在敦煌藏書中皆可找到相對應的佛經。在吐魯番出土文物中，也可見到道教桃人木牌作為鎮守墓舍之用，可見道教透過絲路傳進印度的可能性不可排除。因此，六朝唐宋的梵本中出現道教的相關詞語及概念也不難推論了。這些有道教觀念的佛教梵本有些是受到道教影響者，有些是譯者進入中土後雜取中土事物加入者，有些則是為取信中土百姓而杜撰梵文者，其狀不一，要不離受到道教的影響。此中尤以密宗為甚。

作者認為密教的修行方式及儀軌等部份延自印度婆羅門教，有些則是受到了道教的影響。道教的星斗崇拜、風水宅第、占卜命算、符水咒說、書名上奏、增減算紀、司過之神記人善惡等觀念及詞語也常出現在六朝唐宋的經論中。而佛教中受中土道教影響最顯著者為密宗，密宗的曼荼羅、符水咒說、蓮輪、明王明妃陰陽雙修等皆可在道教中找到相對應之處。

然而這些摻大量道教術語的佛經向來被認為是疑偽經典，佛教界並不認為梵本有偽，只有譯本有偽，確切的偽經為中土人士所作，譯者不明的被列為疑經系列。敦煌藏經中的寫抄經也有不少是偽造的，或是在古代抄寫到疑偽經，或是近人所偽造，以便出售。當作者在論斷這些大量使用道教術語的經典時，恐需先解決這問題。（藍日昌撰）

蕭登福著《道教術儀與密教典籍》

　　《道教術儀與密教典籍》，蕭登福著。新文豐出版公司 1994 年 3 月出版，分精裝、平裝兩種，504 頁。

　　蕭登福簡介，見李建德撰〈《六朝道教上清派研究》提要〉。

　　《道教術儀與密教典籍》由〈自序〉、〈凡例〉、第壹篇〈《大正新脩大藏經》第十八冊密教部一所見受道教術儀影響之佛經〉、第貳篇〈《大正新脩大藏經》第十九冊密教部二所見受道教術儀影響之佛經〉、第參篇〈《大正新脩大藏經》第二十冊密教部三所見受道教術儀影響之佛經〉、第肆篇〈《大正新脩大藏經》第二十一冊密教部四所見受道教術儀影響之佛經〉、第伍篇〈《卍續藏經》所見受道教術儀影響之佛經〉、第陸篇〈敦煌寫卷所見受道教術儀影響之佛經〉及〈跋〉組成。

　　蕭教授在〈自序〉中提到，佛經中常發現雜取中土習俗及道教思想名相以撰寫成經，且唐代密典中亦頗有取自道教術法以成其說的現象。因此，本書遂透過梳理《大正藏》、《卍續藏經》及敦煌出土佛經中的密教經籍，將其中受道教影響的經文文句加以摘錄，並論述其中道、密之關係。〈凡例〉則說明本書撰寫時之體例，如對重出經籍、多種譯本，一般僅列出一種等。

　　蕭教授指出，在第壹篇中，包括唐代善無畏、一行共譯的《大毘盧遮那成佛神變加持經》在內，《大正藏》第十八冊「密教部一」共有 18 種密教經典受道教影響；在第貳篇中，包括唐代金剛智所譯《藥師如來觀行儀軌法》在內，《大正藏》第十九冊「密教部二」共有 21 種密教經典受道教影響；在第參篇中，包括唐代不空所譯《千手千眼觀世音菩薩大悲心陀羅尼》、玄奘所譯《十一面神咒心經》在內，《大正藏》第二十冊「密教部三」共有 37 種密教經典受道教影響；在第肆篇中，包括唐代一行所述《梵天火羅九曜》在內，《大正藏》第二十一冊「密教部四」共有 69 種密教經典受道教影響；在第伍篇中，包括唐代義淨所譯《佛說天地八陽神咒經》在內，《卍續藏經》共有 14 種密教經典受道教影響；在第陸篇中，包括達多羅、闍那崛多等所譯《佛說三廚經》在內，敦煌出土文獻至少有 23 種密教經典受道教影響。亦即，《大正藏》、《卍續藏經》及目前敦煌已出土文獻中，至少有 180 餘種經籍，在內容、行文、思想、術儀等面向，一定程度地受到六朝到隋唐的道教影響而成。

　　茲舉第肆篇所收宋代天息災譯之《佛說大摩里支菩薩經》為例，蕭教授認為，該經受道教影響較顯著者，在於繪塑人形書寫姓名，以橛釘之，用以滅怨、

降敵、召魂、使人敬愛，以及用藥餌念咒，進而隱身變化、治病延壽等。但道教所用藥物，多為植物、礦物，此經所用則多為動物血肉及其身垢穢，如豬左耳血、貓身垢膩乃至男女死屍燒製之灰，而此經作法所用器物、供品，則為人骨、屍肉、屍衣、人及牛馬血、髑髏、毒藥、酒肉等，以中土觀念而論，較為酷惡不仁，且亦不符佛教所言之「慈悲心」、「智慧性」，反而易增長修法者或行持者內心的愚癡。

透過本書，可以得知唐代密教「三大士」及玄奘等僧眾所譯經典，頗大程度受道教影響，有助於吾人瞭解六朝以來道教、佛教、密宗經籍之間的滲涉關係，由是，可知本書在學術、宗教等方面，皆有極高的價值。（李建德撰）

蕭登福著《道教與佛教》

《道教與佛教》，蕭登福著，東大圖書公司 1995 年 10 月出版，2009 年 9 月增訂二版，平裝，349 頁。

蕭登福簡介，見李建德撰〈《六朝道教上清派研究》提要〉。

《道教與佛教》增訂版共分七章，第一章〈道教壇法科儀對佛教的影響〉，先論述中土儒家、道教講經制度對漢傳佛教的影響，再就道教壇場及其儀式、禁忌立論，分析其對漢傳佛教與密宗曼荼羅的影響；第二章〈道教信仰、習俗、方術對佛經的影響〉，依次就道教之星斗崇拜、課擇吉凶、符印法籙、建宅安葬、卜問靈籤、辟穀食氣、藥餌冶煉、房中方伎、節慶習俗等項立論，分析這些面向對漢傳佛教經籍、密宗法門的影響；第三章〈道家道教哲理思維對佛教的影響〉，論述老莊思想對佛教禪宗、《大乘起信論》、《大乘玄論·佛性義》、《金剛錍》的影響，並討論道教《太極圖》與佛教唯識學、禪宗的關涉；第四章〈道教司命司錄系統對佛教檢齋及善惡童子說之影響〉，先稽考道教司命神的演變及其記錄善惡之簿籍、核閱世人功過日期，並論述道教司命神系、庚申習俗對佛教的影響；第五章〈道教十二獸、十二神與佛教十二藥叉神將〉，先就「十二獸」之形成加以考證，進而分析十二獸與道教三十六禽、十二神（登明、神后、大吉、功曹、太衝、天剛、傳送、小吉、勝先、太一、從魁、河魁等漢代式法之占用神）、十二將（天乙、螣蛇、朱雀、六合、勾陳、青龍、天空、白虎、太常、玄武、太陰、天后等六壬占法用神）之關係，再就六朝至宋代佛經所載之十二獸、十二藥叉（宮毘羅、伐折羅、迷企羅、安底羅、頞儞羅、珊底羅、因達羅、波夷羅、摩虎羅、真達羅、招杜羅、毘羯羅）、十二因緣加

以比較，討論佛典十二獸、十二藥叉襲用中土十二獸、十二神、十二將之痕跡；第六章〈道教中元節對佛教《盂蘭盆經》及目連傳說的影響〉，先考述道教中元節之由來，再就中印曆法、道佛節慶、家庭觀念、救贖方式、孝親觀點、行文用語、襲用經典、習俗、文獻依據等面向，考證《佛說盂蘭盆經》之晚出與真實程度，進而考述漢地歷代中元節慶與目連救母故事之衍變；第七章〈道教血湖地獄對佛教《血盆經》的影響〉，先論述道經所載之血湖地獄及其成因，再說明道教血湖對佛教《血盆經》之影響。

　　總的來說，《道教與佛教》一書，蕭教授透過紮實而全面的考證功力，呈現漢傳佛教受到中土道教極大幅度的影響，對於現今常因漢傳佛教較具話語權而受其影響，忽視唯一發源、茁壯自中華大地之固有宗教──道教豐富內涵的一般社會大眾而言，實具有發聾振聵之效，在體現「我固有之，非由外鑠」的中華文化方面而言，本書亦具備極高的學術價值。（李建德撰）

蕭登福著《道佛十王地獄說》

　　《道佛十王地獄說》，蕭登福著。新文豐出版公司 1996 年 9 月出版，分精裝、平裝兩種，620 頁。

　　蕭登福簡介，見李建德撰〈《六朝道教上清派研究》提要〉。

　　《道教十王地獄說》由〈黃序〉、〈自序〉、第一篇〈導論〉、第二篇〈六朝時期受道教影響所見地獄中土化的佛經〉、第三篇〈唐代受道教影響所見地獄中土化的佛經與地獄說〉、第四篇〈佛教地獄中土化的終結者──宋代〉及兩篇附錄〈流行於日本的十三王說：《真言引導要集便蒙》卷六〈十三佛本說問答〉〉及〈日本學者《十王經》方面的研究，兼論兩種《十王經》的撰作年代〉、〈參考書目〉、〈跋〉構成。在作者跋文之後，另附中國大陸卿希泰（1927～2017）教授、日本密教學者稻谷祐宣（～1996）法師分別於 1995、1994 年寄贈之論學書函，以及稻谷祐宣對蕭教授《道教與密宗》、《道教星斗符印與佛教密宗》、《道教術儀與密宗典籍》三書所撰評介，在平成七年（1995）9 月15 日登載於《六大新報》之〈密教と道教の比較研究の現狀〉一文。

　　〈黃序〉由蕭教授就讀臺灣師範大學國文學系時的老師黃錦鋐（1922～2012）教授所撰，指出地獄說傳入中國後，深受本土習俗影響而改變，但在蕭教授撰述之前，較少通盤論其影響者。蕭教授在〈自序〉中，則對於地獄說傳入前後，中國歷代對於冥界觀的流變，先作了簡要的梳理。

　　至於本書第一篇〈導言〉，先分別論述中國本有的冥界觀念與印度佛教地獄說的演變過程，再梳理漢末六朝逐漸轉型本土化的佛教地獄觀、唐代正式開始本土化的佛教十王地獄說，以及宋代定型的本土化佛教地獄說。第二篇〈六朝時期受道教影響所見地獄中土化的佛經〉指出，西晉竺法護所譯《佛說盂蘭盆經》以及六朝〈佛說灌頂拔除過罪生死得度經〉、《七佛八菩薩所說大陀羅尼神咒經》、《問地獄經》、《佛說決罪福經》等，皆受到道教影響而促使佛教地獄說法本土化，並分析敦煌出土的《佛說淨度三昧經》、《佛說提謂經》等寫卷中的道教思想、傳譯情形與增補、校訂情況。第三篇〈唐代受道教影響所見地獄中土化的佛經與地獄說〉針對唐代藏川所述《佛說地藏菩薩發心因緣十王經》、《佛說預修十王生七經》等兩種佛教《十王經》的地獄說、道教思想展開分析，並說明唐代的《佛說長壽滅罪護諸童子陀羅尼經》、《焰羅王供行法次第》、《佛說壽生經》等，同樣是受到道教影響而促使唐代佛教地獄說本土化的經典。第四篇〈佛教地獄中土化的終結者——宋代〉則分析《玉歷至寶鈔》的撰作年代、作者考證、地獄觀、罪魂顯示的社會結構與社會活動情形。尤其在卿希泰教授的信函中，更讚譽蕭教授此前著作「系統地闡明和揭示了佛教的許多經文，是受道教影響而成，甚至是直接抄襲道教經典而來，資料翔實，言之成理，持之有故，澄清了歷史事實，大長了我中華文化學術的志氣。」而稻谷祐宣法師的書函與書評，亦多為切中肯綮之語，可見對於有識之士而言，學術真理並不會因為彼此信奉宗教有別而遭受蒙蔽。

　　由是可知，蕭教授前揭著作及《道佛十王地獄說》等書，在「辨章學術，考鏡源流」方面，具有極高的貢獻，且更可使學界、教內同道及社會上的一般常民大眾，皆能瞭解「地獄」初始雖由外鑠，但經過歷代道教的影響，現今中華大地所熟知的「地獄」，在基本義理、神系結構、祭祀日程、彰癉勸懲等面向，卻是「我固有之」、「自家體貼出來」的系統。若能悉心閱讀這些著作，則觀念不致於受到外界以訛傳訛式的誤導。（李建德撰）

李養正著《佛道交涉史論要》

　　《佛道交涉史論要》，李養正著，青松觀香港道教學院 1999 年 6 月出版，平裝 32 開，為香港道教學院叢書第三種，432 頁。

　　李養正（1925～），湖北省公安縣人，1949 年畢業於武漢大學工商管理系，曾任編輯、記者、中國佛學院教研室秘書，1957 年開始研究道教，師承「圓頓

子」陳攖寧（1880～1969）先生，1985～1992 年歷任中國道教協會研究室主任、《中國道教》雜誌主編、中國道教文化研究所副所長，1990 年兼任中國道教學院副院長。主要著作包括《道教概說》、《佛道交涉史論要》、《道教義理綜論》、《新編北京白雲觀志》等近十種專著。

　　《佛道交涉史論要》收入 17 篇論文，係依時代先後加以排序，上起佛教東傳，下迄清人俞正燮（1775～1840）《癸巳類稿》之伸道抑佛，並以〈論佛道義理之差異與相互融攝〉作結，辨析兩教在思想層面的異同與容受，另附〈論佛教與道教的關繫——《佛道交涉史論要》大綱〉中、英文稿一篇。〈道教的創立與佛教東傳無關〉先辨析古今佛教東傳年代異說，並就宗教內在、外在要素立論，證成道教創立教團組織，並未受佛教東傳啟發與刺激；〈漢明帝時無佛道角力事〉援引漢魏六朝典籍與近代學者考證，證明《漢法本內傳》係偽書，佛教東傳非始於漢明帝，更無御前兩教鬥法之事；〈從《牟子理惑論》看我國早期佛道關繫〉先臚列諸家對《理惑論》真偽的論據，再推定其人其書之年代，並評述該書內容，分析成書之前因後果；〈《太平經》是否抄襲《四十二章經》議〉先釐清兩書成書年代，並就兩書之年代、思想，判斷早出的《太平經》應無抄襲後起《四十二章經》之可能；〈道教「守一」法非濫觴佛經議〉援引湯用彤（1893～1964）、饒宗頤（1917～）二先生論述，並論證「守一」為中土固有之法，非「由外鑠我」；〈東漢道家氣法與佛教「安般守意」小議〉說明漢代道家氣法的「我固有之」，而《安般守意經》為安世高在保留佛典主旨原則下，再吸納中土氣法內容的產物；〈《化胡經》與佛道鬥爭述論〉說明「化胡」說的前有所承與《化胡經》成書原因、書中內容、成書後的歷代二教論爭，並加以平議；〈「玄風」「格義」對道佛交融的影響〉說明早期漢譯佛典、格義佛教六家七宗汲取《老》、《莊》之學而釋佛典，以及六朝唐代道典仿格義方法以解道教詞彙的現象；〈試論支遁、僧肇與道家（道教）重玄思想的關繫〉討論支遁、僧肇以般若學本位融攝《老》、《莊》重玄觀，隋唐道教則以道家、道教義理本位兼涉支遁、僧肇之思想，形成「重玄」學派；〈顧歡《夷夏論》與「夷夏」之辯述論〉說明顧歡（420～483）之思想要點與《夷夏論》主旨、夷夏論爭形成之原因與影響；〈佛道鬥爭與「三武法難」述論〉敘述「三武滅佛」的原因與始末，並加以平議；〈關於北齊之排毀道教〉先說明北齊二教情況，再敘述高歡（496～547）、高洋（526～559）父子與二教的關係，以及高洋滅道的原因、北齊滅道後的佛教發展與社會弊病；〈關於唐初佛、道譯《老》為

梵的爭論——釋玄奘與成玄英等的一場論爭〉論述玄奘（600～664）與成玄英
於貞觀二十一年（647）奉命譯《道德經》為梵文所發生的四大爭端，並加以
申述、平議；〈唐高宗時佛道之名理論義——道士李榮、僧慧立等之辯論〉論
述唐高宗顯慶三年（658）至龍朔三年（663）召二教赴殿中論辯問難始末，並
辨證《集古今佛道論衡》之誤解；〈從《笑道論》與《道笑論》談起——對於
佛道經籍科範爭論問題的一點述論〉先分就甄鸞《笑道論》與俞正燮《道笑論》
加以說明，再申述歷代二教相互訾病經籍的情況，提出古今中外學者調和二教
義理紛爭的看法，進而歸結道教作為本土固有宗教，有民族固有的文化土壤足
以壯大，無需仿襲佛教以支撐己說；〈論佛道義理之差異與相互融攝〉歸結道、
佛二教在宇宙論、人性論、人生觀、理想境界、成道方法等面向的差異，並提
出二教在相互融攝過程中的成長。

　　透過《佛道交涉史論要》一書，吾人當可對漢魏以來佛教東傳，襲用道家
名相傳教進而引發儒家、道教站在民族固有文化立場加以抨擊的各次論爭，以
及歷代朝廷、名人著作對二教態度的去取，二教各自義理思想等面向，皆有清
楚的理解，對於李先生在辨章學術、考鏡源流方面積累四十餘年的治學精神，
不僅應給予高度肯定，更足以作為後人學習的對象。（李建德撰）

孔令宏著《儒道關係視野中的朱熹哲學》

　　臺北：中華大道文化事業出版部，2000。950頁。

　　作者1969年生，1998年畢業於中山大學哲學系中國哲學專業，現任浙江
大學道教文化研究中心主任、浙江大學人文學院東西方文化與管理研究中心
執行主任。著作六部《宋代理學與道家、道教》、《從道家到道教》、《宋明道教
思想研究》、《朱熹哲學與道家道教》、《儒道關係視野中的朱熹哲學》、《中國道
教史話》等書。

　　書分上下篇，上篇為朱熹與道家、道教關係的史料及其分析，下篇為朱熹
哲學對道家哲學和道教義理的吸收改造。上篇以五章自成一冊，第一章〈背
景〉，第二章〈朱熹對周敦頤道學的繼承與創新〉，第三章〈朱熹對邵雍道教先
天易學的改造〉，第四章〈張載和二程淵源於道家道教的思想對朱熹的影響〉，
第五章〈三教合一中朱熹對佛道的不同態度〉。下篇以五章自成一冊，第六章
〈理體論〉，第七章〈物體論〉，第八章〈性體論〉，第九章〈心體論〉，第十章
〈境界論〉。上篇前有〈序言〉及〈導論〉，下篇後附〈道體儒用的陽明哲學〉
一文。每章下各分小節，但沒有出現在目錄上。

　　作者認為宋代思想史雖倡三教合一，但儒家終與道家較為接近，道家與道教需一體看待，宋代新儒學代表人物自周敦頤以下與道家道教關係向來密切，周敦頤的太極圖說本自淵源於易，但又授自道士陳摶，邵雍研究易經中融合了張載的氣論，這都說明了宋代儒學初開始便與道家道教之學關係匪淺。做為宋代儒學集大成者的朱熹亦復如是。朱熹滙合了自唐以下的以儒融道及以道融儒兩股潮流，並以之建立起自己的理論體系。大體說來，朱熹因道教內丹之學而涉及周敦頤，進而涉及邵雍，研究易經而統一先天學和太極圖說，建立起自己的理論核心框架，引入張載的道家氣論，進而與二程的本體論結合，進一步融入人倫社會觀念，從而成就其理論體系，故而下冊從理體、物體、性體、心體、境界等五項著手，分析道教道家哲學如何影響及於朱子思想體系的螯立。

　　如作者所言，對於宋代思想史的研究，向來重視儒學與佛教的關係，而對道教與儒學的關係，雖知如太極圖說與道教頗有淵源，但向來研究者較少，一者對宋代道教的研究著重於內丹之學，但如何影響儒學，則語焉不清；二者道藏資料繁雜，從道藏入手者，向來專著於道教的研究，而少探討道教對儒學的影響。因此本書以一冊抉發與朱熹相關的道教及道家的資料著手，另一冊則從道教道家的思想如何影響朱熹思想中的本體論等。（藍日昌撰）

蕭登福著《道家道教與中土佛教初期經義發展》

　　上海：上海古籍出版社，2003。507 頁。

　　作者是台灣屏東縣東港鎮人，一九五〇年生。現任國立台中技術學院應用中文系教授，常到中國、香港、新加坡、馬來西亞等地參加學術會議及講學。

　　此書分十章，章下不分節，而以壹、一等數字標題分次序。第一章為〈導論〉，第二章為〈道家道教的道物本體論、方術及其對漢魏六朝佛典、佛教哲學發展之影響〉，第三章為從〈安世高禪法看道佛交流及其二教對淫與之生之態度〉，第四章為〈支婁迦讖般若學與中土道家道教之關係〉，第五章為〈兩晉名僧名士相交遊及佛教之發展〉，第六章為〈魏晉玄學與佛教般若學〉，第七章〈格義佛教〉，第八章〈天臺智顗《摩訶止觀》與道教養生、時媚說之關係〉，第九章〈論佛教受中土道教的影響及佛經真偽〉，第十章為〈漢魏六朝受道家道教影響之佛經〉。

　　本書的旨趣在論述自漢魏六朝始時，佛教傳進中國之後，佛教經典在翻譯過程中，不斷受到道家及道教的影響，因而逐步走向漢化、本土化的歷程。

　　道家重視「道」，即此宇宙本體論，萬物生化過程，由而道而氣，由氣而生化萬物，道家的生化萬物說及恬淡無為的修煉之術，在在都影響了後來的佛教。書中認為佛教初傳入中國，即依附在道家之下，因此當初始翻譯佛經之時，借取了大量的道教、道家之語詞，諸如以道士、道人釋沙門，以真人釋羅漢及佛陀，甚至翻譯「般若」一詞為「無」、「自然」等，其他以道家道教詞語解釋佛教名相者隨翻即見，這都佛教初始譯經即受到道家道教影響的證明。佛教的壯大則是在六朝之時名僧攀附於玄學名士，透過格義，使般若學與玄學相結合，三玄之學融入於佛學之中，自然也影響於佛教了。六朝佛學論著中處處可見引用道教道家之詞以釋佛理，佛教名僧的玄理也可見雜引莊子諸說，是可謂道教為骨，而以佛理為皮。六朝也有不少失譯名的經典、經咒之書，更是直接引用道教的術語、名相及習俗等。

　　本書特重六朝這一時期，乃因在這一時期，道家哲理及道教單向影響於佛教。書中不斷以抄襲、攀附、杜撰等詞語批評佛教初期的佛經翻譯中深受道家道教影響者，甚至僧侶的論著中也大量引用道家之語，這都可見道教單向影響於佛教者。

　　六朝時期的佛教道教交流中，學界向來認為是佛教影響道教者較多，但作者卻認為是道教單向影響佛教，這要說服學界之處恐怕不太容易。六朝之時是兩種文化的接觸，沒有相同的觀念及語詞，因此必需借用自己的語詞來翻譯佛經，再者，胡僧不通華語，帶梵經入中土，透過中土人士來翻譯，但不負責講解，解經者即全為中土人士，自然用三玄的觀念來溝通，這即是格義的開始。這過程中產生不少疑偽經，全為中土人士所偽造，梵本無作偽的必要。再者六朝僧侶幾全為成年後再家，本身已通儒道之學者為多，在解經時自然加入儒道之語詞或觀念，但向來不被認為是受到道教或道家的影響。（藍日昌撰）

蕭登福著《道家道教影響下的佛教經籍》

　　《道家道教影響下的佛教經籍》，蕭登福著，新文豐出版公司 2005 年 3 月出版，硬皮精裝，分上、下兩冊，1322 頁。

　　蕭登福簡介，見李建德撰〈《道教與佛教》提要〉。

　　《道家道教影響下的佛教經籍》除〈自序〉、〈凡例〉外，全書依譯經者之年代分章，上冊第一章〈東漢譯受道家道教及中土思想影響之佛經〉，收佛經23 種；第二章〈三國譯受道家道教及中土思想影響之佛經〉，收佛經 24 種；

第三章〈西晉譯受道家道教及中土思想影響之佛經〉，收佛經 51 種；第四章〈東晉譯受道家道教及中土思想影響之佛經〉，收佛經 48 種。下冊第五章〈宋齊梁陳及北朝譯受道家道教及中土思想影響之佛經〉，收佛經 44 種；第六章〈隋唐及宋後所譯，受道家道教及中土思想影響之佛經〉，收佛經 230 種，另收〈試論漢代佛教安世高禪學與支婁迦讖般若學兩大系統的傳承與流變〉、〈受中土風習及儒家、道教強烈影響下的竺法護譯經〉、〈受道家及玄學思想濃厚的竺法護譯經〉等三篇論文。

　　依據〈凡例〉所載，《道家道教影響下的佛教經籍》所收佛經文本，為《大正新修大藏經》、《卍續藏經》及敦煌寫卷之「經」部，不涉及律、論二部，並依譯經者年代為綱目，首次出現某一譯者時，即略述其出身、經歷與譯著，藉以使讀者瞭解其時代背景，而譯經者年代之界定，則透過慧皎《高僧傳》、道宣《續高僧傳》、靖邁《古今譯經圖紀》、智昇《開元釋教錄》、贊寧《宋高僧傳》等僧傳文獻而定。在密宗部分之經籍，因蕭教授已有專著《道教術儀與密教典籍》逐條論述，故若無新論證時，即標注出處而不另贅述。

　　蕭教授在〈自序〉提出，東漢到西晉的早期漢地譯經者如安世高、支婁迦讖、竺法護等，多為個人、少數人為之；受帝王支持的鳩摩羅什，則組成龐大譯經團，其成員如道生、僧肇等中土弟子，多為精通玄學、善於格義的僧人，鳩摩羅什所譯經典，實為其中土弟子執筆撰寫，故難免雜揉玄學思想。因此，東漢至六朝初期所譯佛經，受老莊道體論及醫學針炙、五行生剋、課擇吉凶、符籙驅鬼等習俗影響，是必然、顯然的結果。蕭教授認為，透過分析、考證，可見原始、大乘經典都不多，但現存漢地佛藏中，無論大小乘或顯密，皆常有受中土影響現象存在。

　　茲舉書中所載兩種唐譯佛典為例。其一為藏川所譯《佛說地藏菩薩發生因緣十王經》，蕭教授依次分析經中所見之道教魂魄觀點、道教神祇、其他道教冥神、錢幡醮祭、司命檢齋等資料，證明藏川援道入佛、合會二教的行為。其二為《佛說卻溫黃神咒經》，蕭教授引用《抱朴子‧登涉》入山佩「黃神越章之印」及馬土堆出土《五十二病方》誦咒請黃神治病之舉，認為此經以「黃神」為經名，不過，若觀經文內容所述，則「溫黃」當為「瘟癀」（瘟疫）之異體字，則此經宣說七鬼名字，應係受六朝道典《太上洞淵神咒經》「知其名則其鬼自去」觀念所影響，似與漢晉請黃神療疾或佩黃神越章印之法較無關連性。

綜觀全書，吾人當可對佛教東傳後，歷代譯經者行文受道家、道教、儒學及中土固有思想、習俗影響處，有較深入而明確的瞭解。由是，《道家道教影響下的佛教經籍》在道佛關涉研究史而言，當具有極高的學術價值。（李建德撰）

劉滌凡著《道教入世轉向與儒學世俗神學化的關係》

台北，學生書局，2006 年 2 月出版，264 頁

劉滌凡，字訓悟，號阜寧書生、息心齋主，江蘇省阜寧縣人，1956 年出生於臺灣高雄；1974 年政治大學中文系畢業，1993 年高雄師範大學國文系碩士，1998 年中正大學中文系博士。曾任教於道明中學、中正預校、中正大學、高雄第一科技大學及高雄餐旅學院。現任臺灣首府大學通識教育中心教授。其專長為書法、簡體字與漢語拼音教學、華語語法學、華語辭彙學、佛道宗教思想、現代文學、古典小說、論文研究法、國文創造思維批判教法等。

其著作：《唐前果報系統的建構與融合》、《長生不死與愛情的抉擇—從東方人與異類戀到西方電影變人的原型分析》、《道教入世轉向與儒學世俗神學話的關係》。劉滌凡創作文類有論述、詩、散文及小說。論述以學術著作為主，研究主題圍繞宗教與哲學思想。曾獲國軍文藝金像獎、時報文學獎、聯合報文學獎、全球華文文學星雲獎等榮譽獎項。

本書內文共分六章：第一章：緒論；第二章：道教入世轉向的考察：道教入世的價值取向，由彼世昇霞成仙轉向此世道德修練及淑世度人情懷，實濫觴於葛洪，至南宋河北新道教成立才達到普遍化的共識。第三章：道教入世轉向吸納儒學道德功能的內外緣因素：道徒多出自儒門及世俗政權的支持。第四章：宋金時期道教的勸善書：道教勸善書形成的時代背景及其儒體神用的內涵，其中《玉歷至寶鈔》《太上感應篇》《太微仙君功過格》三本勸善書最重要。第五章：明清時期道教的勸善書：勸善書形成的時代背景及其鸞堂降乩勸善文儒體神用的內涵，詳論鸞堂鸞書聖神警示勸善用心深切！第六章：民間宗教結社對儒學世俗神學化的推廣暨儒學儒者對道教正面的肯定與支持。最後是結語。

本書旨在探討道教入世轉向的歷史時空背景，其儒學化的特質，以及依託神意的勸善文書的儒體神用的意涵。其神道設教的飛鸞文書，乃宣揚儒家倫理道德，一方面代表道教入世是由神學宗教向道德宗教轉化；一方面則直

接對儒學世俗神學化有推擴之功。道教長期以來的勸善，至明清時代，終獲得儒者普遍的肯定與支持，紛紛為其勸善書作注證、圖說、刊印，助其流通，甚至在編纂勸善書時，也採用神訓文章。在勸善化俗的同一目標下，儒、道兩教趨於合流因此儒學在世俗化過程和有神宗教結合，道教在其中扮演不可忽視的角色。

本論文揭示道教入世轉向，及其勸善書的文本中儒體神用的特質和社會教化功能，和普世的現實意義，讓讀者了解道教的宗教化的道德對儒學世俗化的影響，從而建立起對道教認知的新視野。（劉煥玲撰）

賴賢宗著《道家禪宗、海德格與當代藝術》

《道家禪宗、海德格與當代藝術》，賴賢宗著，洪葉文化事業有限公司 2007年 11 月出版，平裝，313 頁。

賴賢宗（1962～），臺灣臺北人，臺灣大學哲學系學士（1986）、碩士（1992）、博士（1996），1994 年以公費留學德國慕尼黑大學，師從佛申庫（Wilhelm Vossenkuhl）教授，並於 1998 年取得哲學博士返臺任教。曾任教於臺灣藝術大學、佛光人文與社會學院、華梵大學、臺南師範學院、玄奘大學、輔仁大學、臺北師範學院等校，現為臺北大學中國文學系教授，撰有《佛教詮釋學》等專書近二十種、論文百餘篇。

《道家禪宗、海德格與當代藝術》全書共分八章，第一章〈生命之鏡：從《醮》探索舞蹈劇場的表演之道與境界美學〉，分析林麗珍「無垢舞蹈劇場」《醮》舞碼在 2006 年重新展演所呈現的意蘊。第二章〈「舞道」中的生態與藝術〉，以生態哲學視角分析劉紹爐「光環舞集」《水域 70%》舞碼的意象。第三章〈《人物語》的文化批判與超越之道──藝術魅力的當代再生〉，以佛教天台宗「三觀」、「止觀」角度，分析劉紹爐 2007 年的舞碼《人物語》。第四章〈詩境通於禪境：禪藝的當代之道〉，定義「禪藝」之範疇，並舉部分王維詩作及當代作品以證「詩藝」與「禪境」的會通。第五章〈修辭與修辭的超越：以廢名一九三〇年代詩作為例〉，分析近代佛學詩人馮文炳在 1930 年代創作的新詩。第六章〈朱銘與禪藝：以朱銘《人間系列──和尚》與《太極拱門》為主要討論對象〉，以禪宗美學的角度分析朱銘 2005 年的雕塑創作。第七章〈海德格、詩禪一致與跨文化美學〉，討論海德格、王國維有關美學觀點異同之比較，並聚焦在唯識學、佛教詮釋學的重心。第八章〈海德格與禪道美學：當代藝術

的一些省思〉，介紹海德格與中外學者對談哲學、藝術的學思經驗，並討論〈藝術作品的本源〉之思想基調，再以海德格之理論分析高行健的水墨作品。

　　誠如作者在書前〈自序〉所言，本書是其「第二本美學專書」，同時也是其第一本美學專書《意境美學與詮釋學》理論的延伸。因此，本書雖然偶有提及《清靜經》、〈坐忘論〉，但並不宜視之為道家、道教的學術研究著作，相對的，書中較大幅度地論述天台智顗、石頭希遷之觀點，並專章分析古、今佛教信仰者王維、廢名的詩作，可說是一本較傾向於佛教視角的美學研究著作，有其可觀之處。惟書中仍略有小眚，如頁 26 將唐代上清派宗師司馬承禎（647～735）稱為魏晉南北朝人；頁 48 將沈葆楨（1820～1879）親筆題於臺南延平郡王祠、用以讚美鄭成功（1624～1662）的長聯「開萬古得未曾有之奇，洪荒留此山川，作遺民世界；極一生無可如何之遇，缺憾還諸天地，是創格完人。」植為為臺灣孔廟所作的開臺紀念詩，則是較可惜之處。（李建德撰）

第八章　道教神祇及民俗田調

五術叢書編輯委員會編《道教眾仙傳》

　　《道教眾仙傳》，臺北逸群圖書公司 1983 年版，分成上下冊，精裝 25 開本，446 頁。為五術叢書編輯委員會所編，從其封面的標語「道教神仙的神格乃人格神化所致，在廟宇殿堂中，神靈寶相莊嚴肅穆，而其事跡卻親切感人。」可見本書編纂成書的原因。就自序之述，「道教眾神有先天真聖、有由現世世界修道成仙的後天仙真，無論是入世或出世，達觀的生活方式與勸化世人等，皆值得後世學習與效法。」表達了本書收入眾神仙的標準。

　　本書收錄的神仙共有 571 位，以神仙的個人傳記形式撰寫，編排方式雖類似《列仙傳》、《神仙傳》與《歷世真仙體道通鑑》三本神仙傳記，然三神仙傳記皆以時間先後作順序安排，且《歷世真仙體道通鑑》還將男、女神仙分卷分開論述，但是本書卻是按神仙名諱首字筆畫數排其順序，自然不會依朝代時間先後順序編排，也不會分隔男女神仙作論述，雖然較沒有體系的概念，卻方便查詢某位神仙的資料，與詞典的概念相同，是本書的特點。雖收錄 571 位神仙，重點不在詳述考證諸神仙，每位神仙的介紹採重點性的精簡敘述方式，故每位神仙篇幅並不長。由書後對於本書的介紹「白話註解，人人看得懂」，「描繪道教眾仙全貌，探討各家成仙之道的大書。」是本書對於選入的每一神仙傳的敘述重點。譬如上冊第一則〈二漁人〉：「……二漁人曰：『我昔從海上仙人得三一旨，煉陽修陰，亦有年矣！』洞（唐代道士爾朱洞）於是索酒與飲，取丹分食之，至荔枝園中，三人皆昇雲而去（見爾朱洞，頁 359 頁）」〈二漁人〉中的敘述重點，強調二漁人與爾朱洞以服丹而成仙的事蹟。此外，此則有附註

該服食丹藥一事的出處，雖未明確說明出於何書，究《歷世真仙體道通鑑》卷45〈爾朱洞〉，所載此事的敘述如出一轍，推論該編輯小組，在元之前的神仙論述，是以《歷世真仙體道通鑑》為其重要參考書。再以上冊第二則〈二張仙翁〉為例：「二張仙翁，一名道溫，京兆人；一名崇真，澤州人。」此則是以其別名與籍貫，作為二張仙翁敘述的開場，可見本書對於諸神仙的名諱與籍貫的注重，這樣重視神仙籍貫的想法，經常性的散見於諸神仙傳裡，如第四、五、六則，分別為「丁義，瑞州人。」、「丁少微，亳州真源人。」、「丁令威，漢遼東人。」可證。

　　本書最大特點，有別於歷代各神仙傳記的是，取得西德名收藏家喬德華先生的「木刻眾仙圖像」，約有三百餘幅，置放於該神仙傳之後。圖像的置附除可輔助對於諸神仙的理解與認識外，也為道教神像藝術研究領域，提供了素材與寶藏。故本書無論是對於眾神仙的初步認識，與其成仙的因素，亦或想對於神仙樣貌的了解，皆可透過本書一窺究竟。（蕭百芳撰）

蔡相煇著《臺灣的王爺與媽祖》

　　《臺灣的王爺與媽祖》，蔡相煇。臺北臺原出版社，1989年。本書為作者自博士論文〈明清政權更迭與臺灣民間信仰關係之研究〉中，將論述台灣王爺、媽祖信仰的部份抽出，增補部分資料，改題名後出版。

　　蔡相煇，中國文化大學史學研究所博士，空中大學人文學系副教授，曾任人文學系主任、秘書處處長、台北中心主任。研究專長在臺灣史、中國近現代史、宗教史等方面。著作有《台灣的祠祀與宗教》、《媽祖信仰研究》、《臺灣社會文化史》、《臺灣民間信仰》等。

　　本書上篇「台灣的王爺」，下篇「台灣的媽祖」。多方運用中國古籍及宋元以降閩、粵、臺三省方志、文人筆記及近代調查資料探討之。於典籍外，更親履相關廟宇考察，文獻文物互證。內附「清代台灣方志所見王爺太子廟宇表」、「清代台灣官建媽祖廟表」、「清代台灣民建媽祖廟表」等，皆足資參考。

　　作者研究稱臺灣民間對王爺的崇拜，始於明鄭時代。百姓基於崇功報德的心理，在鄭成功逝後奉祀為「將軍廟」，鄭經逝後與父合葬合祀為「二王廟」，鄭克塽逝後奉祀為「太子廟」，鄭成功祖孫三人合祀者稱「大人廟」或「三老爺廟」，臉色深褐色者為鄭成功、紅潤者為鄭經、白皙者為鄭克塽。諸廟多集中於台南、澎湖一帶，奉祀至今。作者觀察清代時期文網嚴密，但台灣百姓卻

新建不少崇祀鄭成功的廟宇，並未受異族統治而遺忘故土。王爺廟雖多但方志中卻諱言記載，甚至闕如不錄。王爺並非瘟神，僅係民間為防止清吏禁止百姓崇祀延平王三世，而藉送瘟之名以為之。送王爺船習俗，一為送瘟，在夜晚走避敬畏送之；一為王醮又稱請王，群眾熱鬧進酒食，二者不同。明鄭軍師陳永華於亡故前，將己宅改為奉祀池王爺之廟，以此名義暗中奉祀鄭成功，首創以私人建修鄭成功廟的先例。永華逝後，民間遂以他為鄭成功的陪祀神。

　　媽祖是中國沿海居民的主要信仰之一。她生前精通法術，應為宋代政府嚴加禁止之摩尼教神職人士，死後更受徒眾宣揚，遂逐漸開展信仰。作者指出，台灣地區最早建有媽祖廟之地，是澎湖馬公，且施琅在平定澎湖時，澎湖並無媽祖廟存在的事實。明鄭時期台灣官方並未祠祀媽祖，而是主祀玄天上帝。從精神上看，玄天上帝為明朝最重要祀典，祀之即有奉明正朔之意。從實質上看，玄天上帝自宋代以降即是受閩南百姓所崇奉之航海守護神，明鄭以水師抗清，子弟多閩南籍，奉玄天上帝可大大慰藉子弟兵。再者，鄭成功個人對北極星有獨特的崇仰。在閩粵民間有重要影響力的媽祖信仰，於明鄭時期難以與玄天上帝抗衡，清吏遂趁機運用媽祖信仰做心理戰，由萬正色開其端，施琅總其成。朱一貴事件後亦師法此故技，在朝廷支持下，媽祖信仰迅速在台灣發展，如日中天。（林翠鳳撰）

王志宇著《臺灣的恩主公信仰：儒宗神教與飛鸞勸化》

　　《臺灣的恩主公信仰：儒宗神教與飛鸞勸化》，臺北文津出版社1997版，凡八章，444頁。

　　王志宇，台灣中國文化大學史學研究所博士，現任台灣逢甲大學歷史與文物研究所教授。台灣史、民間宗教史、方志學與中國近、現代史為其學術專長與研究領域。著有《閩台神靈與社會》、〈民間教派興衰史〉等書。近年關注台灣鄉鎮地方發展，參與纂修《集集鎮志》、《竹山鎮志》與《苑裡鎮志》，期刊論文也以台灣地方與其宗教探討為主，有〈區域社會的媽祖信仰組織——以台中市大里區為例〉、〈寺廟分合與風水——以台灣彰化縣田尾鄉鎮化堂與聖德宮為例〉等文。

　　《臺灣的恩主公信仰：儒宗神教與飛鸞勸化》，分成八章，全面的從儒宗神教的產生、發展、活動、階層變動、神學體系與其社會救助等角度作探察。第一章緒論；主述本書的研究動機、研究取向、研究方法。緒論裡作者言明，

透過多年觀察臺灣民間宗教，發展澎渤，但是研究者少，有一些善書鸞堂的研究，但是多專注於整理與社會現象的考察，未能釐清各教派的差異，這些因素成為作者撰著本書的動機。第二章儒宗神教的產生及其發展；本章依時間論述清代鸞堂傳入台灣後的發展，先從諸家論點確認早於清咸豐年間已傳入台灣，並形成新民堂、一新社、彰化三興堂與聖賢堂四個主要系統。再依時間剖析日治時期戒煙政策影響下，鸞堂開始扶鸞戒煙，間接促成鸞堂的擴充，奠定儒宗神教的基礎。第三章儒宗神教的崇祀與活動；崇祀方面作者說明該教有堂主、正鸞、錄抄、總理、香茶迎送生五階級，並以楊明機所編著的《儒門科範》，論述儒宗神教五恩主的崇奉與十二法規裡共同規範的內容，以及各鸞堂自訂的忠孝倫理堂規。活動方面，強調儒宗神教以扶鸞勸化為主要活動，並說明誦經請神、降鸞、唱鸞、抄錄到送神、宣講的過程，透此過程才能達到代天宣教的任務。第四章儒宗神教派下的鸞生的階層變動；續第三章剖析的五階層，主述儒宗神教的階層，台灣儒宗神教初起多為知識份子所參與並作為領導階層，到日治時期因為鸞堂的戒煙事件吸引農民加入而有所轉變，因此作者取樣聖賢堂、明正堂等，證明知識份子所占比例遞減，光復後逐漸趨於平民化。第五章儒宗神教的神學體系；先述神學體系的建構，始於日治時楊明機等人以扶鸞方式立教後，而有鸞稿的產生，後經光復後的聖賢堂、明正堂試圖整合各鸞堂，與向內政部登記，而完成神學體系。再論鸞書內容，為儒宗神教的宇宙觀、修持觀與人生觀的綜合。末述神學體系的特質，透過鸞堂的平民化，而能深入民眾，儒家學理得以普及化。第六章儒宗神教與社會救濟；儒宗神教具有濃厚的社會救濟行動與觀念，作者藉此章強調儒宗神教的救濟觀念與任務，與對於社會的重要性，故依鸞堂建置時間，論述台灣鸞堂的《太上感應篇》、《文昌帝君功過格》裡行善教化之精神，與成立雜志社宣教的社會救濟的角色。第七章儒宗神教與一貫道、慈惠堂三教派之比較；本章主以一貫道、慈惠堂與儒宗神教在神學思想、修道方式作比較，釐清並非所有扶鸞講求倫理的民間教派，皆同。並剖析儒宗神教與慈惠堂的發展不如一貫道的因素。第八章結論；藉思索台灣民間宗教的六項特質，源自社會環境的需求、魅力領袖的引導、從靈驗創教轉至行善為宗、神學理論依術會之需系統化、教派發展成社會救濟角色、支派不斷的出現，來說明儒宗神教的特質。

　　本書為有關儒宗神教發展史的首部著作，透過儒宗神教發展史的建構，為儒宗神教確立歷史地位。討論的面向從產生，到來臺時期隨台灣政治變革的發

展皆有詳盡的論述，並完整的從儒宗神教崇祀的神明、活動、領導階層、神學體系，以台灣各派為例作詳盡的論證。對於散於台灣各地龐雜的儒宗神教而言，作者能整理掌握各派的動態與發展，並區分同樣為扶鸞起家的一貫道與慈惠堂的差異，實是難能可貴，藉由該書討論儒宗神教的諸面向，也能了解台灣民間宗教發展的特質。（蕭百芳撰）

李豐楙著《許遜與薩守堅：鄧志謨道教小說研究》

《許遜與薩守堅：鄧志謨道教小說研究》臺北臺灣學生書局 1997 版，分成上、中、下三篇，平裝 25 開本，357 頁。中研院研究員李豐楙博士從 1986 年起，主編《道教研究叢書》，該叢書旨在彙集台灣研究道教的論文與專著、翻譯與介紹國外道教的研究，以及編整道教相關資料，本書為該叢書之一。

李豐楙簡介，見蕭百芳撰〈《六朝隋唐仙道類小說研究》提要〉。

本書旨在討論教派祖師的文學作品，皆經過民間傳說、道教聖傳與通俗小說三階段的演變，建立祖師形象。全書分成上、中、下三篇，共八個討論主題。上篇，有三個討論主題，以許遜為論述主軸，並帶出鄧志謨小說的討論。一、許遜傳的形成與衍變六朝至唐為主的考察；此文以秋月觀暎所提的實像、虛像說討論許遜從六朝到唐的衍變，認為實像、虛像說法無法解釋許遜形象的發展。再從別傳中許遜與吳猛資料，剖析六朝時期筆記小說中兩人為具道術性格的文士，到唐代為合理化西山的孝道信仰，許遜傳說加入了孝道信行，成了唐代新出的許遜傳說模式。二、宋代水神許遜傳說之研究；接續上文的許遜討論，作者以宋代《三洞群仙錄》、《玉隆集》、《西山許真君八十五化錄》諸傳記討論許遜到宋代衍化成水神的過程，許遜原在《三洞群仙錄》裡為謫仙角色，但南宋初何真公欲振淨明忠孝大法，在《化錄》裡許遜被改造成斬蛇英雄，且將斬蛇之功全歸許遜，地位超越吳猛，此傳說也反映豫章地區除蛟害的需求，相對的促成淨明中興之機。三、鄧志謨《鐵樹記》研究——兼論馮夢龍〈旌陽宮鐵樹鎮妖〉的改作問題；鄧志謨編撰的《鐵樹記》，為一本有關於許遜與其弟子事略的小說，書中以降凡除妖修道成仙為主題，作者將此小說置於淨明道教內仙傳脈絡上作考查，討論了兩個問題：一鄧志謨是根據淨明道仙傳的《玉隆集》或《化錄》組成一個新的整體性斬蛟英雄事跡，二《鐵樹記》加入關於遺跡的地方風物傳說與新增事跡，以讓小說通俗化而有趣味性。

　　中篇，有三個討論主題，以宋元神霄派為主，分別論述與剖析薩守堅、王靈官與神霄雷法的關係。四、宋元道教神霄派的形成與發展；據傳神霄派創始人王文卿、林靈素，以及天師張虛靜皆傳法術給薩守堅，因此本文以神霄派為主題，扣緊雷法，先討論三人與徽宗及雷法的關係，再從《道法會元》裡論證薩守堅的確為五雷法傳授譜系的傳人，此時正值南宋中業與南宗內丹融合，形成了新神霄派，該派以白玉蟾、雷默庵、莫月鼎為重要人物，而與薩守堅有間接的關係。五、鄧志謨《薩真人呪棗記》研究——南宋到明末的薩、王傳說之考察；本文主要討論的是鄧志謨所編撰的《薩真人呪棗記》一書，從討論有關搜神類書「搜神一集」裡薩真人傳的問題，到《薩真人呪棗記》裡薩真人的五雷法術及其運用、與參用《仙鑑》論述有關薩真人「持戒」形象的形成，透過遊冥、建供的道教背景，以呼應善惡自取的想法。六、薩守堅、王靈官的雷法與濟幽——從宋朝到明的考察；作者從元代《仙鑑》續編與《搜神廣記》後集中，論證薩守堅曾得神霄與天師之傳，又能在諸道派下開闢西河派，建立「雷門救苦薩真人」的宗師形象，承傳雷法體用之學，匯通神霄與內煉法，藉以驅雷電治邪、煉度幽魂，終達長生成仙。

　　下篇，以上篇許遜的討論與中篇薩守堅的論述為基底，於下篇專論鄧志謨所完成的《新鍥晉代許旌楊得道擒蛟鐵樹記》、《鍥唐代呂純陽得道飛劍記》、《鍥五代薩真人得道呪棗記》三部小說，有兩個主題討論。七、鄧志謨道教小說的謫仙結構——兼論中國傳統小說的神話結構；此文主從三部小說剖析鄧志謨道教小說的取材與構成問題、謫謫和贖罪議題，歸納出鄧志謨取材自道教仙傳並搭配民間傳說，受道經寫作的形式啟發以及對於謫仙思想承傳與度脫小說的影響，放入謫仙的框架，觀照主角從人到仙的成道歷程的道教神話，完成此三部道教神魔小說。八、出身與修行，鄧志謨道教小說的敘事結構與主題：續前文本文討論的是敘事結構與主題，以及探討具有宗教性質的文學小說以何種傳播力量促使其傳播？因而從晚明通俗小說《北方真武玄天上帝出身志傳》討論當時傳體與志傳體的刊行與傳播，認為余象斗與鄧志謨扮演士與民的中介角色，且以反映民眾的觀點撰著宗教聖者，以劫運和謫降的框架作為敘事架構，因此宗教聖者往往以除魔重建宇宙秩序之姿出現於志傳小說中。

　　本書為李豐楙先生繼《六朝隋唐仙道類小說研究》後，另一本研究道教文學之書。時間跨度從六朝到明清，是與《六朝隋唐仙道類小說研究》集中在六朝到隋唐時期不同。另外，《六朝隋唐仙道類小說研究》是選了數種仙道小說

作討論，有別於本書是以仙道人物為主體作討論。本書是以鄧志謨所撰著的三本道教小說中的《新鍥晉代許旌楊得道擒蛟鐵樹記》與《鍥五代薩真人得道呪棗記》為出發點，因此書分上、中、下三篇，上篇專論《新鍥晉代許旌楊得道擒蛟鐵樹記》的許遜，中篇專論《鍥五代薩真人得道呪棗記》中的薩志堅，以先討論許遜與薩志堅傳說的諸面向，再融入《鐵樹記》與《呪棗記》來討論小說的演變與積累，也帶出許遜與薩志堅仙真與道派不同時期的演變，最後再綜論鄧志謨所撰著的三本道教小說中的結構，此種論證方式有別於一般道教文學的討論方式，能夠更有條理更清晰的了解傳說的衍變。讀此書不僅能認識了解許遜與薩志堅傳說的文學層面的演變，同時也能藉由論述許遜與薩志堅，了解淨明道、神霄派與西河派的演變過程，實為本書特色與優點。（蕭百芳撰）

鄭志明主編《西王母信仰》

著者：鄭志明主編；出版：南華管理學院宗教研究中心（1997）；495p。

全書分為三篇：總論篇、信仰發展篇、台灣信仰篇。總論篇收錄兩篇文章，鄭志明／西王母神話的宗教衍變，主要內容有：神話傳說中的西王母、道教信仰下的西王母、民間宗教結社信仰下的西王母、西王母神話的社會意義。施芳雅／西王母故事的衍變，其內容有：神話傳說中的西王母、文學藝術中的西王母等。

信仰發展篇共有四篇文章，小南一郎著‧孫昌武譯／西王母與七夕文化傳承，其內容為：牽牛織女故事、乞巧奠、七夕與西王母、人日與玉勝、崑崙山──中心的象徵、陰與陽的交會──與天地構造相對應、兩性共具──絕對者的西王母、神話的原理及其人化。魏光霞／西王母與神仙信仰，內容為：神仙信仰之興起發展與時期界定、材料性質與研究進路；西王母三種樣態之遞變：神話意象之西王母、人化意象之西王母、仙化意義之西王母；崑崙意象下西王母之衍變，西王母與東王公的並峙，西王母信仰的多維面向與轉變。魏光霞／西王母與道教信仰，內容為：西王母的道教化歷程、道教化西王母之發展。姚寶瑄／域外西王母神話新証，內容主要探討中亞西亞的有關西王母傳說。

台灣信仰篇收錄有兩篇文章，鄭志明／台灣瑤池金母信仰研究，內容為台灣瑤池金母信仰與台灣民間教團、瑤池金母信仰與道教西王母、瑤池金母與羅教無生老母、瑤池金母信仰與台灣宗教環境。魏光霞／台灣西王母信仰的類型研究，內容為西王母信仰的歷史沿承與神話基調、類型分析、結構分析。

此書精選了有關西王母信仰的學術著作，從這些著作中可以看出西王母確實是中國人最為深層的情感文化，提供了民眾對生命的關懷與宇宙的圖像，產生了信仰的力量，來支配了生存的情感。神話是信仰的表達方式，其素樸的內涵，透露了人類長期累積的精神文明，是人類現實生活中的共同理想與願望，且在莊嚴的信仰下，安頓了個體的具體存在，在神明的護佑中，真的能無災無難地過一生。（簡一女撰）

鄭志明著《神明的由來（中國篇）》

著者：鄭志明；出版：南華管理學院宗教研究中心（1997）；349p。

全書共有 9 章。第 1 章緒論，探討中國神明的信仰尋根，第 2、3 章探討《山海經》、《楚辭九歌》的鬼神崇拜與巫祭。第 4 章探討《莊子》的鬼神觀。第 5、6 章探討《搜神記》的鬼神崇拜與鬼神觀。第 7、8 章探討《西遊記》、《封神演義》的鬼神崇拜與多重至上神觀。第 9 章探討當代神話研究的趨勢。

此書所謂「神明的由來」不是為神明寫傳記，這種傳記式的研究無助於對傳統文化的了解，而且依舊被視為宣揚迷信的神話。此書不採傳統的寫作方式，而是從神話思維的立場來討論鬼神崇拜的問題。所謂神話思維是以神話為客體所進行的一種思維活動，問題是作為客體的神話，其內涵頗為不穩定，使得「神話思維」這個概念極為分歧。早期認為神話是原始社會的產物，如此神話思維成為一種原始思維，即神話思維是人類最初形成與發展起來的一種原始的思維形式。也有些學者認為不是原始社會才有神話，指出神話是人類精神的一種自主性的表現，因此新的神話會隨著歷史的進展不斷地產生，神話成為描述社會行為的一種方法，可以說是社會一種信仰、態度與情感的混合物。

此書的鬼神崇拜偏重在社會民族宗教集體意識的思維活動上，這種思維活動是與傳統文化合為一體與聯成一脈，進行文化的整合與心理的認同，且經由神人秩序的新溝通，形成了一定的文化心理與行為規範。如此鬼神崇拜不單是幻化的思維活動而已，同時也是信仰意識綜合組建的思維活動，能夠經由熟悉的生活情境有著出神入化的取捨組接，豐富了人們的文化模式與行為模式。鬼神崇拜是社會文化的一種心理依託，也是人們生活的精神支柱，隨著傳統文化的成熟，其思維活動更加的複雜，同時也就更具有個性，表現出民族文化的集體意識與行為模式，進而建構出一套完整的思想體系與行為規範。（簡一女撰）

鄭志明等著《北港朝天宮的神明會》

著者：鄭志明、孔建中；出版：南華管理學院宗教研究中心（1998）；175p。

此書為田野調查專著，除導論北港朝天宮神明會的祭祀組織外，調查的對象分成 4 大類，第 1 類為附屬於朝天宮的神明會，其對象有：祖媽會、二媽會、三媽會、四媽會、五媽會、六媽會、金懿順、莊儀團、太子爺會、虎爺會、土地公會。第 2 類為舖會，其內容為：菜、鮮魚、點心、豆干、醬油、布郊、紙箔、米、麵線、敢郊、屠宰、什穀、油車、飼料、青果、檳榔、百貨郊、餅、電器商、藥郊、金銀、西藥、運輸、魯班公會。第 3 類為陣頭會，其對象為：金聲順、北港樂團、麗聲樂團、武城閣、聖震聲、集雅軒、振樂社、新街錦陞社、震威團、飛龍團、新龍團、德義堂龍鳳獅、德義堂本館、勤習堂、龍鳳國術館、維德堂、聚英社玄龍陣、鳳陽國術館、武德堂國術館、南安德義堂。第 4 類為附屬於其他廟宇神壇的神明會，對象包括：小西天崇佛會、集聖軒仙童團、誠心宮神童團、北港太子會、賜福團神童團、聖濟會、濟公會神童團、聖佛堂大聖會、蘇厝村鎮安宮元帥會。

神明會是傳統社會最常見的人民團體，其目的為了禮拜神明，進而組織社區民眾，建構出信仰與人群組合。隨著時代的發展，這種人群組合的宗教組織經歷了時代的變遷，展現出多樣的文化樣貌，成為地區重要的民俗現象。

北港朝天宮的神明會，大多是附設性質，成立目的主要是為了參與朝天宮一年一次的祭典遶境活動，組織人群出錢出力來為媽祖湊熱鬧，這種純粹為了祭祀而組織團體卻能延續了幾十年，依舊表現出對媽祖濃郁的信仰感情。這種神明會大約可以分成三大型態，即：舖會、陣頭會與轎班會，大多是自願組織而成，其目的只是一年一次的遶境迎神及會員吃會而已，純粹是因信仰而組合的社團組織。（簡一女撰）

鄭志明主編《道教文化的精華：第二屆海峽兩岸道教學術研討會論文集（一）》

著者：鄭志明主編；出版：南華大學宗教研究中心（2000）；470p。

於 1994 年舉辦的「第一屆海峽兩岸道教學術研討會」，透過兩岸道教學術的對話與討論，引發不少的迴響與共鳴，帶動了兩岸道教學術的互相交流。南華大學遂於 1999 年 3 月，舉辦「第二屆海峽兩岸道教學術研討會」，再一次邀請兩岸道教學者齊聚一堂，發表其所關心的議題，彼此相互觀摩與了解。

因論文篇數甚多，故集結成三大冊，分別為《道教文化的精華》、《道教文化的傳播》、《道教的歷史與文學》。

《道教文化的精華》收錄篇章如下：

朱越利／《老子想爾注》的結精術

黃釗／竹簡《老子》應為稷下道家傳本的摘抄本

黎志添／從《太平經》的中和思想看人與自然的關係：天地疾病與人的責任

郭武／明清道教生命倫理思想初探

蕭登福／讖緯、古籍所見崑崙、幽都與道教之仙鬼世界及生死壽命說

李豐楙／中部山線道士行業圈：陳李兩個道壇的合作與傳承

鍾來茵／道藏陰陽交感符號簡論

蕭兵／道家哲學原子論的關鍵—再論《老子》的氣、精、信

李剛／王玄賢《玄珠錄》哲學思想解讀

楊儒賓／注莊的另一個故事—郭象與成玄英的論述

林佳蓉／成玄英《道德經義疏》所討論的「理想境界」

鄺芷人／丹道之學的研究綱領

高柏園／《黃帝陰符經》之思想體系及其性格

潘顯一／《太平經》的民間宗教美學思想

丁煌／道教的「沐浴」研究。（簡一女撰）

鄭志明主編《道教文化的傳播：第二屆海峽兩岸道教學術研討會論文集（二）》

著者：鄭志明主編；出版：南華大學宗教研究中心（2000）；419p。

於1994年舉辦的「第一屆海峽兩岸道教學術研討會」，透過兩岸道教學術的對話與討論，引發不少的迴響與共鳴，帶動了兩岸道教學術的互相交流。南華大學遂於1999年3月，舉辦「第二屆海峽兩岸道教學術研討會」，再一次邀請兩岸道教學者齊聚一堂，發表其所關心的議題，彼此相互觀摩與了解。

因論文篇數甚多，故集結成三大冊，分別為《道教文化的精華》、《道教文化的傳播》、《道教的歷史與文學》。

《道教文化的傳播》收錄篇章如下：

詹石窗／玄武信仰與古代科技哲學

陶思炎／試論鄉野道教

謝重光／佛教的外衣，道教的內容——福建民俗佛教論略

林德政／正統鹿耳門聖母廟之宗教信仰與文化活動

林其錟／略論閩台道教信仰的共同特點及其淵源

謝劍／道教對瑤人社會化的影響

房學嘉／梅州的覡公、香花佛事及其科儀

姜生／道教認識論的科學因素

劉國梁／道教與風水初探——道教生態環境理論之二

張聖才／略論道教與經濟文化

劉仲宇／考鬼召神的心理分析——兼說中國宗教中的神祕主義

周慶華／道教文化研究的模式

唐明邦／《道藏》文化價值的多棱透視

高國藩／道教與韓國文化

林安梧／廿一世紀台灣新道教芻議

錢耕森／道家、道教文化與二十一世紀。（簡一女撰）

鄭志明主編《道教的歷史與文學：第二屆海峽兩岸道教學術研討會論文集（三）》

著者：鄭志明主編；出版：南華大學宗教研究中心（2000）；568p。

於 1994 年舉辦的「第一屆海峽兩岸道教學術研討會」，透過兩岸道教學術的對話與討論，引發不少的迴響與共鳴，帶動了兩岸道教學術的互相交流。南華大學遂於 1999 年 3 月，舉辦「第二屆海峽兩岸道教學術研討會」，再一次邀請兩岸道教學者齊聚一堂，發表其所關心的議題，彼此相互觀摩與了解。

因論文篇數甚多，故集結成三大冊，分別為《道教文化的精華》、《道教文化的傳播》、《道教的歷史與文學》。

《道教文化的傳播》收錄篇章如下：

周西波／杜光庭青詞作品初探

龔鵬程／道教七論

鄭志明／元雜劇《桃花女》的婚姻儀式研究

胡貫中／道教與遊仙詩

庹修明／貴州民間道教與儺壇

駱鈴輯／貴州當代儺戲儺文化研究大事記（1985～1997）

李登祥／唐代道教「許遜教團」發展歷史初探

卿希泰／元代前期統治者崇道政策初探

劉煥玲／全真教初期的困境與王玉陽之貢獻

張應超／「七賢」對全真道創立與發展的貢獻

廖美雲／白居易之愁病與道家道教養生

鄭阿財／從敦煌文獻看唐五代的玄武信仰

徐健勛／《茅山志》作者考證及其內容

張錦池／從唐僧弟子的「由道入釋」說起──論西遊記的多元文化特徵

龔顯宗／劉基與道教──以《誠意伯文集》為例證

洪順隆／蕭衍的道教情懷

洪順隆／「蕭衍的道教情懷」之問題與討論

牟鍾鑒／長生成仙說的歷史考察與現代詮釋。（簡一女撰）

鄭志明著《以人體為媒介的道教》

著者：鄭志明；出版：南華大學宗教研究中心（2000）；557p。

本書共分 18 章。第 1 章為緒論，主要內容討論「道」、「神」與「人」的一體性、服食與服氣、房中與倫理、通神與符咒。第 2 章至第 4 章主要討論老子與莊子「人」的概念探述以及鬼神觀。第 5、6 章討論《左傳》與《漢書》災異說的天人感應觀。第 7 章至第 11 章探討《太平經》、《老子想爾注》、《養性延命錄》和《道德真經廣聖義》、《崏泉集》等的生命觀、神人觀、及天人感應觀。第 12 章至第 16 章討論《太上清淨經》、《太上感應篇》、《功過格》、《竈君寶卷》、及《桃花女》之天人感應觀與本命思想。第 17、18 章探討台灣殯葬儀式之人文意義與現況展望。

道教最大的特色有二，第一、道教延續了中國的古老文明，並一直在中國的生態環境下吸收傳統的文化養分。第二、道教始終扣緊在人體的具體利益上，側重於個體延年益壽的養生功夫，以及生存的倫理法則。

這兩個特色實際上是互相影響的，導致道教有極為現世的文化風格，道教是人們生存經驗的集體累積，是基於現實需求長期發展出來的群體意識與信仰系統。故道教神學來自於民眾深層的文化心理，是從既有的生態環境中吸取豐富的文化營養，渴望經由各種具體的生活操作來安頓個體的存在，開發生命的無限潛能。

此書收錄了作者多年來的研究成果，在體例上不是很完整，卻表達作者對道教的關懷面向，從「天人」問題出發，道教值得研究的課題還相當多，有待繼續地深入耕耘。（簡一女撰）

鄭志明等著《打貓大士——民雄大士爺祭典科儀探討》

著者：鄭志明、黃進仕；出版：南華管理學院宗教研究中心（2000）；261p。

全書共 5 章。第 1 章民雄大士爺信仰的起源與發展，其內容為，民雄鄉的地理環境與人文發展、大士爺信仰的起源、民雄大士爺信仰傳說之歷史文獻回顧、清朝時期大士爺的神明會組織。第 2 章民雄大士爺廟的歷史背景與建築風貌，內容為大士爺廟的歷史背景與現況、大士爺廟的建築風貌。第 3 章大士爺祭典儀式基本資料，內容為儀式人員介紹、場合佈置、時間擇定及儀式之用品法器與過程說明。第 4 章壇班法師淵源，內容包括壇班淵源和「慈輝壇」壇班概況。第 5 章大士祭典的文化意涵，內容為儀式的歷史意義與現代意義。

以打貓街為核心的「大士爺普渡祭典」，係自清乾隆年間，打貓街上的四個「大士爺神明會」，從早期「有祭無廟」的「大士爺信仰」，到今天三級古蹟的「民雄大士爺廟」，其歷史發展不但完整說明了一個信仰文化的演變過程，更把先民與惡劣生存環境搏鬥的情形，一一呈現出來，大士爺祭典正是先民消除對不可知環境的恐懼，所產生的一種宗教行為。

有關民雄大士爺信仰的研究已有相當的數量，但少有將重心置於大士爺祭典科儀與「釋教緇門」法師的研究上，此書希望對大士爺祭典中，由釋教緇門「慈輝壇」法師所主持的三天法會科儀，作一完整詳盡的記錄，藉由科儀本與實際的田野調查工作，能將大士爺祭典科儀的內涵意義彰顯出來，分析其背後所反映出來的象徵意識，同時對該釋教法師的發展脈絡，做一釐清與定位的工作，並探討「釋教」及「齋教」與民雄地區發展的關係。（簡一女撰）

鄭志明著《台灣神明的由來》

《台灣神明的由來》，臺北中華道統出版社 2001 版，凡十二章，平裝 25 開本，452 頁。原名《神明的由來——台灣篇》，經作者增補相關論文，重新出版改名《台灣神明的由來》。

　　鄭志明，現任輔仁大學宗教研究所教授、台北大學民俗藝術研究所兼任教授等職。台灣民間宗教及新興宗教、中國宗教哲學、宗教與民俗醫療、民俗學、生死學、生命教育、宗教組織與行政為其學術研究領域與專長，著作眾多從1984 年《台灣民間宗教論集》到現今關注生死課題，如 2012 年《當代宗教觀與生死學》約有六十餘部專著，期刊論文超過百篇，為現今台灣宗教研究的重要學者。

　　《台灣神明的由來》分成十二章，作者希望將長久被忽略的民間宗教，透本書而能反應出該有的價值。第一章到第四章，可視為本書一些理論架構的建立。第一章台灣鬼神靈感思維的現代意義：此章為本書的導論章，建構台灣民間信仰的諸多基礎。台灣以神話的形式來表達鬼神信仰，且透過原始崇拜的理念、原始神話的改造、各種宇宙觀、各種宗教的神秘體驗四個面向多重組合而成。此外透過祭典與儀式體現，呈現對神明的依賴，也反映台灣民間信仰的意義。第二章台灣鬼神崇拜與信仰意義：主要討論台灣民間信仰的最高神祇天公，除追溯來自自然崇拜的敬天，並從誕辰祭壇的擺設、敬天思維下的天公賬冊、天公借膽等主題討論天公信仰的特色，由此論述民間與天相關的信仰思維，與釐清民間信仰一些特質如畫符念咒、驅邪押煞的本質內涵。第三章台灣鬼神信仰與神話思維：作者認為台灣民間信仰相當多元與複雜，且偏重在崇拜的活動上。故透過台灣民間性仰的能動性、漲落性與開放性論述台灣民間信仰，企圖整理出一個探討民間信仰的切入點。第四章台灣民間信仰多重至上神觀：延續第三章論證台灣民間信仰的多元化，探討此種信仰在民間已自成體系，而提出多重的至上神之概念，依此從古代上帝信仰、道教信仰、佛教信仰、與民間宗教結社新立或混合的至上神四類作剖析，藉此思考傳統社會信仰的本質。

　　第五章到第七章可視為女性神的探究。第五章台灣的觀音信仰：作者強調台灣的民間信仰多元多重相互交疊，這樣的特質，在台灣的觀音信仰可映證。觀音原為佛教慈悲的一種象徵，傳入台灣融入鬼神信仰，凸顯其世俗性格，而有了救劫、消厄、治病顯聖性，強化觀音救眾生的靈驗事蹟。第六章台灣的媽祖信仰與祭典：本章討論台灣最具特色也風行的媽祖祭典，在台灣藉由進香與朝拜活動，集結了民眾的信仰共識，透過香火儀式進行人與媽祖間的靈力交感，也使媽祖的靈感力量不斷的展現。第七章日據時代北港朝天宮的宗教地位：本章為前一章的延伸討論，藉由實際案例，一討論以北港為中心所構成巡

行體系下的媽祖信仰，二就朝天宮的特殊背景，剖析日治時期朝天宮因眼淨住持而與日本佛教派合作的意涵，以及祭典背後因信仰而組合成共祭團體的神明會組織。

　　第八章後討論的是信仰與傳說的關係。第八章台灣神明信仰與傳說：本章討論台灣神明的傳說，以及這些傳說中的文學意義，因台灣神明人的性格強烈且與民眾生活緊密結合，因而具有社會世俗性，也呈現在其傳說中，展現了神話、傳說與民間文學融合的特質。第九章台灣的王爺信仰與傳說：為前章的延伸，以台灣最大的神明信仰之一王爺，來討論傳說的宗教功能。探討內容從王爺的產生與台灣王爺的淵源到具有坐王船、三百六十個等的王爺特色，到台灣各地王爺傳說，作系統性的介紹。第十章台灣的鬼信仰：本章強調台灣民間的鬼神信仰，可分離探討，在鬼的部份，台灣將一切物靈全歸於鬼靈，因而有家鬼與野鬼兩類。野鬼名目繁多，而有應公更能突顯台灣鬼的特質。作者認為從防制鬼煞的宗教儀式與和鬼靈建立友好關係的祈福儀式，可看見台灣民間對於鬼信仰的正面肯定。第十一章台灣的西王母信仰的文化意義：光復後台灣西王母的立廟與傳播，融合其他母神崇拜成為台灣民間主要信仰之一。透靈乩、扶鸞、誦經、修道多元活動模式，以救劫渡眾為目標，並由慈惠堂與勝安宮開啟台灣西王母信仰的新風潮。第十二章台灣神明信仰的深層文化心靈：為全書的總結，有三，其一數千年各神明的傳播與民眾生活緊密結合，因此民間信仰自有其價值存在。其二神明必需不斷的顯靈與眾生互相成全，才能流傳至今。其三台灣神明信仰具有宇宙、身心與社會相互調和的特質。最後憂心神廟人才凋零，無法培養出新教義詮釋者，為台灣民間信仰的隱憂。

　　本書討論台灣神明的由來，與一般論證與考據神明的論著不同，並不是鉅細靡遺的說明台灣諸神產生的原因歷程，或者某一教派的教義教理的過程，而是在既有的神明與史料中，用哲學與反思的觀點來討論台灣神明的由來，並從深層文化的心靈裡去檢討目前民間信仰的可貴與困境，以此來說明民間信仰的重要，與希望相關教派人士能看到問題，反映作者對於民間信仰的文化關懷。此外所選的主題神明，皆為台灣民間信仰的代表，諸如天公、觀音、媽祖、王爺、鬼與西王母，從這些主要神明的信仰由來，衍伸論述相關的神明與教派教義，網羅台灣的神明信仰全貌，為本書珍貴與過人之處。

（蕭百芳撰）

張珣著《文化媽祖：臺灣媽祖信仰研究論文集》

《文化媽祖：臺灣媽祖信仰研究論文集》，張珣著。臺北中央研究院民族學研究所，2003 年。作者為中央研究院民族所研究員兼副所長，臺灣大學人類學系兼任教授，新港奉天宮世界媽祖文化研究暨文獻中心主任。研究專長為文化人類學、宗教人類學、醫療人類學等。

本書主要以人類學中一些基本觀念——空間、時間、社區等，來分析臺灣媽祖信仰，並進而企圖建立本土儀式理論。書名文化媽祖中「文化」一詞做動詞使用，表示從媽祖信仰與儀式中解讀出文化的基本概念與預設。透過五大主題與分析觀念，對大甲媽祖的進香儀式與相關事件進行不同角度與層面之詮釋。

第一章主要敘述媽祖信仰中神聖空間的展現，是以媽祖神像或廟宇為靈力的中心而向四周擴散。神聖空間被分作不同等級，適足以反映信徒的社會階層。

第二章說明不同地區的媽祖神像的靈力，是以系譜位置是長是幼來決定，而不是以神像的物理時間是新是舊來決定。媽祖神像本身透露的類似親屬宗族系譜時間觀，在系譜位置上越高位的越有靈氣，整個進香目的也是在向系譜上越高位的媽祖祈求福氣。

第三章討論一個廟宇可能因為進香儀式的升級與轉型，而重新界定其轄區範圍。儀式具有主動轉化社會衝突的機制，大甲鎮瀾宮藉著更動進香目的地的儀式表現，轉化了鎮瀾宮由社區廟宇升格為全省廟宇過程中的衝突與矛盾。

第四章探討媽祖廟的轄區，亦即其保佑範圍的觀念，會使信徒不得不回原鄉尋求出生地媽祖之保佑。藉著進香的跨區域活動，以及大甲移民的新社區觀，來反省人類學社區研究的侷限。

第五章解析媽祖的救難敘述，已經由早期的官民一體，轉變為現今民主時代的官民制衡。藉由早期至現今，臺灣多數媽祖廟的各種廟志文獻記錄，可以凸顯媽祖的救難紀錄敘述，已經有了很大的轉型，而在儀式上卻沒有很大的改變。亦即可藉由媽祖信仰看到宗教人類學中經常討論到的「儀式與信仰之間有不一致性」：儀式具有保守性，而信仰則具有較大的變動性。

本書依照作者自 1995 年 12 月至 2001 年 5 月期間五篇論文的發表時間順序而排列。這五篇論文可算是作者研究大甲媽祖信仰第二階段的成果，其重點在進香儀式與儀式背後的文化觀念。作者對媽祖信仰研究的第一階段是自

1985 年至 1993 年止，焦點集中在大甲社區的社會結構及大甲媽祖進香的組織與功能，其成果為作者 1993 年的博士論文。前後兩階段的研究，雖都是以大甲為主要田野地點，但在理論脈絡、問題意識，及核心關懷上已有很大的差異。因此第二階段表面上仍以大甲為主要資料來源，其實已經旁及臺灣全省媽祖廟的文獻，與許多二手資料的運用了。（林翠鳳撰）

鄭志明著《台灣傳統信仰的鬼神崇拜》

《台灣傳統信仰的鬼神崇拜》，臺北大元出版社 2005 年版，凡十三章，平裝 25 開本，288 頁，為大元出版社的宗教叢書之一。

鄭志明簡介，見蕭百芳撰〈《台灣神明的由來》提要〉。

《台灣傳統信仰的鬼神崇拜》，分成十三章，作者認為鬼神崇拜是人類形上生命的延伸，透過崇拜的儀式活動，不斷書寫與加工創造，成為集體共有的文化意識與思想形態，因而以此為題討論鬼神崇拜，共分成十三章。第一章台灣傳統鬼神崇拜的文化心靈：本章從文化面來討論台灣神明信仰，有三特點，其一數千年各神明的傳播與民眾生活緊密結合，因此民間信仰自有其價值存在。其二神明必需不斷的顯靈與眾生互相成全，才能流傳至今。其三台灣神明信仰具有宇宙、身心與社會相互調和的特質。第二章台灣傳統鬼神崇拜的信仰形態：作者認為台灣民間信仰相當多元與複雜，且偏重在崇拜的活動上。故透過台灣民間信仰的能動性、漲落性與開放性論述台灣民間性仰，企圖整理出一個探討民間信仰的切入點。第三章台灣傳統信仰的多重至上神觀：延續第二章論證台灣民間信仰的多元化，探討此種信仰在民間已自成體系，而提出多重的至上神的概念，依此從古代上帝信仰、道教信仰、佛教信仰、與民間宗教結社新立或混合的至上神四類作剖析，藉此思考傳統社會信仰的本質。第四章台灣觀音信仰的現象分析：作者強調台灣的民間信仰多元多重相互交疊，這樣的特質，在台灣的觀音信仰可映證。觀音原為佛教慈悲的一種象徵，傳入台灣融入鬼神信仰，凸顯其世俗性格，而有了救劫、消厄、治病顯聖性，強化觀音救眾生的靈驗事蹟。第五章哪吒信仰與神話的生命觀：本章取樣哪吒，探討原是佛教中的密教人物，因「跨握鬼物」的咒術形像鮮明，獲得民間信仰的欽賴，於佛經裡哪吒的形象，也漸轉成以手持法器的護持佛，因而有「三頭六臂」的人性造型，映證了作者的理念，台灣民間信仰為神話重組重構傳播現象。

　　第六章台灣媽祖信仰與祭典：本章討論台灣最具特色也風行的媽祖祭典，在台灣藉由進香與朝拜活動，集結了民眾的信仰共識與理論，透過香火儀式進行人與媽祖間的靈力交感，也使媽祖的靈感力量不斷的展現。第七章台灣西王母信仰的起源與發展：光復後台灣西王母的立廟與傳播，融合其他母神崇拜成為台灣民間主要信仰之一。作者認西王母是本世紀以無生老母信仰核心，帶動至上女神崇拜，透靈乩、扶鸞、誦經、修道多元活動模式，以救劫渡眾為目標，由慈惠堂與勝安宮開啟台灣西王母信仰的新風潮。第八章陳靖姑信仰與法派的宗教形態：本章從浙、廣、閩沿海等地傳至台灣的陳靖姑為例，討論陳靖姑因有「觀音化生」的傳奇色彩、有獲閭山派驅雷破廟罡法、有脫胎祈雨的傳奇能力和斬蛇護產的靈感能力，使其科儀與法術足以滿足信眾的趨吉避凶，也因法術的靈驗而適於台灣，流傳至今。第九章台灣義民信仰與祭典：義民為客家族群的信仰之一，原為對厲鬼的崇祀，漸轉為感念生前英烈聖靈的神聖香火廟，是一種「鬼境」到「神境」、「鬼祭」到「神祭」的歷程，也是北台灣客家地區社會結構與生活交融，長期演進的縮影。第十章客家社會大伯公信仰在東南亞的發展：續第九章本章討論客家「大伯公」的信仰內涵，剖析「大伯公」本對豐腴的土地崇祀，進而轉成專職守護神。該信仰隨客家族群移居東南亞，也落腳於當地，與拿督公逐漸發展成兩大信仰。第十一章台灣鬼信仰與祭典：本章強調台灣民間的鬼神信仰，可分離探討，在鬼的部份，台灣將一切物靈全歸於鬼靈，因而有家鬼與野鬼兩類。野鬼名目繁多，有應公一類更能突顯台灣鬼的特質。從其防制鬼煞的宗教儀式與和鬼靈建立友好關係的祈福儀式，可看見台灣民間對於鬼信仰的正面肯定。第十二章民間財神信仰：本章將財神分成四類，一是與民間瘟鬼崇拜相關的武財神、五路財神，二是與民間社祭文化相關的土地財神、田財神與灶財神，三是與民間人神崇拜相關的比干、關羽等，第四類為民間童子崇拜相關的招財童子與和合財神，從各財神的淵源關係、特質與象徵，採摘要性的介紹。第十三章醫藥神與藥籤文化：醫藥神源自民間救助眾生，因此神農嘗百草的觀念自是成為醫藥之神。此外歷史上的華佗、扁鵲等名醫，因民眾的感念逐漸發展成醫藥之神。作者剖析，醫藥之神透神靈感應與神的啟示治病，藥籤只是一個媒介，是一種精神上對神的寄託與依賴，而有了精神層面的療效。

　　本書主在討論台灣的鬼神崇拜，不僅從實際的信仰神明系統作討論，還以信仰與宗教哲學的觀點，來剖析台灣傳統鬼神信仰的諸現象與問題，有別於一

般討論台灣鬼神信仰的專著。選取的鬼神信仰的角色，皆為台灣最具代表，也最為重要的民間信仰神明，有與佛教關係密切的觀音與哪吒；有源自道教的媽祖與西王母，融合佛、道與民間宗教的陳靖姑，三位女性神的討論；此外也顧及到較被忽略客家族群的義民與大伯公信仰，以及與日常息息相關的醫藥神、財神與鬼，是為一本深入淺出、能全觀台灣民間信仰與鬼神崇拜之佳作。（蕭百芳撰）

王見川、車錫倫等編《明清民間宗教經卷文獻續編》

《明清民間宗教經卷文獻續編》，臺北新文豐出版公司 2006 年版，凡十二冊，精裝 16 開本。該叢書旨在為較被人所忽略的民間宗教經卷，作整理與搜羅的工作，故於上世紀末所出版《明清民間宗教經卷文獻初編》，引起學界的關注後，續於 2006 年，出版《明清民間宗教經卷文獻續編》。編者有王見川與車錫倫等學者。

王見川，2003 年以《張天師之研究：以龍虎山一系為考察中心》取得台灣中正大學歷史所博士學位。研究領域涉及中國民間信仰（關帝、玄天上帝、文昌、媽祖）、預言書、明清以來民間宗教、近代道教、佛教、扶乩與慈善等。著有《漢人宗教、民間信仰與預言書的探索：王見川自選集》等書，以及編有《明清民間宗教經卷文獻》、《中國民間信仰、民間文化資料彙編》等多種資料集，為台灣近幾年民間宗教與臺灣宗教研究領域的新銳學者。

車錫倫為揚州大學中國俗文學研究中心名譽主任，專研俗文學的各種領域，如古代小說、戲曲、民俗、民間故事，皆有所涉獵。尤其「寶卷」鑽研 30 年，撰寫的《中國寶卷研究》接連獲得中國民間文藝山花獎、中國俗文學鄭振鐸學術獎與高校科研優秀成果一等獎。主編《中國民間寶卷文獻集成》，目前已由商務印書館出版江蘇無錫卷。寶卷研究領域因車錫倫先生的推動下，使更多人認識、理解與研究。

《明清民間宗教經卷文獻續編》，此書旨在接續《明清民間宗教經卷文獻初編》的收集工作，出版更完整的明清民間經卷文獻，希望有助於明清流行的宗教，尤其在民間宗教與信仰領域的學術研究，能有更深入的了解與研究成果。《續編》是以儘量搭配《初編》，並不收錄公私圖書館的典藏文獻為原則，所搜集的文獻資料來源有三：

1. 編者十餘年來在台灣、香港、大陸的寺廟、文物市場，蒐集所得。

2. 車錫倫與宋軍先生，來自田野、北京文物市場等的收藏。

3. 學者的贈與。

由上，本書是一本結合學界與民間之力，完成收錄二百餘種明清民間流行的經卷文獻。本書收錄的文獻內容有五，摘錄該書序言所示：

1. 教門寶卷類：如黃天道經卷、先天道文獻等多種。
2. 民間信仰神明經典：如關帝、媽祖、城隍等經卷。
3. 預言書：如推背圖與多種預言書。
4. 救劫書：如王母救劫經、彌勒尊佛救劫真經。
5. 善書：如鸞書、勸戒書。

因搜羅資料廣泛且集中，重要經卷有不同版本的收錄，與擁有海內外罕見珍本，則成為《續編》的三大特色。如《虎眼禪師傳留唱經》、《佛說大乘通玄法華真經》皆為黃天道中關鍵性的經典；又如明代成化年間被官方列為查禁書單的《三煞截鬼經》，《續編》裡也收錄了類似的經卷《佛說三煞截鬼經》，足見本套書的學術價值。

本書除廣泛的收藏明清民間流行的經卷文獻外，編者就其書中所收藏的預言書與救劫書的《推背圖》、《五公經》、《燒餅歌》與黃蘗禪師讖詩，針對各經卷的特質，就各經卷的演變發展與其問題，逐一的剖析與探究，以作為《續編》文獻資料的補充性說明，讓讀者對於較陌生的預言書與救劫書能有系統性的認識，也是本書體貼讀者與其獨特的特色之一。（蕭百芳撰）

林美容著《媽祖信仰與臺灣社會》

《媽祖信仰與臺灣社會》，林美容著。臺北蘆洲博揚文化，2006 年 3 月。

作者為臺灣大學考古人類學研究所碩士，美國加州大學社會科學博士。曾任中央研究院民族學研究所研究員。研究專長為文化人類學、中國親屬研究、臺灣民間信仰、漢人社會組織。作者之研究媽祖，始於 1987 年 5 月，從南投草屯祭祀圈、彰化南瑤宮信仰圈的調查，驚訝於臺灣社會中居然有這麼大的民間信仰組織存在，經過深入調查研究，從而發展出信仰圈的理論，來解釋大型區域性祭典組織，補充了過去祭祀圈理論僅限於解釋地方祭典組織的不足。透過長年的調查與研究，累積可觀的學術成果，贏得「媽祖婆」、「南港媽祖」等稱號。著有《祭祀圈與信仰圈——臺灣的民間信仰與社會組織》、《媽祖信仰的發展與變遷》、《媽祖信仰與漢人社會》等。

　　本書把媽祖信仰放在臺灣漢人社會形成與發展的歷史脈絡當中，來解釋臺灣諸多的地方性與區域性的媽祖信仰，及其與聚落、村莊、連莊組織、區域聯盟的關係。同時也解釋了媽祖信仰與民俗藝團及俗民生活的密切關係，從歷史的相關性來看，本書可說是兼具了社會史與文化史的考察。

　　本書整編了作者自 1988 至 2004 年，所發表的有關媽祖研究的論文，除首章通論外，共分為四篇。第一篇〈媽祖與信仰圈〉，主要是關於彰化媽祖與關渡媽祖信仰圈的論述，並且更廣泛地討論臺灣之區域性祭典組織及其與媽祖信仰的關聯；第二篇〈媽祖信仰與地方社區〉，是逆向地思考在大型區域性組織之外，媽祖信仰與地方社區信仰的密切關係；第三篇〈媽祖信仰與民俗藝團〉，呈現彰化媽祖信仰圈內調查曲館與武館的研究成果，及媽祖信仰與民俗曲藝與武藝的關係；第四篇〈媽祖信仰的俗民觀點〉，主要從俗民觀點討論媽祖信仰在民間文學、民俗醫療、水利經濟、海洋文化等俗民生活上的表現及其歷史意義。可作為透過媽祖信仰理解臺灣傳統社會與文化的主要參考書。

　　本書內容大致偏向臺灣媽祖信仰之社會面與文化面意涵的探討，特別是媽祖信仰與臺灣之地域社會及民俗曲藝的關係。這也是作者一向的研究重心。如果說，臺灣漢人的血緣社會是由父系繼嗣群牽連起來的，那麼臺灣漢人的地域社會，便是藉由隱喻著女人的流動之媽祖信仰所形成的村際互動與村繼聯盟而展開的。當然，臺灣漢人對天地鬼神的信仰皆能形塑以村庄為基礎底層組織的地域社會的層級結構，但無疑媽祖信仰是其中的佼佼者，含涉的層級可小可大，有大有小。最重要的，是祂的女性形象之社會隱喻所引發的對傳統父系結構之象徵的對抗，使媽祖成為民眾與學者注目的焦點。（林翠鳳撰）

陳仕賢著《臺灣的媽祖廟》

　　《臺灣的媽祖廟》，陳仕賢著。臺北遠足文化，2006 年 2 月。

　　陳仕賢，彰化鹿港人。長年從事鹿港文史研究，鹿水文史工作室主持人、鹿水草堂負責人，各地文化資產研習營講師。著有《寶殿篆煙——鹿港天后宮》、《龍山聽唄——鹿港龍山寺》、《彰化歷史散步》等。

　　本書分三部分：第一部分探討媽祖信仰在臺灣的源起，清朝、日治時期及光復後的媽祖信仰傳播，媽祖的稱呼等；第二部分介紹媽祖廟的欣賞重點，包括神像、建築、匠師派別、皇帝或政治人物的匾額等。第三部分針對臺灣古蹟級的媽祖廟，包括歷史沿革及建築特色，進行講解。

　　媽祖信仰在臺灣沿海一帶十分普及，迄 2006 年止已列為文化資產的媽祖廟，共有 23 座。本書所撰述的媽祖廟以國家指定古蹟者為主，有國家第一級古蹟 2 座，第二級古蹟 2 座，第三級古蹟 17 座，縣定古蹟 2 座，特色媽祖廟 3 座。

　　明鄭時期信士於安平創建媽祖廟，稱為「安平開臺」（並改稱安平開臺天后宮）。康熙 23 年施琅克臺，奏請加封為天后，此後媽祖廟稱為「天后宮」。康熙 59 年奏准列入官方祀典。臺灣朱一貴事件後，雍正帝賜頒「神昭海表」匾額。林爽文事件後，乾隆帝於府城與鹿港敕建天后宮，為官建媽祖廟，即今日臺南海安宮與鹿港新祖宮。作者指出，清代媽祖信仰興盛的原因有四：其一為媽祖為航海的守護神，其二為媽祖常顯神蹟，其三為臺灣多瘴癘之氣，惡疫流行，祈請庇佑，其四為政治因素，官方重視推崇。今日，媽祖已成為臺灣民間信仰的「萬能之神」。

　　觀察日治時期為振興不景氣的商業，各地紛紛舉行媽祖宴，迎神會也很盛行，並多有前往湄洲祖廟進香，而日人並未阻撓。如，鹿港天后宮仿雕一尊與湄洲祖廟相仿的神像前往湄洲謁祖，被湄洲祖廟供奉於正殿，湄洲祖廟回贈的「聖母寶璽」和「聖母大符」，至今為鹿港天后宮鎮殿之寶。大正元年至昭和 11 年（1912~1936）間，臺灣多數的媽祖廟均在此時重修，如關渡媽祖廟、彰化南瑤宮等。皇民化時期，凡未經申請設立的寺廟陸續被拆毀，計有 361 座全毀，八百餘座轉為他用，部分轉入日本佛教體系，以避免被拆。民間宗教活動停辦，直至臺灣光復。

　　光復後，臺灣各地媽祖廟曾有正統之爭，其中以「鹿耳門天后宮與正統土城聖母廟」及「新港奉天宮與北港朝天宮」之爭最為激烈。作者認為，每座媽祖廟都是當地區域性的「開臺媽祖」。臺灣媽祖廟多數同時供奉觀世音菩薩，顯現臺灣民間信仰的包容性。近年來，大甲鎮瀾宮與通霄白沙屯拱天宮的遶境進香，成為年度盛事。從原本地區性活動，躍升至國際舞臺，受舉世注目。（林翠鳳撰）

蕭登福著《道教地獄教主──太乙救苦天尊》

　　《道教地獄教主──太乙救苦天尊》，蕭登福著。臺北新文豐出版公司，2006 年月 11 月。

　　作者指出，太乙救苦天尊又名太一救苦天尊、尋聲救苦天尊，簡稱救苦天尊；祂以救苦為職司，屬下眷屬神有十方救苦天尊、救苦真人、大惠真人、普

慈真人、普救真人等等；這些神祇常是救贖亡魂時所常奉請的神祇。道教太乙救苦天尊的信仰，究竟始於何時，難以有確切的時間，但大抵可以確定在六朝中晚期，甚或三國時已經存在。

　　作者研究認為，太乙救苦天尊神格的形成，源出於周時的「太乙」思想。太乙即「太一」。太一，即是《老子・四十二章》：「道生一」的「一」，亦即是《易經・繫辭上》：「易有太極，是生兩儀」的「太極」。無極為道體，而太極（太乙）則為道之動、道之用，為生化之始。所以《郭店楚墓竹簡・太一生水》有太一生水，水輔太一生成天地萬物之說。

　　作者考察現存《正統道藏》、《道藏輯要》、《藏外道書》、《莊林續道藏》及敦煌史料中，和太乙救苦相關的經典，自六朝迄清都有，而作者經目者約有百餘種。這些眾多和太乙救苦天尊相關的道典，大都是太乙救苦天尊及其眷屬神十方救苦天尊，在地獄中破獄引渡亡魂的科儀。早期與太乙救苦天尊相關的經典中，大都偏向於地獄救贖科儀，較少述及神格。作者謂以敘述神格為主者，當屬《太一救苦護身妙經》、《太上洞玄靈寶救苦妙經》二者，因而遂使此二經成為太乙救苦天尊神格相關的主要經典。此二經所重，略有不同。《太一救苦護身妙經》偏重在三界救苦（天界長生、人間救苦、冥界度亡）：《太上洞玄靈寶救苦妙經》偏重在冥界度亡，後世度亡，大都誦念此經。所以太乙救苦天尊可以說是道教地獄亡魂的救贖主神，道教的地獄教主。

　　道經《太一救苦護身妙經》說太乙救苦天尊化身於天地人三界；在天界居於東方長樂淨土、在地獄薦拔亡魂、在人間則尋聲救苦，具有此三種神格。作者認為，太乙救苦天尊的東方長樂淨土，類似於佛教阿彌陀佛的西方極樂淨土；而地獄薦拔，則類似佛教的地藏菩薩；在人間的尋聲救苦，則等同於觀世音。所以道教太乙救苦天尊的神格，可以說是佛教阿彌陀佛、觀世音、地藏菩薩等三神的綜合體。太乙救苦天尊雖有此三種神格，但自六朝迄清，我們所看到和太乙救苦天尊相關的道典，絕大多數都和地獄救贖相關。研究稱六朝時太乙救苦天尊的地獄救贖科儀有：為死者度亡及生者為自己預修兩種方式。唐宋後則偏向在為死者度亡上，但此時在度亡科儀方面，除破地獄引度地獄亡魂外，又加入南宮煉度，超升天界的敘述。今日道教為死者度亡的科儀中，依然是乙太乙救苦天尊為主神，太乙救苦天尊儼然成為道教地獄的救贖教主。（林翠鳳撰）

謝宗榮著《臺灣的王爺廟》

《臺灣的王爺廟》，臺北遠足文化事業股份有限公司 2006 版，凡六章，平裝 25 開本，189 頁。

謝宗榮，現職專業宗教與民俗、傳統藝術研究者。研究領域以臺灣漢人民俗藝術、民間信仰、道教文化為主。1995 年成立耕研居宗教民俗研究室，並擔任研究室的主持人。耕研居宗教民俗研究室主要為專業從事台灣傳統民俗與宗教文化之研究、記錄與圖文、影像專輯編撰工作。專書著作有《台灣傳統宗教文化》、《台灣傳統宗教藝術》、《台灣的信仰文化與裝飾藝術》等書，論文數十篇，散見於《臺灣文獻》、《臺北文獻》、《歷史》等刊物。

《臺灣的王爺廟》，為作者於 2003 年參與李豐楙教授的「台江內海迎王祭」專案，所作的實地調查，再融合學界民俗研究的成果，所完成的著作。有六章，第一章漢人王爺信仰探源；認為台灣地處亞熱帶瘟疫頻傳，信眾祈求王爺藉此獲得健康與平安，因此台灣的王爺信仰與驅瘟疫關係密切。並引民俗學者劉枝萬的研究，說明台灣王爺原型為瘟疫的厲鬼，漸成為逐瘟神、醫神等，最終成為萬能之神。第二章台灣王爺信仰概說；討論台灣王爺信仰與閩粵等沿海地區的差異，有五：先民渡海來台，使王爺由天上來轉變成自海上來，具有海神的特質。其二清初先民來台水土不服，瘟疫頻煩，具有醫生特質的保生大帝、藥王，成為台灣王爺信仰的主流。其三瘟神信仰的原型有三，台灣是以江蘇皋香山的五嶽神為主型，隨時代轉變以池府千歲、溫府千歲等傳說為主，具有台灣在地特色。其四台灣王爺雖以逐瘟神的醫藥神為主，但仍有如戲神、英靈等類型的王爺信仰。其五因為以海神為主，促成送瘟習俗的王船祭盛行。第三章台灣各地王爺廟記覽；從日治《台灣宗教調查報告書》等書，說明日治時期台灣王爺廟有香火攜來型、王船漂著型、神蹟供奉型、分靈崇拜型、厲鬼崇拜型與靈物崇拜型共六型。各型並採樣一王爺廟作記覽。第四章曾文溪流域代表──西港香與蕭壠香；台灣王爺信仰，以廟宇慶成與王船祭為要，有六大系統，其中屏東東港的「迎王船平安祭典」與台南西港「王醮刈香祭典」，被稱為「南東港、北西港」，因此作者分別於四、五兩章介紹代表台灣王船祭典的兩個系統。本章先論曾文溪系統，主以具有隆重王醮祭典的西港，討論西港王爺信仰的歷史到西港香祭典過程、特色與受矚目之因。第五章東港溪流域代表──東港平安祭；本章主要介紹東港平安祭，透過觀察「東隆宮祭典委員會」，輔以活動的照片，討論整個平安祭典的前置作業與祭典過程。第六章王爺信仰

文化底蘊；本章為台灣王爺信仰的整理與總結，有四：一是從忠實反映在地特質，如王爺成為海神使得王船祭典的盛行。二是因信眾的需求，衍變至今成為全能之神。三是王船祭典，衍生的精雕木造船與王醮科儀，展現在地文化的深度。四是傳承與變遷，在社會快速變遷下，漸轉為綏靖地方、遶境祈福符合現代信眾需求的性質。

　　本書將台灣王爺信仰作系統性的整理，除論述台灣王爺信仰的特質諸面向外，也能簡捷清楚的論述整個王爺信仰的源起、類型、傳承與來台過程。此外，呼應本書書名「台灣的王爺廟」主題，除交待台灣王爺信仰的類型特質、神格轉變外，也詳盡的將全臺各地王爺廟的特色作介紹，強調王船祭典為台灣王爺信仰的特質，並從萃取精華的西港香與東港平安祭兩處，將其多年田調成果，除以文字說明外，還置入精彩的祭典寫真，更為本書的精萃所在。故讀本書對於台灣的王爺信仰與王船文化，可有一全面性的了解。（蕭百芳撰）

蕭登福著《東方長樂世界——太乙救苦天尊與道教之地獄救贖》

　　《東方長樂世界——太乙救苦天尊與道教之地獄救贖》，蕭登福著。高雄九陽道善堂，2008 年 3 月。

　　太乙救苦天尊在道經及道教壇場法會中，都是極為重要的神祇。據道經《太一救苦護身妙經》所載，祂是元始天尊元元祖氣所化的「九陽之精」：化身三界，在人間能救渡世間苦，在地獄能薦拔地獄亡魂，在天上則長居東方淨土，具有佛教阿彌陀佛、觀世音及地藏菩薩等三位神祇合一的神格。其中太乙救苦天尊的地獄救贖神格，更是道經中所常見。作者指出，道經在地獄救贖上，大都是以太乙救苦天尊及其眷屬神（十方救苦天尊）為主神，來破除九幽地獄、醫治亡魂，並經水火煉度而使亡魂往生至天界或東方長樂世界。今日大陸或臺灣的法會，在地獄救贖上依然如此，藉由道士在法壇上的存思施法，變身太乙救苦天尊，以拔除亡魂地獄苦，使得昇天堂樂。

　　本書以太乙救苦天尊之地獄救贖為主，分為三部分，第一部分係作者 2006 年在江蘇無錫所發表的學術界首篇有關太乙救苦天尊主題的論文〈道教地獄救贖與太乙救苦天尊信仰〉一篇。

　　第二部分為臺灣南北道長所行、和太乙救苦天尊相關的地獄救贖法會科儀。臺灣民間所舉行和地獄救贖相關的法會有二種，一為中元普度，廣度無主孤魂；二為亡者家屬私人為亡者所行超度薦拔法會。這二種法事科儀，或以太

乙救苦天尊為主神，或以元始天尊等三清為主神，以太乙救苦天尊為輔神，但凡都與太乙救苦天尊有關。臺灣救贖拔薦法會的主要經典是《靈寶無量度人上品妙經》（度人經），即是和太乙救苦天尊有關的道典。由東晉靈寶壇儀，而南宋、元、明、清道書所載科儀，以至今日臺灣道教壇場齋醮，其間有沿承也有變革，但都可看出一脈相承的關係。把今日臺灣民間科儀，拿來和《道藏》所載者相印證，依然可看出太乙救苦天尊地獄救贖信仰，在民間的影響力。

第三部分，擇列太乙救苦天尊專屬道經：《太一救苦護身妙經》、《太上洞玄靈寶救苦妙經》、《太上救苦天尊說消愆滅罪經》、《太一救苦天尊說拔度血湖寶懺》、《青玄救苦寶懺》、《太上青玄慈悲太乙救苦天尊寶懺》等經典原文，及誦經法門，旨在提供道門法會時參考。至於有關太乙救苦天尊神格的形成，及佛、道二教地獄救贖相關事蹟的詳細論述，參見作者著《道教地獄教主太乙救苦天尊》（新文豐，2006）。

本書刊行後，深受教門同道所喜愛。2013 年三版印刷時，於第三篇增入《太上元始天尊說續命妙經》，使太乙救苦天尊專屬道經增至七部。另補入九陽道善堂所撰附錄二篇：〈道教淨土觀—東方長樂世界〉、〈「東方三聖」聖號、聖像緣由略述〉。（林翠鳳撰）

蕭登福主編《玄天上帝典籍錄編》

《玄天上帝典籍錄編》（一名《玄天上帝道典彙編》），蕭登福主編。臺北樓觀臺文化事業公司，2009 年。

本書收輯玄天上帝相關道典，將《正統道藏》、《道藏輯要》、《續道藏》、《藏外道書》中相關的經典、符籙、科儀等道書輯錄出來，依各書原序編置，重新排版並加新式標點符號，前置導讀一篇。是史料的彙編，旨在方便學者從事玄天上帝信仰之研究參考。

玄天上帝簡稱玄帝，亦稱真武，真武即玄武。作者謂始源於遠古時代的星神崇拜，原是北方七宿所成龜蛇之形貌，也是自然神。自史前時代一直到唐世，玄武是守護北方天界的星神，也是安宅、鎮墓的神祇。守護著天（北方星空）、地（幽冥地下）、人（安宅佑民）三界。至北宋時，玄武更由自然神成為人格神，斬妖除魔、護國祐民，安鎮北方玄武之位，並由「玄武」改稱「真武」。

作者指出今日研究玄天上帝，有三本必讀的重要道典：《太上說玄天大聖真武本傳神咒妙經》、《元始天尊說北方真武妙經》、《玄天上帝啟聖錄》。前二

者是玄帝的專屬道經，經中說明玄帝神格的來源及伏魔事蹟。《太上說玄天大
聖真武本傳神咒妙經》經書正文仍以「玄武」稱呼真武，撰成年代應該在北宋
真宗前。《元始天尊說北方真武妙經》一書撰成於真宗朝，此二經南宋陳伉《太
上說玄天大聖真武本傳神咒妙經注》經題下之注語，考證為南宋孝宗朝張明道
扶鸞，託名董素皇所撰，其書是改編自北宋仁宗朝宋庠《真武啟聖記》而來。
《玄天上帝啟聖錄》則詳細敘述玄帝生平事蹟，自金闕化身，降生淨樂國，辭
親慕道，天帝賜劍，入武當山修煉，成道伏魔，瓊臺受封等，以及載述歷代信
仰玄帝者所發生的靈驗故事、供祀儀法等。

　　作者析道，真武故事在元代增入了新題材，如元人雜劇《桃花女破法嫁周
公》，周公鬥法桃花女，後來二人皆被真武收為侍將，也影響民間信仰在真武
廟中配祀這二神像。到了明代，由於帝王崇敬真武，使真武故事廣傳於民間，
並逐漸通俗化。記載真武事蹟者，有官方修訂的道書，如任自垣奉敕編纂的《大
嶽太和山志》、張國祥奉旨校梓的《搜神記》等。有民間鬼神類書，如《新編
連相搜神廣記》、《三教源流聖帝佛祖搜神大全》等，特別是余象斗以小說形式
撰成《北遊記》（一名《北方真武玄天上帝出身志傳》），使玄帝故事產生了巨
大的變化。

　　研究強調，今日玄帝的信仰，遍佈在中國、臺灣、香港及海外華人社區中，
擁有眾多信徒，是道教的重要神祇。玄帝威震北方天界，巡弋諸天（守天），
在人間保護宅第平安（安宅），在冥界鎮慰墓中亡靈（鎮墓），是守護天地人三
界的神祇，對中國的民俗及信仰都有重要影響。（林翠鳳撰）

蕭登福著《扶桑太帝東王公信仰研究》

　　《扶桑太帝東王公信仰研究》，台北新文豐出版公司 2009 年版，凡十一
章，平裝 25 開本，790 頁。本書為新文豐出版公司博雅集林的宗教叢書之一。

　　蕭登福簡介，見蕭百芳撰〈《道教與民俗》提要〉。

　　《扶桑太帝東王公信仰研究》，十一章，依時間從文獻史料論述源流到各
代東王公的演變，與融入各類信仰形式的探討。第一章緒論：男仙之首、元
陽祖氣、日君神格的東王公及其神格轉變；此章為全書的靈魂，主在說明東
王公歷朝演變所扮演的角色名稱，以作為往後十章論述的依據。東王公源自
太陽崇拜，稱謂因與東方相關，居於東海扶桑，被稱為扶桑太帝東王公。神
格的轉變有三，其一漢前時期，東王公從《尚書》〈堯典〉、〈舜典〉的祀日到

漢畫像磚與銅鏡裡，是為男仙之首的玉皇，主宰天界。其二魏晉南北朝到東晉時期，從《上清玉帝七聖玄紀迴天九霄經》等上清經中，扶桑大帝透青童君扮演傳經授道的神仙，同時期在靈寶經系則透天真皇人傳經。其三南宋後，六朝後因扶桑位於東海中，漸將東王公與扶桑帝分為天界與水界，到南宋結合上清派的東華帝君，《上清靈寶大法》中已見三者合一的情況。第二章先秦兩漢史料中的日神神話與東王公信仰探述；本章剖析史料中的東王公，從《尚書》、殷商的卜辭與《山海經》的記載，東王公被視為日神。周秦兩漢的《國語》、《越絕書》、《史記》中，開始搭配西王母而有陰陽二神的記載。從《淮南子‧墜形篇》、《十洲記》、《元始上真眾仙記》、《洞真太上八素真經服食日月皇華訣》、《太清神仙眾經要略》等經書的詮釋，東王公為天界主宰之神，從殉葬的帛畫與畫像磚裡，輔以證明東王公於漢為天界神的地位。第三章魏晉南北朝文獻及道經中所見的東王公神格、事蹟；此章承續前章的模式，從文獻與道經討論東王公於魏晉南北朝神格的演變與其相關事蹟。六朝道經裡可見「扶桑大帝東王公」、「扶桑大帝九老仙皇君」、「上清太元東霞博桑丹林大帝上道君」等稱呼，當時文人如曹操〈駕虹蜺〉、曹植〈升天行〉等，描繪人上天謁見西王母與東王公而得道，可見東王公為東方天界大神的地位。另一方面從魏晉《太上老君中經》到《元始上真眾仙記》的道經裡，東王公代表萬物的陽炁神格則逐漸式微。

　　第四章東晉上清派道經中所見扶桑大帝東王公之傳經授法及其東晉上清派之關係；此章主論東王公演變中與上清派的關係，在上清派中，作者整理了上清經系的承傳系統，是由太上大道君命東華青宮撰集，傳扶桑太帝、天帝君或太微帝君，再由此三君傳西王母等四極真人，再依序傳青童君、西城真人王君、茅君、魏華存。此外作者也整理出上清經由扶桑太帝所傳授的經典，有《黃庭內景玉經》、《玉珮金璫經》、《上清大洞真經》等共三十八部經書，足見扶桑大帝與上清系傳承的緊密關係。第五章扶桑太帝君與東晉靈寶經、洞神經等道經道派之傳經與授道；不僅在上清經系裡扶桑太帝扮演傳經角色，東晉時期的靈寶諸經，扶桑太帝也為傳經的關鍵角色。靈寶經系的傳授，從《元始五老赤書玉篇真文天書經》、《太上大道三元品戒謝罪上法》諸靈寶經裡抽絲撥繭，得以知曉該經系由扶桑太帝遣天皇真人於峨嵋山，經黃帝之問而授與。至於洞神經系是以三皇經的傳授為主，從《太上洞神三皇儀》裡可見扶桑太帝傳經與修練法門。第六章魏晉南北朝道典中扶桑太帝之眷屬神及神格相近的東方大神；

本章討論與其相關神仙的位階,作者指出六朝時東王公神格雖逐漸下降,但
《元始上真眾仙記》、《上清道寶經》裡等東方神仙位階如太清仙伯、九老仙都
君等仍在東王公之下。至於扶桑太帝與九老仙皇君及太乙救苦天尊,為道友關
係。而位階於扶桑太帝之下的眷屬神眾多,作者逐一作剖析。第七章青童君之
職司、傳經及其與扶桑太帝之關係;本章延續第四章上清經傳承,以青童君為
主角,討論其作為扶桑太帝傳經媒介的角色。此外因青童君與上清、靈寶與正
一經派傳經關係密切,本章間接討論扶桑太帝與三經系的關係。第八章龍王水
帝與扶桑太帝的關係;魏晉後出現水帝龍王,歸扶桑太帝所管。作者從《太上
洞淵神咒經》的祈雨,到《正一醮宅儀》的鎮宅、《太上元始天尊說孔雀經白
文》的消災安國等龍王職責的轉變,以及成為修鍊者的龍輿,理出扶桑太帝與
水的關係。第九章魏晉南北朝法會後的投龍簡及唐宋後的投龍璧儀;延續前章
對龍神格職責的討論,本章則討論龍作為齋醮中與水相關的投龍簡,從《太上
洞玄靈寶赤書玉訣妙經》論起源,並依朝代剖析投龍簡的類別、儀式與龍簡的
內容,因為要告盟天、地、水三官,有山簡、水簡與土簡三類。簡的內容,不
外乎是消災、長生與成仙的願望,是與前章論龍的職司同出一轍。

　　第十章唐宋後扶桑太帝東王公神格的離合及其在宋代內丹修煉(內煉)、
薦拔煉度(外煉)上所扮演的角色,以及對混元仙派(金丹南北宗)、清微仙
派的傳道授法;此章理清扶桑太帝東王公信仰到唐宋後的轉變,有二分別於本
章與次章論述。轉變之一,與上相青童君、東華帝君混為一人,自宋後三者被
合為一神。轉變之二,南宋將扶桑太帝東王公分離成扶桑太帝與東王公神,扶
桑太帝主水府,東王公主天界。本章討論轉變一,從神格、職司,與對混元仙
派、清微仙派的傳道授法的情況,論證兩派在與上相青童君與東華帝君混為一
人後,宋後扶桑太帝淪為西王母之下。第十一章南宋後東王公神格離析而出主
司三官水府及冥官性質的扶桑大帝;扶桑太帝被離析後逐漸成為代表水府之
神,並在南宋的科儀裡,分成主火的東王公(〈奏木公〉)與主水的扶桑太帝(〈申
水府〉)。而主水府的扶桑太帝於南宋王契真的《上清靈寶大法》,與地獄冥界
結合,成為投龍簡的主司之神。

　　漢畫像磚中東王公與西王母為墓葬裡守天界的重要之神,位階神格相當,
但研究西王母的論文與專書眾多,東王公皆以配角之姿,隨著討論西王母而出
現,罕見專屬東王公的研究。本書為專論扶桑太帝東王公之書,在一遍西王母
的研究論著中,尤顯獨特與重要。此外本書討論東王公的起源與轉變,將原本

為同一神的扶桑太帝東王公，於至南宋後的離析，清楚的整理出各自分成主火與主水的二神，尤顯珍貴。掌握與完善的運用各種道經與史料，除說明東王公外，也間接說明道藏洞真、洞玄、洞神經系的發展，以及與東王公相關諸神，可視為討論扶桑太帝東王公完詳的百科全書。（蕭百芳撰）

鄭志明著《民間信仰與儀式》

《民間信仰與儀式》，臺北文津出版社 2010 版，凡十五章，平裝 25 開本，401 頁。

鄭志明簡介，見見蕭百芳撰〈《台灣神明的由來》提要〉。

《民間信仰與儀式》分成十五章，作者認為民間信仰與儀式，是人與鬼神的交感禮儀，在儒、道、佛等思想與儀式的融合下，積澱龐大的文化內涵。第一章緒論——民間信仰的文化心靈：本章從文化面來討論台灣神明信仰，有三特點，其一數千年各神明的傳播與民眾生活緊密結合，因此民間信仰自有其價值存在。其二神明必需不斷的顯靈與眾生互相成全，才能流傳至今。其三台灣神明信仰具有宇宙、身心與社會相互調和的特質。然神廟人才凋零，無法培養出新教義詮釋者，為當今台灣民間信仰的隱憂。第二章《西遊記》與民間信仰：《西遊記》除為各種宗教傳統的重新組合外，還重組了內在的自然規律與其宇宙秩序，是一個超自然的幻想故事，就此本章旨在探討此種文化意識的相關神話思維。其一，《西遊記》為多神崇拜，書中之神有玉皇大帝、釋迦牟尼佛、王母娘娘、太上老君等可證。其二書中有大量的佛道理論與典故，具有佛道多神崇拜特性，其三《西遊記》組合自然的風雨雷電，充滿上古自然精怪的崇拜。第三章《封神演義》與民間信仰：作者欲糾正《封神演義》並非只是神魔小說，而為融合各種文化與信仰，實為民間信仰的聖典，如書內神明來源有遠古自然崇拜的雷神、二十八星宿，有道教神如太上老君、元始天尊等。而《封神演義》的組合，以道教內丹修真為中心，以修仙的宗教理念來綜合民間各種流傳與尊奉的神。第四章台灣民間信仰的宗教形態：台灣民間信仰偏重崇拜的活動上，相當多元與複雜。作者透過台灣民間性仰的能動性、漲落性與開放性論述台灣民間信仰，企圖整理出一個探討民間信仰的切入點。

第五章之後的數章，主討論單一神明，第五章民間觀音的信仰與功能：作者強調台灣的民間信仰多元多重相互交疊，這樣的特質，在台灣的觀音信仰可映證。觀音原為佛教慈悲的一種象徵，傳入台灣融入鬼神信仰，凸顯其世俗性

格，而有了救劫、消厄、治病顯聖性，強化觀音救眾生的靈驗事蹟。第六章哪吒的信仰與功能：本章取樣哪吒，探討原是佛教中的密教人物，因「跨握鬼物」的咒術形像鮮明，獲得民間信仰的欽賴，於佛經裡哪吒的形象，也漸轉成以手持法器的護持佛，因而有「三頭六臂」的人性造型，映證了作者的理念，台灣民間信仰為神話重組重構傳播現象。第七章關公的信仰與善書：形成於隋唐，至宋後漸發展成全國信仰大神的關公，現今研究多集中於歷代的封諡與祀典、神蹟傳說的方向，在經典善書面討論者少，於是作者從剖析關聖帝君信仰於明末與民間宗教結社結合，產生第一本扶鸞善書《三界扶魔關聖忠孝忠義真經》為起點，討論關公神格諸問題，再剖析與論述關公信仰經扶鸞降旨，以《忠孝忠義真經》、《關聖帝君覺世真經》等善書切入，討論神旨內容以福報為善的道德教化之信仰本質。第八章媽祖的信仰與儀式：本章討論台灣最具特色的媽祖祭典，如何藉由進香與朝拜活動，集結了民眾的信仰共識與理論，並透過香火儀式，進行人與媽祖間的靈力交感，也使媽祖的靈感力量不斷的展現。第九章陳靖姑的信仰與儀式：本章以浙、廣、閩沿海等地傳至台灣的陳靖姑為例，討論陳靖姑因有「觀音化生」的傳奇色彩、與獲閭山派驅雷破廟罡法、有脫胎祈雨的傳奇能力和斬蛇護產的靈感能力，因而其科儀與法術足以滿足信眾的趨吉避凶，也因法術的靈驗而適於台灣，流傳至今。第十章西王母的信仰與運動：台灣西王母的立廟與傳播在光復後，融合其他母神崇拜成為台灣民間主要信仰之一。作者認西王母是本世紀以無生老母信仰核心，帶動至上女神崇拜，利用王母娘娘與玉皇大帝並列的形象，並吸收太上老君的神威，凝聚了傳播力量，再透靈乩、扶鸞、誦經、修道多元活動模式，以救劫渡眾為目標，由慈惠堂與勝安宮為主導，開啟台灣西王母信仰的新風潮。第十一章台灣母娘信仰的在地化：此章延續第十章西王母的探討，主要強調在地化下西王母信仰的靈驗、傳播與形態的諸議題。以台中外埔的開天宮、花蓮慈惠堂與勝安宮為討論主題，剖析母娘信仰以作契子與分靈方式為其傳播方式，並論述慈惠堂與勝安宮發展的近況，如實的呈現台灣在地化的母娘信仰。

　　第十二章後，屬於特色鬼神的討論。第十二章客家大伯公的信仰與儀式：本章討論客家「大伯公」信仰內涵，剖析「大伯公」本對豐腴的土地崇祀，進而轉成專職守護神。該信仰隨客家族群移居東南亞，也落腳於當地，與拿督公逐漸發展成兩大信仰。第十三章義民的信仰與儀式：討論台灣的客家族群，義民的信仰，原為對厲鬼的崇祀，漸轉為感念生前英烈聖靈的神聖香火廟，是一

種「鬼境」到「神境」、「鬼祭」到「神祭」的歷程，也是北台灣客家地區社會結構與生活交融，長期演進的縮影。第十四章民間鬼靈的信仰與儀式：本章探究台灣民間的鬼、神信仰，在鬼的部份，台灣將一切物靈全歸於鬼靈，可分成家鬼與野鬼兩類。野鬼又可分有應公系與鬼官兩類，因要驅鬼，逐漸發展出特有防制鬼煞的宗教儀式，以及衍申出與鬼靈建立友好關係的祈福儀式，與通靈解運的巫術，作者認為從中可見台灣民間對於鬼信仰的正面肯定。第十五章涼山彝族《驅鬼經》的鬼信仰與儀式：續前章對鬼神的討論，本章以雲南、四川與貴州一帶的彝族驅鬼防災的《驅鬼經》為討論議題，除論彝族的鬼崇拜與祈驅鬼儀式外，也延伸至台灣鬼神的探討。

本書主要討論台灣的民間信仰與儀式，除建立民間信仰的價值與鬼神崇拜的文化意義外，採用主題式的方式作撰述，每一主題皆有獨立的論述與主旨，又能與其他主題相結合，完整的呈現民間信仰的各層面。故所討論的鬼神信仰涵蓋面既深且廣，在廣度方面有討論女神議題的西王母、媽祖、觀音與陳靖姑；有佛道交融的觀音與哪吒，有客家族群的大伯公與義民，以及以勸善為主的關帝。深度的討論，則以二章的方式，作主題延續性的討論，如第十章西王母的信仰與運動與第十一章台灣母娘信仰的在地化，故讀此書可以完整全面的認識民間信仰與儀式。（蕭百芳撰）

謝貴文著《保生大帝信仰研究》

《保生大帝信仰研究》，高雄春暉出版社 2011 年版，凡六主題，平裝 25 開本，314 頁。作者謝貴文，現任高雄應用科大文化事業發展系副教授，曾任高雄市政府文化局科長、高雄市民俗及有關文物審議委員會委員等職。專長於文化產業、台灣民俗、台灣文史方面研究，著有《高雄民間信仰與傳說故事論集》、《紅毛港遷村實錄——文化篇》等專書，與〈高雄市的保生大帝信仰〉、〈論臺南地區有應公廟之由來〉等多篇期刊論文。

《保生大帝信仰研究》，為作者的六篇以保生大帝為主題的論文，重新整理後的專著。第一篇〈保生大帝信仰研究的回顧與分析〉：本章具有導論的功能，主在介紹保生大帝目前學界的研究概況。先論述從宋到現代閩、臺地區保生大帝信仰的發展，其後介紹台灣內外相關研究近況與成果，例如施舟人（Kristofer Schipper）與丁荷生（Kenneth Dean）的有關白礁慈濟宮研究、入江善太郎與尾崎保子針對台北保安宮有相關研究，中國則於 1989 年舉辦「紀念

吳夲誕辰 1010 週年學術研討會」有八個主題討論保生大帝。台灣方面林美
容於 2005 年匯整相關專書與論文等資料，可分成介紹性報導與各別宮廟節
慶活動兩部份。第二篇〈從神醫到醫神——保生大帝信仰道教化之考察〉：從
三個方向考察保生大帝的道教化，一是「道教醫術」，原為醫生，死後被塑造
成高超法術的道醫，並獲神仙傳受「三五非法」。二「傳說附會」，剖析吳夲
被神格化的歷程中，所吸收的各道教人物的內容與方式。三「神仙譜系」，從
吳夲受朝廷封賜與民間偽造封號兩個方向，分析吳夲受道教與民間信仰的影
響與塑造，不斷的積累後形塑成保生大帝的信仰。第三篇〈傳說、性別與神
格——從「大道公風，媽祖婆雨」談起〉：此篇主要討論閩、臺民間關於保生
大帝與媽祖因婚嫁不成而鬥法的傳說，從傳說、性別與神格三方面剖析，作
者認為此傳說未似一般神仙傳說具有神聖性，而是民間對於氣候特徵虛構性
質的傳說。此外傳說裡媽祖因見母羊生產不嫁，反映出傳統社會認為處女與
母親為女性的理想角色。又媽祖終未婚嫁，因而未被歸於守護女性與孩童的
角色，而能有較高的神格特質。第四篇〈從民間信仰看國家與地方社會的互
動——以清代台灣保生大帝信仰為例〉：本文透過地方方志、匾聯碑文與地方
傳說三方資料，探討保生大帝雖被官方列為淫祠，但也會考量與地方社會的
利益關係，將民間信仰吸納進來。而社會菁英為維持地方聲望，也會透過捐
款建廟，塑造形象。第五篇〈歷史、傳說與集體意識——從草屯龍德廟的「刑
期無刑」匾談起〉：本文以台灣草屯地區龍德廟裡的「刑期無刑」匾為主題，
回溯該匾的由來與保生大帝的關係，帶出戴潮春事件在正史上記載的偏頗，
再論及傳說中非台灣本地類型的「京官敗地理」、「亡命好漢」，可以觀察台灣
社區意識的凝聚力，與對抗外力的社區認同感。第六篇〈海峽兩岸宗教交流
的「保生大帝模式」〉：本篇主要從 1987 兩岸開放後，剖析有關保生大帝信仰
的交流方式，歷經了修建祖廟、廟際互動與宗教節慶三階段的發展，作者認
為這樣的交流模式有別於媽祖信仰。此外因為交流範圍與活動逐漸擴大，導
致官方介入程度日益擴展。其中在台灣的保生大帝信仰，是以聯誼會方式整
合全國保生大帝的宮廟，以助中國重建保生大帝的信仰與文化保存作兩岸交
流主軸。

　　本書為第一本有關於保生大帝的專書，集結作者多年來的田調資料，除實
地參與兩岸的保生大帝聯誼會外，並走訪台灣四十餘座保生大帝宮廟，訪問各
宮廟負責人，與其重要文獻資料等，中國方面的資料也藉由參與聯誼會而掌

握。就作者撰書背景，不僅對於兩岸保生大帝信仰的文獻有第一手資料，且因參與聯誼會而能掌握目前兩岸保生大帝信仰的最新動態與概況，就研究保生大帝而言，此書實為重要論著。書中的內容除說明保生大帝的源由與發展，也針對台灣特有的「刑期無刑」匾、「大道公風，媽祖婆雨」傳說切入討論保生大帝，除豐富活潑本書內容外，還能藉此觀察保生大帝信仰反映的社會意義，為本書優點。而針對田調資料與收集的文獻整理，清楚的論述目前保生大帝信仰的研究概況，與兩岸宮廟交流景象，並拋出諸多議題，提供保生大帝研究的方向，為本書的重要貢獻。（蕭百芳撰）

吳明勳等著《臺南王爺信仰與儀式》

《臺南王爺信仰與儀式》，吳明勳、洪瑩發著。臺南市政府文化局，2013年12月。

作者吳明勳，社團法人臺灣淡南民俗文化研究會理事、世界媽祖文化研究暨文獻中心研究專員、觀佑文化工作室負責人。著作《灣裡萬年殿醮志：戊子科五朝王醮》（合著）等。洪瑩發，中央研究院人社中心博士後研究，曾任新港奉天宮世界媽祖文化研究與文獻中心執行長、臺灣淡南民俗文化研究會理事等。著有《解讀大甲媽——戰後大甲媽祖信仰的發展》等書。

本書內含信仰篇、重要神明類型與廟宇篇、儀式篇三部分。俗諺「大仙王爺公，小仙王爺仔」，反映王爺信仰在臺灣的悠久歷史與複雜程度。臺南是臺灣歷史源頭之一，在王爺信仰中，除早期大陸原鄉移植過來的王爺信仰外，更呈現了許多在地文化下所產生的特有在地王爺。作者謂臺南許多歷史悠久的王爺廟，往往是臺灣各地王爺廟的祖廟或進香中心，如南鯤鯓代天府最負盛名。

臺南市王爺廟的時空分布上，作者以2012年中央研究院調查結果分析，臺南市共有333間以王爺為主神的廟宇，佔臺南市廟宇總數1792間的18.58%，為臺南市主祀神明類型的第一位。可見王爺信仰在臺南相當盛行。研究針對臺南市王爺廟的香火來源與傳說，可分為祖先與先民攜來、拾得王船神像香火聖物、分靈、神明指示與神蹟顯化、其他共五大類。

臺南市的王爺信仰，研究指出除了廟宇「固定式」的祭祀外，「流動式」的代天巡狩祭典，也是重要的一環。由於各地經濟與環境的差異，臺南的迎、送「代天巡狩」儀式呈現了繁、簡的不同文化。簡者如北門永隆宮，僅在港口

處迎王後即送王。繁者如曾文溪流域王醮，有造王船、醮典、王府行儀、遶境、燒王船送王等儀式。而多元的「代天巡狩」祭典，不能以「王船信仰」、「王船祭」來窄化代稱。臺南地區傳統廟宇常用的「瘟王祭」、「王醮」、「王醮大典」才是貼切。

傳統恭迎「代天巡狩」祭典中，請王儀式常於海邊、溪河畔舉行。田調中發現有於廟前馬路直接迎請代天巡狩千歲爺的例子。意即千歲爺既是代天巡狩，自然也可直接從天而降。

就迎請代天巡狩遶境的目的來看，各地有所不同。北門「遊巡王」祭典，是每年代天巡狩經過該地時，「遊縣吃縣，遊府吃府」的單純儀式。曾文溪流域三年一科的王醮，則是迎請代天巡狩遶境巡掃，祈求達到驅疫保境的目的。二仁溪出海口的王醮，則認為代天巡狩是奉玉皇大帝旨令，前來視察祭典的，但同時有驅瘟押煞的職能。故每當舉辦王醮時，廟方會在王船附近準備大批藥材供給民眾，或民眾會在王船前進行「祭解」儀式。（林翠鳳撰）

洪瑩發、林長正著《臺南傳統道壇研究》

《臺南傳統道壇研究》，洪瑩發、林長正著。臺南市政府文化局，2013年12月。本書為大臺南文化叢書系列第2輯「信仰文化專輯」十書之一。

洪瑩發，中央研究院數位文化中心博士後研究員，國立東華大學中國文學系民間文學博士，曾任新港奉天宮世界媽祖文化研究與文獻中心執行長、民俗與文化半年刊執行編輯等職務。著有《解讀大甲媽──戰後大甲媽祖信仰的發展》等。

林長正，臺南市文化研究員。獨立蒐集臺灣道教和釋教科儀以及傳統音樂資料。曾參與2011年善化慶安宮金籙謝恩保禳五朝祈安大醮醮志編纂等。

臺南是臺灣漢人早期移民來臺的區域，悠久的道教文化再次落地生根，臺南市擁有數量龐大且優質的傳統道壇，其道法傳承，更向臺灣南北擴散影響。本書前半〈道法傳統篇〉簡介靈寶道壇的基礎之事，後半〈道壇傳承篇〉透過田野調查訪問並記錄大臺南各區重要道壇。全書獲致四大結論：

一、記憶與傳承華人歷史文化。道教與民間宗教都是模擬帝國官僚的制度建構而成，其神仙的等級制度、儀式模擬等，也都是模擬官僚制度而來。臺南在華人世界中難得地將這樣悠久的傳統，繼續保存於民間社會中，尤其透過道壇科儀，呈現臺灣漢人長期的宗教文化累積與民間信仰的思考脈絡。

二、臺南靈寶道壇的傳承。臺南在道教文化傳統上，就擁有數個傳承七、八代以上的道壇，三代以上的道壇非常眾多，也擁有為數龐大的相關從業人員。有豐富的宗教活動，也固定辦理儀式祭典，不少道壇專以功德科儀為主要工作，民間重視傳統宗教民俗，讓道壇得以有日常的收入來源。道壇傳承除拜師求道外，更多的是傳承者之間存在著親戚關係。知名道長也吸引著道眾前來學習。

三、臺南靈寶道壇的特點。「行業圈」是指道壇主要執行儀式、傳承的區域。臺南的行業圈以曾文溪為界，分為溪北與溪南，其間最大差異在科儀的安排上，尤其是功德科儀的安排差異。作者指出演法風格的差異主要有二，其一是指師承與地方習俗所產生的演法差異，其二是因早期道法傳承區分為「湖街法」與「白街法」兩種。臺南靈寶道壇與臺灣其他地區靈寶道壇演法風格有所差異，可能與其師承來源多為漳州區域內的道壇有關。而雲林褒忠壇系統、彰化海線等幾個道壇則傳承自泉州。

四、靈寶道壇受社會變遷之影響。影響較大的是日治時期與戰後的社會改變。日治後期「皇民化」運動，對於道壇的壓迫與管理更顯嚴峻，如要求參與地方神道或佛教團體的講習活動。戰後早期天師來臺後，可以到該處奏職認證，不一定要有真正的師承與學法，且要求加入各種道教組織。解嚴後經濟起飛，寺廟多辦理祭改、補運等活動增多，醫藥也進步，民眾因而較少到道壇辦理法事。尤其，近期臺灣喪葬儀式產生結構性變化，多為大型企業集團化，且普遍簡化喪葬儀式，成為商業機制的一種，深深影響傳統功德儀式的安排，道壇業務大為減少。（林翠鳳撰）

蕭登福著《西王母信仰研究》

《西王母信仰研究》，台北新文豐出版公司 2013 版，分成上下冊，凡十三章，平裝 25 開本，964 頁。

蕭登福簡介，見蕭百芳撰〈《道教與民俗》提要〉。

《西王母信仰研究》，分成上下兩冊，共十三章，依時間從文獻史料裡論述源流到各代西王母的演變，與各類衍生信仰的探討。上冊為第一章到第五章，論述範圍從上古到六朝。第一章緒論；如其名，透本章先建立本書要討論西王母的方向，從周代開始到明清之後西王母的演變，與各個時期特徵的建置。第二章商周至秦典籍文物中所見之西王母——陰氣始源、女仙之主；西王

母在上古時代為代表陰氣的女性角色，此時西王母在《山海經》裡搭崑崙山始以長生不死之姿立居。其他諸書裡的西王母的皆不同，可是地理名詞或長生不死神仙的代表，居於崑崙山，擁不死藥，具有讓人長生不死的能力。第三章兩漢載籍、史料中之西王母，及讖緯書西王母與九天玄女之關係；兩漢的西王母被定位為主宰天界女仙之首，針對此主題作者分兩章討論，本章先以兩漢載籍《淮南子》、《論衡》、《漢書》、《水經注》等書說明西王母居住在崑崙仙境，搭配出土的畫像磚、漢銅鏡、帛畫與墓壁畫，確認東王公與西王母分置東西為守天界之神，並討論讖緯《龍魚河圖》裡伴隨西王母的九天玄女的神格衍變。第四章漢代筆記小說及西王母傳記中的西王母事蹟；續第三章西王母為主宰天界的女仙主題，本章以數部筆記小說，西漢《神異經》，東漢《洞冥記》、《東方朔傳》討論西王母於西漢與東漢初為搭配東王公的女仙，再以東漢《漢武故事》、《西王母傳》與班固《漢武帝內傳》，剖析此時的西王母逐漸轉換成只以西王母為主角，強調與漢武帝的關係專為傳授經籙的角色，而《漢武帝內傳》中提到的諸多上清經，作者也藉此一併討論。第五章魏晉南北朝道經中西王母所在之崑崙山、西龜山及西王母之形貌與職司；西晉張華筆下的西王母被定位為傳授經籙的神仙，依此作者分成兩章討論，本章先將六朝時期諸書裡的西王母作整理，次章再論其傳授經籙的角色。大抵而論本時期經書中的西王母，曹氏父子、稽康等文人筆下仍停留在漢時以西王母搭東王公為天界女仙之首的觀念，到東晉葛洪《元始上真眾仙記》裡，西王母與東王公的地位才逐漸貶退。西王母所居地的崑崙山在六朝道經裡於崑崙山中又創造出「西龜山」，如《上清元始變化寶真上經九靈太妙龜山玄籙》，可見西王母成道與西龜山的說明。在神格方面因位於西又為女性被認為陰氣之始，作者抽絲撥繭《真誥》、《搜神記》與《雲笈七籤》裡的記載，西王母是擁有眾多女兒之神，此時原為夫妻關係的東王公，從《元始上真眾仙記》裡已轉變成兄妹關係，到東晉上清道書中，兩人轉為亦師亦友的關係。

　　下冊從第六章到第十三章，時間從魏晉南北朝論述到現今的信仰狀況。第六章魏晉南北朝道經中西王母之傳經與授道；本章承第四章對《漢武帝內傳》的討論，與第五章六朝西王母的基本形象的論述，進一步的剖析西王母在六朝，結合上清經系成為傳授經籙的角色，以及與上清經派的西城王君、茅君、王褒、魏華存等神仙傳經授道的關係。除上清經系外此時西王母與靈寶、正一派經系、《三皇文》、《五嶽真形圖》也有傳授經籙的關係，綜合論之作者認為

西王母於六朝已成為傳經籙的重要角色。第七章唐代道經中所見的西王母事蹟；作者剖析西王母入唐分兩條路線發展，一是承襲往昔傳說，另一則為唐人所創新說。往昔傳說的論述，從唐末杜光庭《墉城集仙錄》裡匯集往昔《西王母傳》、《列子》、《真誥》、《漢武帝內傳》諸書裡的西王母事蹟，以及杜光庭所撰科儀諸書，討論西王母的神格與靈驗事跡，以說明西王母信仰發展。新出說法由於《酉陽雜俎》西王母姓楊諱回，於丁丑日亡，作者認為明顯矮化西王母，與杜光庭將西王母當成天地之母出入極大，成了唐代兩種西王母說法的極端。第八章宋代道書所見水火鍊度及金丹修鍊中的西王母；因宋盛行內丹科儀，造就西王母成了內丹坎水離火修鍊時，所存思主司坎水之神，與亡魂水火鍊度時所奏請主司真水之源的神祇。從這兩個轉變，本章以內丹修煉中的西龜梵炁元綱流演說，討論宋代西王母為主司人身神龜梵炁，代表元精也代表人身中兩腎間氣海的神龜。另以薦拔亡魂鍊度科儀中須借木公金母的真水真火來鍊化亡魂，使其登昇天界為軸，討論宋時將薦拔度亡與內丹修鍊相結合，而成為必需引借木公金母度亡之因。第九章宋後西王母母性神格的轉變及其在道派中所扮演的角色；西王母在宋代除主司陰炁與真水外，如《太上玄靈斗姆大聖元君本命延生心經》將西王母與斗母結合強調西王母的母性神格，這一路線於宋後逐漸受到重視，西王母逐漸變成天帝之女而與摩利支天相結合。另一路線則視西王母為紫微大帝、天皇大帝等北斗九皇之母的斗母，展現了西王母的母性神格。依此轉化作者分兩章作討論，下一章專論母性神格面，本章先討論此種轉化的歷程。第十章宋代西王母與斗母及其與摩利支天的關係；續前章專論西王母的母性特質，西王母於宋成為北斗九皇與南極長生大帝之母，被尊為斗母，為釐清此象，本章先論南北斗星辰信仰，再由《太上玄靈斗姆大聖元君本命延生心經》、《玉清無上靈寶自然北斗本生真經》諸道經中討論西王母演化斗姆的過程。然經元《道法會元》將斗母與佛教的摩利支天結合，元末兩神被附會成一神，清後諸經書中，已看不到斗母與西王母的關係了。

　　第十一章明後西王母母神神格的衍化及《龍華寶經》的影響；西王母在元朝母性的特徵發展至極，入明後逐漸擴充為萬物之母，更近於《老子》的道，有「無生老母」的稱號，漸與民間宗教相結合，至清初《龍華寶經》已見完備。本章即以《龍華寶經》為主題從經中的「真空家鄉，無生父母」思想內容，以及外佛內道的內丹修鍊宗旨，討論西王母的無生老母神格的產生與衍化，以及論述《龍華寶經》的淵源來自《首羅比丘經》明王出世救劫說。第十二章一貫

道的母娘信仰——明明上帝無生老母；西王母於明清後，名稱多樣有無生老母、無極聖母、無生聖母、瑤池金母等數十種，衍然成為明清新興宗教中最高神祇，統稱無生老母。如前章《龍華寶經》大力宣揚無生老母龍華三會，成為無生老母信仰的集大成者，該經也促成一貫道的興起與宣揚，就此本章以一貫道為主題，從以無生老母為主神的十八個教派到《龍華寶經》闡揚無生老母的收圓思想，與在台灣的慈惠堂與一貫道的衍變，擇一貫道為案例，論述該道的理論，並剖析第十八代祖師張天然經六十多年的在台灣發展概況。第十三章瑤池金母與臺灣慈惠堂的母娘信仰；續前章討論台灣另一個無生老母信仰教派慈惠堂，以瑤池金母為主神，除以西王母為天地萬物之源為傳教依據外，也吸收全真教派的內丹修鍊，並以全真派門自居，透扶鸞降真的方式撰著《太上清靈毓真西華瑤池金母寶懺》等經，道徒著青衣以王母娘娘所降示方式健其身，為台灣具有影響力的教團。

　　本書雖為研究西王母的眾多書籍之一，然今日西王母的研究，時間上多集中於漢之前的研究與考古出土的研究。討論重點多為神格的演變、圖騰、源起、傳說，漢後的西王母較少被討論，唐後的西王母更不多見，從這個角度而言，本書縱貫古今，除為最大色外，也為西王母研究的重要貢獻。另，對於道經裡西王母相關資料，皆能充份掌握，而能於每一朝代駕輕就熟的論述西王母的當朝特色。明朝之後的西王母討論，能緊扣無生老母的信仰，以《龍華寶經》為主軸，衍申討論台灣的一貫道與慈惠堂的現況與傳播，不僅從中得知台灣西王母信仰的發展概況，也能從中了解，西王母信仰從上古發展至今，並未中斷，而是以不同面向的方式，持續的在全球發揚發展。（蕭百芳撰）

蕭登福著《玄天上帝信仰研究》

　　《玄天上帝信仰研究》，蕭登福著，臺北新文豐出版公司，2013 年 6 月。全書計分四編十一章，為第一編〈玄帝真武溯源——玄武與真武〉、第二編〈玄帝真武神格的形成——北帝與玄帝〉、第三編〈真武信仰的傳揚〉、第四編〈真武與武當山，及元明後民俗信仰中的真武〉。

　　玄天上帝，又稱玄帝、真武，源於遠古時代北方星宿的玄武信仰。作者析道，周秦以來，以玄武為北方天界的守護神，同時也是人間宅土城池，以及地下冥界北方界域的守護神。在五代末宋初，天蓬、天猷、黑殺、真武，為北極紫微大帝駕前四大元帥，職司斬妖伏魔，守護天界，保護下民。其中真武靈驗

獨多，宋太宗特別在宮中為立家神堂以祀真武，仁宗時命大臣宋祁撰寫《真武啟聖記》記載真武靈驗事蹟，此書可惜今已亡佚。「真武」在太祖、太宗兩朝，原都稱為「玄武」，至宋真宗朝因避趙玄朗諱，於大中祥符 5 年（1012）12 月將玄武改稱為「真武」。元代因興起於北方，也把威鎮北方天界的真武奉為護國神祇。明代成祖因感謝真武神兵佑助取得帝位，即位後命二十餘萬軍夫，興建武當大小宮觀三十三處，殿宇房舍一千八百餘間，武當山成為明代道教第一座聖山。武當山的地位也和正一龍虎山、上清茅山、靈寶閣皂山相並而論。真武的信仰，至此而達於頂峰。

玄帝在武當山得道。作者認為，武當之名，在漢世已經存在。宋代以後武當山成為真武大帝修真成道之處，也是今日玄天上帝信仰的本山及信仰中心。

關於真武的封號，北宋真宗皇帝御筆手詔加封真武將軍為「鎮天真武靈應佑聖真君」，至宋仁宗朝封為「玄天上帝」，元代加封為「玄天元聖仁威上帝」，到明代的道書及碑記中而成為「金闕化身蕩魔天尊」，由真君而上帝而天尊。作者指出，道教的「帝」類似佛教菩薩中最高階的菩薩位，而道教的「天尊」則猶如佛教的「佛」。真武已經達到道教神祇的最高階位，只是一般民間仍以「玄天上帝」稱之居多。

玄帝的信仰，建立在北宋初帝王的崇信，也建立在玄帝相關道典的傳揚。作者認為，今日和玄帝相關的道典，現存年代最早、影響最深遠者，當為《太上說玄天大聖真武本傳神咒妙經》、《元始天尊說北方真武妙經》、《太上說紫微神兵護國消魔經》、《玄天上帝啟聖錄》等三經一傳。今日和玄帝相關的身世本緣、成道事蹟、祭祀儀軌等，皆可以在三經一傳中找到依據。是研究玄帝信仰不可或缺的重要史料。

本書綜觀玄帝的信仰，由玄武而真武、玄天上帝、蕩魔天尊。且由於宋元明三朝帝王的尊崇，使得真武信仰深入民間，影響民俗，也影響了文學創作。至今日在中國、臺灣、港、澳及海外華人社會中，真武仍然是道教最主要信仰的神祇之一。（林翠鳳撰）

謝聰輝著《新天帝之命：玉皇、梓潼與飛鸞》

《新天帝之命：玉皇、梓潼與飛鸞》，謝聰輝著。臺北臺灣商務印書館，2013 年 9 月。作者為臺灣師範大學國文系專任教授。研究專長為道教經典、

道壇道法、道教文學與臺灣文化信仰。曾榮獲 2010 與 2011 學年度「國科會特殊優秀人才獎助」。著作有《臺灣齋醮》、《臺灣民間信仰儀式》等。

　　本書主標題「新天帝之命」，包含「新變」、「新天帝」與「新天命」三個核心觀念，以《周易・繫辭上》:「易，窮則變，變則通，通則久」的通變思想文化結構，及其傳承與創新的實質內涵為主題意涵。以副標題「玉皇、梓潼與飛鸞」三者所涉及的信仰與文本為討論對象。此一研究成果並為傳統道教「道、經、師」三寶內含賦予新的意義，即作為新天帝的玉皇所建構的新天命，可視之為「道」;而作為玉皇之道信仰落實於新出的經典功德，自是為「經」;另奉玉皇敕授，以如意飛鸞墨跡於天地之間，降筆出世經文以救末劫的梓潼帝君，也實質擔任了下教之「師」的天職。全書可統整為三方面結論與發明:

　　一、玉皇的神格、位階意涵與崇拜祭祀。北宋前「玉皇」神格位階有四種意涵:其一指三清尊神者，其二指仙界高真者，其三指祖炁、玄炁根源者，其四指唐皇帝代稱者。以泛稱仙界高位仙真者為最多，且絕大多數乃單指一位高真。北宋開國初三位君王，運用五代末逐漸興起的「玉皇」作為「天帝」的思想，逐漸以「新」的「玉皇大帝」取代「舊」的昊天。「天公即玉皇即天帝」的思想認知，從北宋初王禹偁詩中已清楚呈現。

　　二、道經出世方式與梓潼帝君職能。南宋中期以前傳統道經出世的類型有四種:「接遇降傳」「石室示現」「真手傳譯」「新舊複合」。具有二項特色:接遇真仙而得降傳經典者，多數是教派創教祖師或重要的傳授人物。二是除新舊複合類型部分降授經典具有善書性格外，其餘都是該教派道法特別寶重尊貴的經典，具有濃厚神聖又神秘的「聖典」與「內傳」性格。而新創的「飛鸞開化」類型在南宋中期已成立。此種經書多收入《道藏》中，具有善書功能與開化度劫目的。南宋鸞堂主要分布在四川地區，降鸞主神已從道派祖師，轉而多為帝君級大神，如梓潼帝君。梓潼帝君職司早期多禳患救災，南宋後完全與文昌神合一。

　　三、《玉皇本行集經》的出世時間、背景與重要版本。《玉皇本行集經》出世的時間背景在南宋寧宗嘉定 10～11 年（1217～1218）間金兵侵蜀時，由梓潼帝君託鸞出世，地點在四川蓬溪縣。《正統道藏》張良本校正註解於 1220 年，早於白文本 1225 年。臺北故宮博物院藏黃綾定本，保存了南宋以來完整的轉經儀式與豐富有用的序跋資料，是現今最重要的版本。（林翠鳳撰）

戴瑋志等合著《臺南傳統法派及其儀式》

　　《臺南傳統法派及其儀式》，戴瑋志、周宗楊、邱致嘉、洪瑩發等合著。臺南市政府文化局，2013 年。本書為大臺南文化叢書系列第 2 輯「信仰文化專輯」十書之一。

　　作者四人：戴瑋志，臺南歸仁區人，臺南大學臺灣文化研究所碩士，碩士論文《臺灣邢府千歲信仰之研究──以臺南、高雄、屏東、臺東為範圍》。周宗楊，臺南佳里區人，曾發表〈臺南地區吉字輩家將團訪查吉觀察比較〉。邱致嘉，臺南府城人，臺南大學臺灣文化研究所碩士，碩士論文《安平宮廟小法團之研究──以海頭社法脈為例》，也積極參與廟會陣頭活動。洪瑩發，中央研究院數位文化中心博士後研究員。

　　本書內容主要介紹臺南地區傳統法脈及近五年內的現況。包含府城、溪南、溪北等地區的門派及法師，以府城內的黑頭小法、紅頭小法及安平聚落內的法師團為主，府城外則以曾文溪為界的溪北、溪南各派別三壇法師，整理出各主要傳承脈絡的系統表，配合重要法師的生命史，以管窺各傳統法脈。在個案儀式上，主要紀錄有安平地區的進錢補運科儀、溪北山線地區法脈的天地進錢儀式、溪南地區的賞兵儀式，以了解法師的職能。全書獲致六大結論：

　　一、法師的職業特性：1. 時間需彈性運用、2. 收入不固定、3. 各門派各有戒律或禁忌的限制、4. 需創新模仿、5. 執行民間信仰科儀的專家。

　　二、科儀的在地化：指法師科儀的因地制宜與專屬在地性質。主要由於法師受限於聘僱廟宇或雇主個人的主意等，而進行當地信俗所認同的科儀項目程序。

　　三、執業的跨域性：法師往往有自己的執業版圖，而職業法師為了增加收入，常跨越地理區域，應聘前往各地辦科儀。寺廟也存在著與法師長期合作的關係。

　　四、法派的眾家爭鳴：大臺南地區主要分成紅頭、黑頭、黃頭三類，府城內傳統法派眾多，包含以上三類，都有較明顯的師承系譜可追溯。府城外幾乎都是紅頭法師，以閭山派為最大宗。府城外對門派的概念和分別不如府城內明顯，門派不明者眾多。

　　五、血緣與地緣關係：法師的傳承有二種，一為常見的家族世傳，父子相承，由血脈緊密維繫，祖傳不易變質。另一為拜師傳授，由神明指定、有興趣或經人介紹學法，因地緣就近拜師學習。此類多於因血緣師承者，但較易變動。

六、受地理環境影響的法師分布：山內地區多務農，人口少，對法師科儀的需求也較少，法師大多為兼職，特色是維持傳統做法，保存了純粹樸實的法師風格。近市區地區人口較多，職業法師較多，此區法師所學科儀項目最多，承接寺廟常例與私人科儀最多，收入最豐，特色是創新與改良傳統科儀最多。府城內人口集中且市場化，特色為門派繁多，參與者多為聯誼或義務性質，法脈與法師人數最多。（林翠鳳撰）

蕭登福著《后土地母信仰研究》

《后土地母信仰研究》，蕭登福著。新文豐出版公司 2015 年 12 月出版，平裝，684 頁。

蕭登福簡介，見李建德撰〈《六朝道教上清派研究》提要〉。

《后土地母信仰研究》由〈自序〉、第一章〈緒論〉、第二章〈周代鬼神的分類與皇地祇等土神之祭祀科儀──兼論土地諸神祭法及階次〉、第三章〈歷代帝王北郊方澤崇祀下的皇地祇（后土、地母）神格及其儀制〉、第四章〈山西萬榮后土祖祠的建立與衍變，及臺灣地母信眾的尋根之旅〉、第五章〈論汾陰后土祠所祀為后土地母並論后土非女媧〉、第六章〈后土地母所衍生的神州地祇、太社、王社、侯社等社稷諸神〉、第七章〈后土地母所衍生的里社及土地公信仰〉、第八章〈后土地母所衍生的城隍爺信仰〉、第九章〈后土地母所衍生及所轄的五行、五祀諸土地神〉、第十章〈由家主中霤所衍生而來的土公土母、龍神、地基主、墳頭后土等宅土諸神〉、第十一章〈由后土地母衍伸而來的地下世界──幽都后土、土伯、九壘土皇及九幽獄〉、第十二章〈臺灣地區的地母信仰〉、第十三章〈文獻中所見《地母經》及其相關史料〉構成。另有兩篇附錄，分別為〈《地母經》相關經典文本〉、〈廖東明道長陝西城固光緒十九年降筆《地母真妙經》抄本及雲南廣南光緒二十七年降筆《地母真經》影本〉。

蕭教授在第一章中，先梳理后土地母之異稱及其所管轄之土府諸多眷屬神，對考證歷代帝王祀典中的后土地母儀制，而後討論山西萬榮后土祠的建立。第二章針對商周二代鬼神分類──天神、地示、人鬼之不同祭法進行梳理，並討論周代文獻記載的地祇諸神祭祀儀制。第三章稽考從商周至清代的歷代帝王對北郊方澤祀地儀節之演變。第四章分析漢武帝於汾陰始建后土祠並親臨祭祀的事典，並討論汾陰后土祠在兩漢的興衰異同，進而說明汾陰后土祠因

唐玄宗、宋真宗二帝親祀而中興以及該祠之現況。第五章透過周代文獻，論證大地之母的后土不等於五行神中之后土（句龍所任），再分析歷代文獻所載后土皇地祇之性別為何，進而論證后土與女媧並不等同。第六章討論歷代祀典中的社稷神位次，以及六朝到唐宋祀典增加的神州地祇，並分析國家級社稷壇、社木、社主之規制。第七章討論里社神之源起與演變、祭祀日程，並持論土地神是里社神的再轉化。第八章對歷代城隍神信仰之演變、職司、道經及部屬神進行系統性的梳理。第九章對周代五行神、周秦兩漢居家「五祀」神——門、戶、行（井）、竈、中霤之源起與衍變以及歷代帝王祭拜五祀之儀制進行討論，並臚列出道教及新興宗教針對竈神產生的各種經卷而加以述評。第十章分析漢代、六朝的宅神異同（青龍白虎與土公土母、龍神），並臚列漢魏以降道教用以安宅、謝土之經典、醮儀，進而分析這些道典對佛教的影響，再論及臺灣的地基主與墳頭后土神。第十一章討論先秦南方冥界的幽都后土、土伯及道教的九壘土皇、九幽獄，並說明九壘土皇之職司與其科儀。第十二章選取蘆洲護天宮、埔里寶湖宮、西屯仙福堂三個案說明臺灣的地母信仰。第十三章對《黃帝地母經》、城固《地母經》、廣南《地母經》、《地母懺》、臺北泰山《地母至尊寶懺》、新出《地母普化真經》及城固《地母傳》、《地母的傳說》、臺灣《地母至尊孝經修身收圓偈讚》等經卷、通俗文學作品進行評介。

蕭教授在本書的論述中，對於后土地母在歷代文獻上的祭祀儀制、神性職司、衍生眷屬神及相關經卷、民間文學作品，都作了頗為詳盡的梳理與分析。若能悉心閱讀，當可瞭解后土屬於一詞多義的神，作為大地母神的后土，與五行神的人格后土句龍、地皇女媧並不相同，不宜受到後出經卷「媧皇制人倫……從此地母神」的影響而將女媧與后土地母視為同一神祇。因此，本書對於學界、教內同道以及社會上的一般常民大眾而言，皆有可觀的助益與啟發。
（李建德撰）